김동환의 다니엘 3년 150주
주단위 내신관리 학습법

중학생 편

고즈원은 좋은책을 읽는 독자를 섬깁니다.
당신을 닮은 좋은책 — 고즈원

김동환의 다니엘 3년 150주
주단위 내신관리 학습법
중학생 편

개정판 1쇄 발행 | 2009. 9. 20.
개정판 4쇄 발행 | 2012. 5. 14.

발행처 | 고즈원
발행인 | 고세규
신고번호 | 제313-2004-00095호
신고일자 | 2004. 4. 21.
(121-896) 서울특별시 마포구 동교로13길 34(서교동 474-13)
전화 02)325-5676 팩시밀리 02)333-5980

값은 표지에 있습니다.
ISBN 978-89-92975-28-5

고즈원은 항상 책을 읽는 독자의 기쁨을 생각합니다.

고즈원은 좋은책이 독자에게 행복을 전한다고 믿습니다.

김동환의 다니엘 3년 150주 주단위 내신관리 학습법

중학생 편

김동환 지음

고즈윈
God'sWin

여러 일들로 절망하고 좌절하기도 했지만
새롭게 뜻을 정하여 다시 시작하려는 모든 후배들과
그들을 위해 눈물과 땀으로 뒷바라지하시는
세상의 모든 학부모님들께

책머리에

'희망'으로 초대합니다

병과 친구가 된 지도 어느덧 10년이 넘었다. 맨 처음에는 왜 내게 이런 고통이 찾아왔는지 무척 화가 났다. 나 자신에게도 화가 났고 주변 환경에도 화가 났다. 고3 초반에 생긴 허리 통증은 허리 디스크로 발전했다. 아픈 몸을 참고 달래며 공부를 했지만 결국 그해, 대학에 떨어졌다. 나는 절망했다. 몸과 마음이 다 아팠다. 그러나 포기할 수 없었다. 결국 또다시 한 해 동안 아픈 몸과 마음을 달래며 어렵게 공부한 끝에 하나님의 도우심 가운데 대학에 합격할 수 있었다. 나는 대학 시절 역시 거의 하루걸러 한 번씩 병원에 다니면서 공부를 해야 했다. 대학 생활의 좋은 추억 중 하나인 엠티조차 갈 수 없었다. 건강이 허락하지 않았다. 매일 치료하고, 재활 운동하고, 학교 가고, 공부하고, 교회 가는 일이 반복되었다. 그렇게 나의 20대는 지나갔다.

고3 시절 여러 힘든 일을 겪으면서 나의 마음은 가난해졌다. 앞만 보고 달리느라 주변을 돌아보지 못했다. 그런데 계속되는 시련과 절망 끝에 나는 비로소 주변을 돌아보게 되었고, 대학에 들어가면서 한 가지 결심을 하게 되었다. 내가 몸이 건강하고 재수 시절 부모님이 교통사고를 당하는 아픔을 겪지 않았다면 결코 할 수 없었을 결심이었다. 나는 우선 공부 때문에 절망에 빠진 친구들을 만나기 시작했다. 도저히 대학을 꿈꿀 수도 없고 꿈꾸지도 않는 회색지대에 사는 친구들을 만났다.

만약 내가 회색지대를 통과해 보지 않았다면 그 친구들을 가르칠 엄두도 내지 못했을 것이다. 평균 50점도 안 되는 친구들, 공부로 인해 철저하게 좌절하여 자기혐오에 빠진 친구들……. 이상하게 그 친구들을 보고 있으면 그들이 겪고 있는 아픔이 남의 일처럼 느껴지지 않았다. 모두 내 동생 같았다. 못난 이 형을 쏙 빼닮은 동생들이었다. 나는 건강 때문에 심하게 좌절하고 있던 터라 공부 때문에 괴로워하는 그들과 쉽게 친구가 될 수 있었다. 동병상련이랄까!

이렇게 해서 나는 야학에서 아이들을 가르치게 되었다. 그들과 동고동락했던 10년이 참 그립다. 10년 동안 함께했던 문제아 군단 아이들이 하나둘씩 대학에 진학했고 이제는 졸업을 앞두고 있기도 하다. 철없던 중학생들이 이제는 선생님의 아픔을 위로해 주는 귀한 친구가 되었다. 그들을 보고 있으면 병과의 힘든 싸움을 다시 시작할 용기가 샘솟는다.

요즘 들어 부쩍 희망과 용기를 잃고 스스로 목숨을 끊은 사람들의 이야기를 자주 듣게 된다. 2008년 한 해 자살한 사람의 수만 약 13,502명에 이른다고 한다. 매일 37명 정도가 스스로 목숨을 끊는 것이다. 이 중에서 특히 성적 때문에 살기를 포기한 학생의 수는 278명. 거의 하루에 1명꼴로 귀중한 어린 생명이 꺼져 가고 있는 것이다. 더욱 끔찍한 것은 이러한 학생의 수가 해마다 늘고 있다는 사실이다.

좋지 않은 성적 때문에 괴로워하다 스스로 삶을 포기한 학생들 소식을 신문이나 뉴스를 통해 들을 때마다 나는 몹시 안타깝다. 마치 예전의 나를 보는 것 같다. 나 역시 병이 주는 고통을 견디기 힘들어 심각하게 자살을 고민한 적이 있다. 너무나 힘들어 이렇게 사느니 차라리 그냥 죽는 것이 낫겠다고 매일매일 생각했다. 그렇게 자살을 동경하던 어느 날 밤 꿈을 꾸었다. 많은 사람이 천국으로 가는 버스에 타고 있었다. 나는 버스를 향해 마구 달렸다. 겨우 버스 문이 닫히기 전에 도착해 올라타려고 하는데 갑자기 버스 기사 아저씨가 내 앞을 막아서며 버스에 태워 줄 수 없다고 말했다. 나는 펑펑 울었다. 난 정말 버스에 타고 싶다고, 사는 것이 너무 힘들어 천국으로 가고 싶다고 막 매달렸다. 그런 나를 보던 아저씨는 아직은 때가 아니라면서 힘내라는 말을 남기고 떠났다. 버스는 곧 출발했다.

꿈에서 깬 후 나는 더 이상 자살을 동경하지 않았다. 아무리 힘들어도 다시 힘을 내기로 작정했다. 그리고 다짐했다. '한번 살아 보자. 나처럼 힘든 청소년들에게 용기와 희망을 줄 수 있는 좋은 책을 쓰기 전에는 절대로 죽지 말자.'

나는 이미 『다니엘 학습법』이라는 책에서 우리가 왜 공부를 해야 하는지 이야기했다. 그리고 나처럼 건강이 나빠 무엇 하나 쉽게 할 수 있는 것이 없어서 하루하루를 힘겹게 살아가는 사람들에게 뜻을 정해 노력하면 좋은 결실을 맺을 수 있다는 것을 보여 주려 했다. 이제 이 책에서는 『다니엘 학습법』을 통해 공부할 뜻을 확실히 정한 학생들이 구체적으로 어떻게 공부하고 마음관리를 해야 하는지, 그 방법에 대해 말하고자 한다.

이 책은 내가 지난 10년 동안 오르지 않는 성적 때문에 의욕을 잃고 절망했던 친구들과 함께 지내면서 겪었던 일들을 토대로 꾸몄다. 나의 강의를 직접 듣지 못하는 많은 친구들에게 한 주 한 주 어떻게 공부해야 하는지 가르쳐 주고자 마치 내가 옆에 있는 것처럼 느껴지도록 꼼꼼하고 자세하게 썼다. 이 책에 실린 모든 글은 청소년들의 꿈을 싹틔우기 위한 구체적인 방법들이다.

지금까지 수많은 학생이 『다니엘 학습법』을 읽고 마음가짐을 새롭게 하여 공부할 뜻을 세웠다. 나는 요즘도 매일 그들에게서 수십 통의 이메일을 받는다.

"뜻을 정했는데 좀 더 구체적인 공부 방법을 알고 싶어요."

"공부를 하려고 마음은 굳게 먹었는데 구체적으로 어떻게 시간을 관리하고 과목별로 어떻게 공부해야 하는지 잘 모르겠습니다. 도와주세요."

"전 가난해요. 혼자 공부해야 하는데 방법을 모르겠어요. 도움이 필요합니다."

"도와주세요. 학원은 다니지만 어떻게 공부해야 할지 정말 모르겠습니다. 바쁘시더라도 꼭 도와주세요."

이런 편지들을 볼 때마다 마음이 아프다. 강의를 통해 직접 도움을 줄 수 있는 학생들은 한정되어 있는데 그에 비해 너무나 많은 학생들이 도움의 손길을 기다리고 있다. 나는 이러한 친구들을 외면할 수 없어서 이 책을 쓰겠다는 결심을 굳혔다. 그래서 그 어느 학습법보다 구체적이고 세세하게, 그리고 학생들의 입장에서 정확히 쓰기 위해 노력했다. 학생들의 절망을 희망으로 바꾸어 줄 수 있는 책이 되기를 바라는 간절한 마음으로 한 자 한 자 적었다. 만약 아직도 공부하기 위한 구체적인 동기와 뜻을 정하지 않은 친구들이 있다면 이 책을 읽기 전에 『다니엘 학습법』을 보고 왜 힘든 공부를 해야 하는지 꼭 한번 되새겨 보기 바란다.

혹시 '나는 지금 중3이라 너무 늦었어.'라고 생각하는 학생이 있는가? 이런 학생이 있다면 더욱더 그들에게 말하고 싶다. 아직 늦지 않았다고. 이제부터라도 마음을 새롭게 하고 공부할 뜻을 세워 시작하면 된다고. 이 책을 잘 읽고 적극적으로 활용한다면 2년 동안 흐지부지 흘려보냈던 시간들을 충분히 만회할 수 있다. 지금은 포기할 때가 아니다!

이 책은 기존의 학습법과는 구성면에서 특별한 차이가 있다. 바로 시간 순서에 따른 구성이 그것이다. 우선 책의 처음은 중학교 1학년 3월 첫째 주부터 시작한다. 차례를 보면 알 수 있듯이 한 주 단위로 글이 짜여 있기 때문에 자신이 현재 속한 날짜를 확인하고 그때부터 어떻게 공부를 해 나가는 것이 가장 효과적인지 구체적으로 알 수 있다. 마치 형이나 오빠가 옆에서 자상하게 어떻게 공부하며 학창 시절을 보내야 할지 이야기해 주는 형식으로 되어 있기 때문에 실질적인 도움을 받을 수 있을 것이다.

이 책은 이렇게 활용하자. 우선 자신이 속한 학년의 시기에 따라 책을 본다. 예를 들어 3학년 4월 첫째 주에 이 책을 처음 보는 학생이라면 3학년 4월 첫째 주에 해당하는 내용을 먼저 살펴본다. 그런 다음 책의 처음부터 마지막까지 전체적인 내용을 훑어봐야 한다. 왜냐하면 1·2학년 때 꼭 해야 할 공부를 하지 않고 3학년

이 된 경우가 많기 때문이다. 그런 부분을 책을 통해 확인하고 부족한 부분을 보충하기 위한 계획을 새롭게 세워 실천해야 한다. 그리고 3학년 4월 이후에 해야 할 일들을 살펴보고 미리미리 준비를 하도록 한다. 말하자면 숲을 전체적으로 한번 본 다음, 숲을 이루는 나무 한 그루 한 그루의 생김새를 눈여겨보는 방법이다.

이 책으로 여러분은 중학교 생활 전체의 종합 지도를 가지게 된 셈이다. 따라서 이제 더 이상 길을 잃고 헤매지 않아도 된다. 방향을 잘 모르면 언제든지 책을 펴서 자신의 위치를 확인하고 새롭게 뜻을 정해 한 걸음 한 걸음 앞으로 나아가면 된다. 한 걸음씩 내디딜 때마다 여러분의 시행착오는 줄어들 것이다.

이 책을 통해 내가 여러분에게 주고자 하는 것은 '희망'과 '구체적인 방법'이다. 많은 것을 이룰 수 있는 중요한 시기에 걱정과 근심으로 혼란을 겪고 있는 여러분에게 새로운 희망을 주고 싶다. 성적과 여러 주변 상황 때문에 공부하는 것을 포기하고 될 대로 되라는 식으로 인생을 살고 있는 학생들에게 이 책은 무너진 내면의 질서를 바로 세우고 중학교 시절에 올바른 마음관리를 할 수 있는 용기를 심어 줄 것이다. 무엇보다 단순히 공부만 잘하는 학생이 아니라 뛰어난 실력과 따뜻하고 건강한 내면을 지닌 후배들이 더욱 많이 나오기를 바라는 마음으로 이 책을 썼다.

마음이 불편할 때는 억지로 공부를 하려고 해도 잘되지 않는다. 집중력을 높이려면 마음을 어지럽게 하는 원인을 찾아 없애고 평안한 마음을 유지해야 한다. 오늘날 많은 학생들이 마음관리는 소홀히 한 채 무조건 공부에만 열을 올리는데 이는 효율적인 학습이 아니다. 공부를 하기 전에는 반드시 먼저 마음관리 시간을 가지고 자신이 무엇을 위해 공부하는지 재확인한 후 내면의 걱정들을 깨끗이 정리해야 한다. 간단한 것 같지만 이 습관을 잘 들이면 공부 때문에 받는 스트레스를 적절히 극복할 수 있고 자신도 모르는 사이에 끝까지 공부할 수 있는 힘을 얻게 될 것이다.

공부한다는 것이 쉬운 일은 아니다. 공부로 인한 스트레스가 너무 심해 멀리 도망가고 싶을 때도 많다. 아무런 스트레스 없이 공부하는 학생들은 없다. 그렇기 때문에 스트레스를 어떻게 해소하느냐, 어떻게 인내하느냐가 공부를 잘하는 학생과 못하는 학생을 판가름한다. 그러므로 이제 마음관리 시간의 중요성을 깨닫고 다시 시작하자. 귀한 후배들이여, 힘을 내기 바란다. 아직 포기할 때가 아니다. 이 책에 나온 대로 하나하나 뜻을 정해 시작한다면 희망은 현실로 다가올 것이다. 역전의 그날을 위하여 모두들 다시 한 번 힘을 내기를 간곡히 기도한다.

이 책이 나오기까지 수고해 주신 고즈윈 가족들에게 감사드립니다. 그리고 나에게 학습과 교육에 대한 새로운 지평을 열어주신 서울대학교 교육학과 한숭희 교수님께 진심을 담아 감사드립니다. 특별히 오랜 기간 동안 병들고 유약한 자식을 지극한 사랑과 눈물로 키워 주신 어머니 박삼순 님께 진심으로 감사드립니다. 더불어 교통사고 후유증으로 다리를 저시면서도 부족한 자식 뒷바라지를 위해 예순이 넘은 나이에도 지금까지 묵묵히 일하시는 아버지 김학열 님께 고개 숙여 감사드립니다. 두 분께 다시 한 번 진심으로 감사드립니다.

2009년 7월 김동환

차 례

1학년

2학년 ★

3학년

무릇 지킬 만한 것보다 더욱더
여러분의 마음을 지키십시오.
생명의 근원이 바로 이곳에서 나옵니다.

프롤로그

　내가 잘 아는 초등학교 6학년 학생이 둘 있다. 바로 민수와 성민이다. 민수는 이혼한 어머니와 함께 살고 있다. 어머니가 식당에서 일해 버는 돈으로 근근이 살아가는 처지라 민수는 학원이나 과외를 꿈도 못 꾼다. 흔한 가정 학습지조차 받아 보기가 어려운 형편이다. 반면 성민이는 한 달 과외비만 600만 원 정도다. 이것저것 배우는 것이 많다. 첼로 레슨, 운동, 과목별 과외 등 참 많이 배운다. 심지어 초등학생들을 대상으로 로스쿨 논술을 대비하는 주니어 로스쿨 학원에 다닐 정도다. 성민이는 부모님의 성화에 못이겨 많은 학원을 다니기에 늘 불만이 많다. 학원에 가기 싫어 늘 짜증을 내지만 별다른 수가 없어 그냥 다닌다. 가서 열심히 공부한다기보다는 그냥 학원 친구들과 어울리면서 하루하루를 보낸다.

　민수는 이제 곧 중1이 되지만 미리 공부해 놓은 것은 아무것도 없다. 학교 숙제만 겨우 하고 집에서 혼자 텔레비전을 보거나 컴퓨터 오락을 한다. 성민이는 학교에서 오면 조금 쉬었다가 학원에 가거나 과외 수업을 받는다. 놀고 싶어도 놀 시간이 별로 없다. 성민이는 중1 영어·수학 선행학습을 이미 다 끝내고 지금은 중3 공부를 하는 중이다. 만약 두 명이 중1이 되어 3월에 같은 반이 된다면 어떨까? 누가 더 공부를 잘할까? 아마도 6학년 때 미리 중학교 공부를 한 성민이가 공부를 잘할 가능성이 높다. 수박 겉핥기식이라고 해도 미리 공부한 성민이가 3월에는 민수보다 공부를 더 잘할 것이다. 그렇다면 미리 공부하지 못한 민수는 성민이보다 공부를 더 잘할 기회가 없을까? 대부분의 사람이 역전하기 어렵다고 생각할 것이다. 하지만 그렇지 않다.

지금부터 이 책은 첫째, 중학교 과정을 미리 학습하지 않은 학생에게도 얼마든지 역전의 기회가 있음을 가르쳐 줄 것이다. 둘째, 이미 중학생이 됐지만 그동안 시간을 대충대충 허비해 공부에 자신감을 잃은 학생들이 다시금 뜻을 정해 새롭게 시작할 수 있는 방법을 알려 줄 것이다. 셋째, 미리 공부한 학생들에게는 더욱 체계적인 공부 방법과 시간 활용 방법을 제시해 중학 시절을 보다 알차게 보낼 수 있도록 도움을 줄 것이다. 넷째, 현재 중학생 중에서 나름대로 공부를 잘하고 있는 학생들에게 보다 견고한 실력을 기를 수 있는 확실한 방법을 제시해 줄 것이다. 단순히 공부만 잘하는 학생이 아닌 몸과 마음까지 건강한 학생이 되기를 원한다면 이 책은 여러분을 위해 분명 귀한 가이드 역할을 해 줄 것이다.

긴 인생에서 중학교 3년의 시간은 무엇과도 바꿀 수 없는 소중한 시간이라고 할 수 있다. 무한한 가능성을 발견하고 희망을 품는 시간이다. 그런데 너무나 많은 중학생들이 자신에게 주어진 3년을 비옥하게 가꾸는 방법을 모른다. 그냥 엄벙덤벙하다가 소중한 시간을 날려 버린다. 공부를 죽어라 한 것도 아니고 그렇다고 제대로 놀아 본 것도 아닌데, 마치 손가락 사이로 모래가 빠져나가듯이 중학교 3년이 허무하게 지나간다. 자신이 흘려보낸 시간의 가치조차 제대로 알지 못하기에 별로 심각하게 생각하지도 않는다. 고등학생에 비해 대학 입시의 관문이 상대적으로 멀어 보이기 때문에 하염없이 게으름을 피우게 된다. 이루고 싶은 꿈은 있지만 그것을 이루기 위한 노력은 하지 않는 것이다.

나 역시 중학교 때 중학 시절을 어떻게 보내야 할지 몰랐다. 따라서 많은 시행착오를 겪을 수밖에 없었다. 때로는 어떻게 공부하고 생활해야 할지 몰라 두렵고 불안했다. 지금 내가 시간을 잘 보내고 있는지 올바른 길을 가고 있는지 의심스러웠다. 중학교 3년 동안 길을 잃지 않으려면 잘 그려진 지도와 좋은 나침반이 필요했다. 처음엔 그냥 열심히 하면 되겠지 생각하고 무작정 달려들었는데 아무런 계획 없이 덤빈 결과 많은 실수를 저지르게 되었다. 자꾸만 실수를 저지르면서 나는 점점 소심해졌고 늘 마음이 불안했다. 지금 돌이켜보면 만약 그때 나를 잘 이해해 주고 내가 가야 할 방향을 알려 주는 사람이 있었다면 내 인생은 훨씬 더 달라졌을 것이라는 생각이 든다.

이 책을 보는 많은 중학생들 중에서 '나는 이미 너무 늦었어. 누군가 좀 도와주면 좋겠는데 아무도 없어.'라고 절망하는 사람이 있다면 바로 이 책이 새로운 친구가 되어 줄 것이라 확신한다. 직접 〈다니엘 리더스 스쿨〉에서 나의 강의를 듣지 못하는 전국의 수많은 학생들을 위해 이 책은 또 다른 나의 분신이 되어 여러분에게 도움을 줄 것이다. 중학교 3년을 이 책에 나온 대로 한 주 한 주 멋지게 보내기를 인생의 선배로서 간곡히 부탁하고 싶다. 그렇다고 너무 공부만 하다가 3년을 보내는 것도 그다지 좋지 않다. 나는 후배들이 인격과 실력과 체력, 이 세 가지를 고르게 갖춘 멋진 사람들로 성장하기를 바란다. 부디 간절한 마음을 가지고 한 주 한 주 책의 내용을 실천해 보기를 바란다. 여러분은 결코 혼자가 아님을 잊지 말라. 중학교 3년 동안 이 책이 알려 주는 길을 따라 걷다 보면 어느새 건강한 몸과 따뜻한 마음, 빛나는 지성을 지닌 고등학생이 되어 있는 자신을 발견하게 될 것이다. 희망은 꼭 이루어질 수 있다. 다시금 뜻을 정해 새롭게 시작하기를 부탁한다.

1학년

중학교 1학년 교실에 가 보면
크게 두 부류로 학생들을 나눌 수 있다.
초등학교 6학년 때 미리 중1 영어 · 수학을
공부한 학생들과 그렇지 못한 학생들.

3월 첫째 주
새로운 날의 시작,
학교 분위기 익히기

3^①

중학교 1학년 교실에 가 보면 크게 두 부류로 학생들을 나눌 수 있다. 초등학교 6학년 때 미리 중1 영어·수학을 공부한 학생들과 그렇지 못한 학생들. 겉으로 볼 때는 비슷해 보이지만 수업 내용을 이해하고 습득하는 데에는 많은 차이가 있다.

몇 년 전만 하더라도 초등학교 때 중학교 공부를 미리 하는 학생들은 그리 많지 않았다. 6학년 학생의 경우는 더러 있었지만 4·5학년부터 하는 학생들은 많지 않았다. 하지만 요즘 들어 미리 중학교 1학년 수학과 영어를 공부하는 초등학교 4·5학년 학생들이 빠르게 늘고 있다. 특히 국제중학교가 생긴 뒤로는 더욱더 일찍 중학교 공부를 하는 학생들이 부쩍 늘었다. 중학교 1학년 3월에 이미 중3 수학을 한 번 이상 다 풀어 놓은 학생들도 많다.

물론 이런 학생들이 중학생이 되면 그렇지 못한 학생들보다 앞서 나갈 가능성이 높다. 하지만 이런 학생들이라고 해서 대학 입시까지 지속적으로 앞서 나갈 것이라고 장담하기는 쉽지 않다. 왜냐하면 대학 입시에 이르는 과정 중 발생하는 여러 가지의 변수들로 인해 공부에 질려 버릴 수 있기 때문이다. 결국 공부를 소홀히 하거나 흥미를 잃어 대신 다른 것에 시간과 에너지를 쏟게 되면 역전 당하고 만다.

이런 학생들이 쉽게 저지르는 대표적인 실수는 이미 배운 내용을 학교에서 다시 배울 때 다 안다고 생각해 소홀히 여기는 것이다. 물론 그렇지 않은 학생들도 있다. 하지만 어린 학생들이기에 이미 배운 내용이 다시 수업에 나오면 자만심에 빠져 여유를 부리다가 거북이에게 역전 당하는 토끼 신세가 되는 경우를 종종 본다. 만약 이미 선행학습으로 앞서 가는 학생들이 마음관리를 통해

자만심에 빠지지 않고 지속적으로 공부를 해 나간다면 그들은 남들보다 좀 더 효과적으로 대학 입시에서 성공하게 될 것이다.

물론 미리 공부하지 않았다고 의기소침할 필요는 없다. 미리 공부했다고 반드시 중3 내내 앞서 나가는 것은 아니다. 비록 중학교 선행학습을 하지 않았더라도 이제부터 3년의 시간을 어떤 식으로 보내느냐에 따라 얼마든지 자신이 원하는 만큼 실력을 충분히 기를 수 있다. 그만큼 중학교 때의 시간은 역전할 수 있는 기회가 넘치는 꿈의 시간이다. 중요한 것은 3년이라는 시간을 어떻게 비옥하게 가꾸어 나갈 것인지 그 방법을 찾고 습관이 되게 훈련하는 데 있다.

우선 첫째 주는 학교 분위기를 익히는 시간이다. 중학교 수업 방식은 초등학교와는 달리 각 과목별로 선생님이 따로 계신다. 대개 첫째 주에는 각 과목 선생님들께서 앞으로 1년간 어떤 방식으로 수업을 할지 전체적인 오리엔테이션을 한다. 이때 잘 들어 각 과목 선생님의 특성과 수업 진행 방식에서의 특징들을 정확히 파악하도록 한다. 그리고 담임 선생님이 어떤 분인지 주의 깊게 관찰해야 한다. 1년간 함께 생활하며 그분의 지도를 받아야 하기 때문이다. 담임 선생님께서 학생들에게 특별히 주의하라고 요구하는 것을 가볍게 여기지 말고 귀담아듣고 메모해 두도록 한다.

어떤 학생들이 모여 반 친구들이 되었는지도 잘 보아야 한다. 같은 초등학교에서 온 친구들도 있겠지만 다른 초등학교에서 온 다양한 친구들이 섞여 있을 것이다. 첫 주는 같은 반 친구들 사이에서 지나치게 유별난 행동은 삼가고 조용하게 친구들을 살펴보는 시간으로 삼는다.

3월 둘째 주

새로운 생활 습관 만들기

3²

일주일 동안 중학교 생활을 하면서 나름대로 초등학교와는 분위기가 다르다는 것을 느꼈을 것이다. 수업 내용도 생소한 게 많았을 것이다. 둘째 주부터는 본격적인 생활 관리와 공부 관리 계획을 세워야 한다. 우선 자는 시간과 일어나는 시간을 일정하게 정하는 것이 가장 중요하다. 자신이 그동안 하루에 얼마나 잠을 잤는지 스스로에게 물어보라. 중학교 시절에는 보통 6시간 정도 잠을 자는 것으로 계획을 세우면 별문제가 없다. 그 이상 자고 있다면 가급적 수면 시간을 조절하는 것이 좋다. 우선 6시간을 목표로 수면 시간을 정하도록 한다. 보통 학교에는 8시까지 가면 충분하니 밤 12시에 사 아침 6시에 일어날 수도 있고, 밤 11시에 사 아침 5시에 일어날 수도 있다. 아니면 밤 10시에 자서 아침 4시에 일어날 수도 있다.

● 내가 〈다니엘 리더스 스쿨(www.dls21.net)〉에서 다니엘 아침형 학습으로 훈련시키는 중학생들의 경우는 보통 11시에 자서 5시에 일어나는 것을 기본으로 한다. 좀 더 자세한 내용은 『다니엘 아침형 학습법』을 참조하면 된다.

요즘 대부분의 중학생들은 늦게 자고 늦게 일어나는 게 습관이 되었다. 그래서 밤 12시 이후에 자고 아침에 학교 가기 직전 겨우 일어나 밥을 먹는 둥 마는 둥 하며 급하게 등교한다. 강남 지역에는 새벽 2~3시까지 수업을 진행하는 학원도 있다고 한다. 심지어 학원이 끝난 다음 바로 자지 않고 그날 배운 것을 복습한 후 새벽에 잠이 드는 정말 열심히 공부하는 학생들도 많다고 한다. 국제고 입시와 특목고 입시가 얼마 남지 않았을 때는 이렇게 공부하는 학생들이 많은 것이 현실이다.

물론 또 다른 이유로 늦게 자는 학생들이 사실 훨씬 더 많다. 인터넷 채팅과 오락, 만화책에 너무 깊이 빠져 밤늦게까지 자지 않는 친구들이다. 이런 것들은 중독성이 있기에 한번 맛을 들이기 시작하면 밤을 낮처럼 여기게 되고, 결국 학교에서 잠을 자는 학생들이 속출한다. 여러 가지 이유로 밤늦게 잠을 자고 이런 상태로 학교에 가면 오전 내내 피곤하고 졸릴 수밖에 없다. 정신이 맑은 상태로 첫 시간부터 수업에 임하기가 매우 힘들게 된다.

현재 다니엘 아침형 학습을 강의하는 여러 학원과 학교들에서 나는 학생들에게 늘 말한다. 일찍 자고 일찍 일어나서 아침 시간을 잘 활용하는 것이 학습 관리의 핵심이라고. 특히 남들보다 뒤늦게 공부를 시작하는 기초가 부족한 학생들에게 나는 아침 공부를 적극적으로 권한다. 예를 들어 중3인데 중학교 1·2학년 동안 거의 공부를 하지 않고 놀기만 하다가 그동안 하지 않은 공부를 다시금 뜻을 정해 하고자 하면 객관적으로 시간이 부족한 것이 사실이다.

그 부족한 시간을 보충할 수 있는 것이 바로 새벽 공부다. 새벽

시간 1시간 정도 공부 분량이면 저녁 공부 3시간 정도의 효과를 낼 수 있기 때문이다. 자고 일어나서 맑은 정신 상태로 집중해 공부하는 1시간이 학교 수업과 학원 수업으로 지친 몸과 마음으로 공부하는 저녁 시간보다 집중이 잘되는 것은 지극히 당연하다. 요즘 많은 사람들이 새벽 시간에 관심을 가지고 시간을 잘 활용하기 위해 일찍 일어나는 추세다. 따라서 지금까지 공부를 소홀히 한 학생들이 이제껏 놀았던 시간을 보충하려고 한다면 새벽 공부를 강력하게 권한다.

예를 들어 저녁 11시에 자고 아침 5시에 일어난다고 가정하면 학교 가기 전에 거의 2시간 정도를 공부할 수 있다. 이 정도면 5~6시간의 저녁 공부 분량과 맞먹는다. 따라서 이렇게 1년 정도 새벽에 공부하면 중1·2 때 소홀하게 공부한 것을 충분히 만회하고도 남는다.

이처럼 어떻게 시간을 관리하느냐 하는 문제는 매우 중요하다. 예를 들어 초등학교 때 놀기만 하고 특별히 중학교 영어·수학을 예습하지 않은 학생들은 미리 공부한 학생들에 비해 적어도 5~6개월 이상, 많게는 2~3년 이상 뒤처진 것이 사실이다. 이런 학생들이 중학교에 와서 새롭게 마음을 정하고 공부하고자 해도 미리 공부한 학생들을 쉽게 따라잡기는 어렵다. 이것을 만회하는 방법은 여러 가지 있지만, 그중 한 가지가 새벽형 인간으로의 전환이다.* 바로 위에서 말한 것처럼 일찍 자고 일찍 일어나는 생활 습관을 몸에 익히는 것이다.

사실 학교에 갔다 온 뒤, 놀다가 저녁을 먹고 나면 금세 7시가 된다. 공부 좀 하려고 책상에 앉아 있다가 재미있는 프로그램이 생각나서 텔레비전 앞에 앉거나 인터넷을 하다 보면 또 금세 1~2시간이 흘러간다. 그러고 나면 어느새 밤 10시가 되고 마음을 가다듬고 공부를 하려고 해도 늦은 시간인지라 육체적인 피로가 몰려온다. 졸면서 억지로 1시간 정도 공부하면 그나마 다행이다. 이런 생활 습관으로는 좋은 성적을 기대하기 어렵다. 특히 초등학교 때 미리 중학교 공부를 한 학생들을 따라잡기는 더 힘들다.

따라서 철저한 생활 시간 재조정이 필요하다. 특별히 새벽 시간을 잘 활용하는 새벽형 인간이 되도록 힘써야 한다. 만약 이 책을 읽는 중학생들이 '다니엘 아침형 학습법'을 통해 새벽형 인간이 된다면, 원하는 대학과 학과에 가기 위해 벌이는 대학 입시라는 전쟁에 엄청난 비밀 무기를 가지고 나가는 것과 다름없다. 중학교 기간 동안 새벽형 인간으로 자신을 개조하고 자유 시간과 공부 시간을 구별하여 공부하는 습관을 들인 상태에서 고등학교에 가기만 해도 원하는 대학에 이미 절반이나 가까이 다가갔다고 해도 지나치지 않다.

요즘 내가 강의하는 학원에 예비 중1인 초등학교 6학년 이민영 학생이 다니고 있다. 이 학생은 어려서부터 여러 학원을 다니며 철저한 선행학습으로 무장한 전형적인 강남 초등학생이었다. 현재 영어 수준은 고1 정도 된다. 물론 이 학생보다 월등히 잘하는 강남 학생들도 많다. 초등학교 6학년인데 수능 영어 모의고사를 보면 만점을 받는 학생들도 있기 때문이다. 이 학생이 최근 다니

● 아침에 일찍 일어나 다니엘 학습으로 공부한 학생들의 놀라운 성적 향상은 2008년 4월 교육방송 뉴스에 방송되었을 정도로 탁월한 학습 효과가 있다.

엘 아침형 학습을 훈련받고 아침형 학습을 하게 되면서 나에게 글을 써 주었다.

다니엘 아침형 학습을 하면서 공부 시간을 충분히 확보할 수 있었고, 이 시간에 그동안 제대로 소화하지 못한 내용들을 여유롭게 예습·복습해 실력과 더불어 자신감까지 급속도로 향상되는 것을 느꼈다는 내용이다.

학원에 지나치게 의존하는 학생들은 자기 스스로 공부하는 시간이 적기 때문에 학원 수업 내용이 아무리 좋아도 제대로 소화하지 못하고 대충대충 넘기게 되기 쉽다. 그러나 수능시험 이외에 대학별 본고사 형태의 대학 입시 제도를 본격적으로 경험하게 될 현 중학생들에게는 공부한 내용을 자기 것으로 확실히 만드는 시간이 반드시 필요하다.

현재 남들보다 먼저 선행학습을 한 중1 학생이 다니엘 아침형 학습을 통해 아침 시간을 공부 시간으로 잘 사용하게 된다면 전국 등수 100등˚ 안에 들 정도의 탁월한 실력을 훨씬 빨리, 최소한의 시간으로, 최대한 효율적으로 얻게 될 것이다. 중1 시작과 함께 중간고사 보기 전까지 대략 40~60일 정도의 시간이 있다. 이 시간을 활용하여 다니엘 아침형 학습을 1단계부터 차근차근 시작해 보길 강력히 추천한다.

따라서 3월 둘째 주부터는 보다 확실하게 자는 시간과 일어나는 시간, 그리고 공부 시간과 자유 시간을 구분하여 실천하는 다니엘 시간 관리를 몸에 익혀야 한다.˚˚ 보통 생활 습관을 제대로 고치는 데는 100일 정도의 시간이 걸린다. 늦게 자고 늦게 일어나는 생활 습관은 하루아침에 고쳐지지 않는다. 새벽형 인간이 되기 위해서는 3개월 정도의 많은 노력과 인내가 필요하다.

좋은 습관은 뜻만 정했다고 그냥 이루어지는 것이 아니다. 확고한 뜻을 정했다면 그다음에는 아주 정교한 시간 관리와 생활 관리를 통해 구체적으로 실천해야 한다. 우선 새벽형 인간이 되고자 굳게 결심하고 새롭게 공부하기로 결심한 학생이라면 다음의 예를 참고하여 자신에게 맞는 '새벽형 인간 시간 계획표'를 세워 보도록 한다.

일단 자는 시간과 일어나는 시간을 정한다. 새벽 공부 시간을 최대한 많이 만들기 위해 11시에 자서 새벽 5시에 일어나는 것이 좋다. 아침 등교 시간은 8시이기에 새벽 5시부터 7시 20분까지 시간을 확보할 수 있다. 7시 20분부터 7시 50분까지는 학교 갈 준비와 식사를 하고, 8시까지 학교에 간다. 학교에 가서 수업을 마치고 나면 오후 3시, 집에 오면 3시 20분 정도 된다. 저녁 먹는 시간은 6시부터 7시다. 7시부터 잠자기 전까지 4시간 정도의 시간이 생긴다.

잠을 6시간 자고 학교 수업 시간과 밥 먹는 시간 등을 빼고 나면 대략 8시간 정도의 시간이 생긴다. 이 시간을 어떻게 활용하느냐에 따라 자신이 목표하는 대학에 갈 수 있을지 없을지가 결정되고, 어떻게 인생을 설계하고 살 것인지가 결정된다고 해도 지나친 말이 아니다.

- - - - - - - - - - - - -
- 대기권 돌파 성적을 의미한다. 대한민국 모든 대학, 모든 학과에 여유 있게 합격할 수 있는 성적을 말한다.
- 『다니엘 학습 플래너』를 사용하면 아침형 학습을 몸에 익히는 데 보다 구체적이고 효과적인 도움을 받을 수 있으리라 생각한다.

중1 학생들 중에서 미리 중학교 예습을 하지 않은 경우에는 미리 예습을 하고 들어온 학생들보다 최소 하루 1시간 정도 공부를 더 할 각오를 해야 한다. 공부는 매우 정직한 편이다. 많이 공부한 학생이 적게 공부한 학생보다 더 좋은 성적을 받는다. 초등학교 때 미리 성실하게 중학교 과정을 공부한 학생들과 실력으로 진검 승부할 때 미리 공부하지 못한 학생들이 그들보다 좀 더 공부를 해야 함은 자연스러운 일이다. 물론 그들보다 더 공부를 잘하고 싶은 마음이 없다면 상관없다. 하지만 나름대로 목표를 세운 중1 학생이라면 미리 선행학습한 학생들보다 1시간 더 공부할 것을 꼭 결심하고 실천하도록 하자.

이미 선행학습으로 중학교 내용을 미리 공부한 학생들은 크게 두 부류로 나누어 공부 계획을 세우면 좋다. 중학교 1학년 내용을 제대로 선행학습한 첫 번째 부류는 현재 자신이 진행하는 진도에 맞춰 계속 선행학습하면 된다. 중간고사와 기말고사 6주 전까지 선행학습을 계속하고 6주 전부터 학교 시험 준비를 통해 현재 자기 학년 공부를 하면 된다. 중학교 1학년 내용을 공부하긴 했지만 수박 겉핥기식으로 한 두 번째 부류는 중학교 1학년 공부를 진도에 맞추어 다시 하면서 현재 선행하는 공부를 병행하면 된다. 공부 시간 안배는 중1 선행의 질에 따라 배분하면 된다. 예를 들어 중1 내용과 현재 선행 중인 내용(가령 중2 과정)의 시간 배분을 6 대 4 혹은 7 대 3으로 하면 된다. 두 번째 부류 역시 중간고사와 기말고사 6주 전부터는 학교 시험에 집중하도록 한다.

서울대와 상위권 대학을 목표로 하는 중1 학생들은 하루에 매일 4시간 정도 자기 스스로 공부하는 시간을 확보하고 공부하는 것이 필요하다. 매일 영어 2시간(30분 독해, 30분 듣기, 30분 단어·숙어, 30분 문법), 수학 1시간 40분씩* 꾸준히 공부할 수만 있다면 초등학교 때 매일 놀고 공부를 하지 않았다고 하더라도 중1 수학과 영어를 얼마든지 따라가고도 남는다.

이때 주의할 점은 학원 혹은 과외를 통해 수업을 받는 시간을 공부 시간이라고 말하면 안 된다는 것이다. 자기 스스로 학교에서 혹은 학원에서 배운 것을 복습하고 예습하는 시간만이 진정한 공부 시간이다.

가령 학교가 끝나고도 밤 12시까지 밥 먹는 시간 빼고 학원에서 계속 수업을 듣는 학생이 있다면 그는 진정한 자기 공부 시간이 거의 없는 셈이다. 배운 것을 자기 것으로 만드는 복습 시간은 공부를 잘하기 위해서는 반드시 필요하다. 비싼 과외와 학원 수업을 아무리 많이 들어도 듣기만 해서는 최고의 실력을 기르기 어렵다. 들은 것을 자기 스스로 복습하고 공부할 때 비로소 실력을 기를 수 있다.『수학의 정석』으로 유명한 홍성대 선생님은 '수학의 신'이라 불릴 정도로 탁월한 수학 실력자로 현재 전주 상산고 이사장으로 계신데 그분의 딸 역시 현재 서울대학교 수학과 교수로 재직중이라고 한다. 그분의 일화 중에 스스로 하는 공부가 얼마나 중요한지 분명히 말해 주는 예가 있다.

홍성대 선생님의 딸이 고등학생이던 어느 날 아버지가 쓴『수학의 정석』문제집을 풀다가 아버지에게 모르는 수학 문제를 물어보

● 다니엘 아침형 학습의 7단계를 의미한다. 아침 마음관리 후 수학 공부 1시간 40분이 바로 다니엘 아침형 학습 7단계 과정이다.

았다고 한다. 저자에게 직접 문제 풀이를 배울 수 있다니 얼마나 놀라운 일인가! 수많은 학생들이 그 딸을 부러워할 것이다. 그런데 아버지는 문제를 풀어 주는 대신 연습장 한 권과 연필 한 자루를 주셨다고 한다. "수학을 정말 잘하고 싶니? 그럼 스스로 문제와 씨름하고 또 씨름하렴. 그럴 때 진정한 수학 실력이 길러진단다."라고 말씀하시며 말이다.

단순히 수업을 많이 듣는 것만으로도 어느 정도 성적을 낼 수는 있지만 그런 수동적 방식으로 공부해서는 설사 서울대학교에 합격할지라도 최고의 인재가 되기는 어렵다. 왜냐하면 자기 스스로 문제를 해결하는 창의적인 능력, 즉 지적 야성미가 지나친 사교육으로 인해 그 싹을 잘렸기 때문이다. 그 결과 지나친 사교육에 길들여진 많은 학생들이 서울대학교에 입학하고서도 공대 수학을 쫓아가지 못해 대학원생들에게 다시 과외를 받는 일이 생기고 있다.

나는 중학교 때는 공부를 잘했는데 고등학교에 가서는 성적을 도통 올리지 못하고 심지어 떨어지기까지 하는 학생들을 많이 보았다. 그 이유 역시 수동적인 공부 방식에만 지나치게 의지한 채 공부해 왔기 때문이다. 자기 복습이 없는 공부는 일정 수준 이상의 성적을 가져오기 어렵다. 따라서 본인 스스로 책상에 앉아서 공부하는 하루 4시간이 자신의 인생을 바꿀 수 있는 황금시간임을 먼저 깊이 자각해야 한다.

시간 배분에 있어서 공부 시간 계획과 함께 중요한 것으로 자유 시간 활용 계획이 있다. 단순히 쉬는 시간을 계획하는 정도가 아니라 본인이 하고픈 일을 언제, 어떻게 할 것인지 계획하는 것이다. 나는 학원에서 수업을 듣는 중학교 학생들을 대할 때마다 자주 이야기를 한다. 인생은 공부만 잘해서 성공하는 것이 아니라, 두루두루 폭넓게 배우고 경험하는 것도 중요하다고. 특히 건강 관리를 잘못하면 아무리 공부를 잘해도 더 중요한 것을 잃게 된다. 그러면 결국 공부조차 할 수 없게 된다.

학원 폭력을 극복하는 체력 관리

특히 요즘은 학원 폭력이 매우 심각하다. 중·고등학교 시절 학교에서 맞아 본 경험이 있는 학생들이 꽤 많다. 특별히 공부를 잘해도 싸움을 못하면 힘이 세고 약한 아이들 괴롭히기 좋아하는 학생들의 타깃이 된다. 그래서 매일 학교에서 괴롭힘을 당하거나 맞고 들어오는 경우가 많다. 얼마 전에도 학교에서 매일 괴롭힘을 당하던 한 학생이 어느 날 집에서 가져온 칼로 수업 시간에 자신을 괴롭히는 학생을 찔러 죽게 만든 일이 있었다.

이제 학교에서 맞지 않을 정도로 자신을 지킬 수 있는 능력을 기르는 것은 공부 못지않은 중요한 생존 전략이 되었다. 공부를 잘하는 학생들도 학교에서 괴롭힘을 너무 자주 당하다 보면 자포자기하며 공부를 포기하거나 시간을 낭비하게 되는 경우가 많다. 따라서 중1 때부터 미리 신체 단련을 하는 것이 유익하다. 긴장 관리를 해결할 수 있고 호신할 수 있는 능력을 기를 수 있기 때문이다. 그리고 공부에 지친 마음을 운동을 통해 풀어 줄 수도 있다. 정신적

● 『다니엘 학습 플래너』를 사용하면 하루 단위, 주 단위, 월 단위 계획을 통해 매우 효과적으로 학습 관리와 시간 관리, 건강 관리를 할 수 있다.

스트레스를 이완하고 해소할 수 있는 좋은 계기가 되는 것이다.

따라서 여가 시간 활용에 있어서 적어도 남학생들은 꼭 하루 1시간 정도 운동을 하는 것이 좋다. 구체적으로 말한다면 태권도, 합기도, 유도, 국술, 특공무술, 극진 공수도 등 실제적인 호신술을 배울 수 있는 운동을 하나 택해 매일 체육관에 다니는 것이 효과적이다.

내가 아는 고2 학생은 중학교 때 또래들보다 행동이 느려서 왕따를 당하고 많이 맞고 다녔다. 그렇게 왕따를 당하고 맞으며 학교를 다니다 보니 정신적으로 문제가 생기게 되었다. 그러던 차에 3년 정도 국술이라는 호신술을 배웠다. 처음에는 체육관에서도 행동이 굼떠 비웃음을 당하고 놀림을 받았지만 묵묵히 참고 3년간 꾸준히 했다. 운동신경이 발달하지 않아 배우는 것이 매우 더뎠지만 3년 정도 꾸준히 운동을 하고 유단자가 되면서 그는 모든 면에서 달라지기 시작했다.

우선 학교에서 누구도 자신을 건드리지 않았다. 자기도 모르는 사이에 주변에서 싸움을 잘하는 학생으로 대접받게 된 것이다. 운동을 잘하게 되면서 자신감도 회복돼 말도 점차 빨라져 이제는 보통 사람처럼 말할 수 있고, 건강도 무척 좋아져 매사에 의욕적으로 학교 생활을 할 수 있었다. 뿐만 아니라 자신감을 되찾자 공부도 더 열심히 하게 돼 그는 지금 완전히 달라진 삶을 살고 있다.

나는 그 친구를 옆에서 보면서 참 많은 것을 느꼈다. 운동이 주는 놀라운 선물이랄까? 아무튼 그 친구는 꾸준한 운동 덕분에 새로운 삶을 시작하는 좋은 계기를 맞을 수 있었다.

우리 주변에는 운동도 못하고 싸움도 못하고 공부도 못해서 놀림을 받고 괴롭힘을 당하는 학생들이 매우 많다. 창피함에 주위에 말을 못해서 잘 알려지지 않고 있지만, 너무나 많은 학생들이 호신을 못해 크나큰 굴욕감과 우울 속에 살고 있다. 이런 친구들을 포함하여 일반 학생들의 경우에도 중1 때부터 하루 1시간 정도 호신술을 꾸준히 배울 것을 강력하게 추천한다.

다른 운동들에 비해 값도 저렴한 편이고, 사회복지시설에서 운영하는 체육관은 훨씬 더 저렴하다. 만약 도저히 체육관에 다닐 형편이 되지 않는다면 매일 시간을 정해 30분에서 1시간 정도 스트레칭과 달리기, 팔굽혀펴기 등 기초적인 운동을 꾸준히 함으로써 건강을 유지하고 근력을 기르는 것도 매우 유익하다.[●]

하루 8시간 중에서 공부에 4시간, 운동에 1시간을 할애했다. 이제 3시간이 남았는데 이 시간을 어떻게 보내면 좋을까? 일단 1시간 30분은 자유 시간으로 정해 자신이 하고픈 것을 하면 좋다. 텔레비전을 보든, 인터넷을 하든, 영화를 보든, 오락을 하든, 하루 1시간 30분은 자신이 하고픈 것을 하는 시간으로 계획하면 전체적인 생활에 활력이 생긴다.

인생의 보물이 되는 독서 시간

이와 더불어 꼭 필요한 공부가 있다. 그것은 바로 종합적 국어 능력 향상을 위한 공부다. 현재 중1 학생들은 본격적인 대학별 시

● 청소년들의 건강과 운동을 위해 전문적으로 쓰인 『다니엘 건강 관리법』을 적극 추천한다. 이 책에는 중학생 시절 장소별, 시간별, 증상별 다양한 운동 방법과 스트레칭, 건강 관리법이 소개되어 있다. 참조하면 큰 도움이 될 것이다.

험에 대비하여 국어 공부를 꼭 해야 한다. 논술, 구술, 종합 국어 능력, 독서 능력 등이 필요하다. 대학 언어능력 시험이 교과서 지문 내에서만 나오는 것이 아니므로 말 그대로 종합적 국어 능력을 키워야 한다. 이를 위해 중1 학생의 경우는 적어도 매일 1시간 30분 정도 꼭 독서를 하는 것이 좋다. 독서를 한 후에 반드시 읽은 내용을 요약하고 느낀 점을 쓰는 습관을 들이는 것도 매우 중요하다. 많이 읽고 많이 쓰고 많이 생각하는 것이 바로 종합적 국어 능력을 향상시키는 지름길이기 때문이다.

사실 고등학교에 올라가면 독서를 하고 싶어도 시간적 여유가 거의 없다. 중학교 시절 책을 많이 읽어 두지 않으면 대학 입시 전까지 거의 책을 읽을 수 없게 되는 것이다. 중학교 시절의 하루 1시간 독서는 대학 입시에서 탁월한 성적을 거둘 수 있는 밑거름이 될 뿐만 아니라, 인생 전반을 폭넓게 바라볼 수 있는 눈과 멋진 아이디어를 제공해 준다. 뭐든 한쪽으로만 치우치기 쉬운 청소년 시절, 사고의 유연성을 길러 주고 동시에 균형 있는 가치관을 세울 수 있게 한다. 독서를 통한 간접 경험의 축적은 청소년 시절에 장만할 수 있는 인생의 귀한 보물이다.

물론 공부에 있어서도 독서는 매우 실질적인 도움이 된다. 특히 명문대학을 목표로 공부하는 학생들에게 폭넓은 독서는 언어영역에서 기복 없이 고득점을 받을 수 있는 최고의 방법이다. 고등학교에 들어가서 가장 어려운 과목을 선택하라고 하면 상위권 학생들은 이구동성 언어영역이라고 말한다. 언어영역은 공부를 많이 한다고 점수가 갑자기 상승하는 것이 아니라 어려서부터 폭넓은 독서를 해야 고득점을 받을 수 있는 과목이기 때문이다. 특별히 서울대학교를 가고자 하는 학생들은 영어와 수학에서 점수 차이가 그리 크게 나지 않는다. 주로 국어에서 점수 차가 많이 나는데 이때는 중학교 시절부터 독서를 꾸준히 한 학생이 월등히 유리하다. 따라서 실질적인 공부 효과를 생각해서라도 하루 1시간 30분 독서하는 것을 잊어서는 안 된다.

학생들 가운데는 독서를 아주 싫어하는 친구도 있다. 고려대 의대를 수석 졸업하고 현재 21세기병원 신경외과 과장으로 일하고 있는 내 동생의 경우가 바로 그렇다. 이 녀석은 어려서부터 책과는 아주 담을 쌓고 살았다. 소설과 같은 재미있는 책도 싫어했다. 심지어 만화책조차 보려고 하지 않을 정도로 책과는 담을 쌓고 살았다. 그러니 고등학교에 올라가서 아무리 국어 공부를 해도 점수가 잘 나오지 않았다. 국어에서 틀린 점수가 영어 · 수학 · 과학 탐구에서 틀린 점수를 모두 합한 것보다 높을 정도였다. 그때 동생은 그동안 책과 담 쌓고 지낸 것을 크게 후회했다. 그 뒤로 자신이 아는 후배들에게는 만화책이라도 좋으니 많이 읽어 두라고 이야기할 정도였다. 그만큼 책을 읽는 것은 여러 면에서 유익하고 중요하다.

그렇다면 어떻게 하루 1시간 30분 독서를 할까? 어떤 책을 어떤 방식으로 읽고 정리해야 중학생으로서 가장 효과적인 독서를 했다고 할 수 있을까? 우선 중학교 교과서에 나오는 모든 소설, 수필, 설명문, 논설문 등은 다 읽어 보도록 한다. 소설의 경우 워낙 분량이 많기에 일부분만을 뽑아 교과서에 실어 놓는 경우가 많다. 따라서 교과서에 실린 소설의 전체 내용을 독서 시간을 이용하여 다 읽어 보는 것이 좋다. 대형 서점에 가면 중학생이 읽어야 할 소설과 책 목록이 비치되어 있다. 그것을 활용하여 독서 시간에 읽으면 무난하다. 이런 책들과 아울러 세계 위인들의 전기와 자서전을 중1 때 많이 읽어 두면 읽어 둘수록 유익하다. 위인전은 왜 공부를 해야 하는지에 대한 동기 부여에도 도움이 되고 학생들에게 감동과 비전을 주기도 한다. 그러고 나서 고등학교 교과서에 실린 소설, 수필 등을 읽도록 한다. 고등학생들이 읽어야 할 소설과 수필 등의 책 목록도 서점에 가면 잘 나와 있다. 그것을 참고하여 읽으면 충분하다.

책은 어떻게 읽으면 좋을까? 무엇보다 편한 마음으로 읽어야 한다. 너무 긴장하며 읽지 말고 편안하게 보되 가급적 바른 자세로 보도록 한다. 좋지 않은 자세 때문에 나중에 허리 통증을 호소하는 학생들이 많다. 따라서 공부 이외의 독서 시간에도 바른 자세로, 편안한 마음으로 보는 것이 좋다.

책 한 권을 다 보고 난 후에는 꼭 노트 혹은 원고지에 내용을 요약하고 느낀 점을 기록하도록 한다. 글쓰기 작업을 통해 읽은 책을 더 깊이 머릿속에 저장하여 온전한 나의 지식으로 만들 수 있다. 이 작업을 꼭 한 후에 다음 책으로 넘어가도록 한다. 많은 학생들이 무협지와 만화를 독서 시간에 읽으려고 하는데 이런 책들은 되도록 자유 시간을 이용해 읽도록 하고 독서 시간에는 위에서 언급한 책들 위주로 읽는 게 좋다.

그리고 한 가지 덧붙여 이야기하고 싶은 게 있다. 독서 시간 1시간 30분 중에서 매일 5분 정도 시간을 내어 '마음관리'에 도움이 되는 책을 읽는 것이다. 아마도 마음관리라는 말 자체가 중학생들에게는 생소할 것이다. 하지만 이제 중학 생활이 본격화되고 공부에 대한 중압감과 시험에 대한 불안, 초조함이 엄습하면 마음관리가 얼마나 중요한지 실감하게 될 것이다. 공부를 하려고 하는데 자꾸 불안해지고 시험을 잘못 보면 어떻게 하나 하는 두려움이 생기게 된다. 시험 결과에 집착하게 되면서 공부도 점점 싫어진다. 이런 현상들이 이제 몇 달 뒤에는 자주 나타나게 될 것이다.

마음관리를 위한 독서법

이런 마음 상태에서 공부가 제대로 될 리 없다. 따라서 마음을 평안하게 하고 내면의 정원을 아름답게 가꾸어야 할 필요가 있다. 이때 필요한 것이 바로 '마음관리'이다. 마음관리를 위해 독서 시간에 꼭 보면 좋을 책이 바로 「잠언」이다. 매일 하루 한 장 정도씩 보면 효과적이다. 「잠언」에 대해 들어 본 학생들도 있을 것이고 들어 보지 못한 학생들도 있을 것이다. 「잠언」은 『성경』의 한 부분으로 고대 이스라엘 왕들이 자녀들을 올바르고 현명한 사람으로 키우기 위해 실천했던 삶의 소중한 지혜들을 모아 놓은 것이다.

유대인들이 얼마나 똑똑하고 자녀 교육에 있어 남다른지는 이미 많이 알려져 있다. 그게 바로 어려서부터 「잠언」을 철저하게 읽고 교육한 결과다. 「잠언」에는 너무나 많은 귀한 삶의 지혜와 철학이 담겨 있다. 따라서 마음관리에 있어 매우 좋은 책이다. 총 31장으로 구성되어 있으니 매일 하루 1장씩 5분 정도면 읽을 수 있다. 이 책은 종교가 무엇이든 간에 누구나 읽고 삶의 지혜를 배울 수 있는 좋은 책이다. 어느 종교를 가졌든 상관하지 말고 매일 1장씩 꾸준히 읽으며 마음관리에 대한 노하우를 전수 받으면 좋을 것이다.

특히 이 책은 마음관리의 중요성을 자주 언급하면서 근심과 걱정을 어떻게 다루어야 하는지 구체적인 방법들을 잘 소개하고 있기에 자기 자신에게 맞도록 잘 적용하면 효과적인 마음관리를 할 수 있을 것이다.

또 하나의 책은 『다니엘 마음관리 365일』이다. 「잠언」을 읽는 것이 내키지 않는 학생들에게 매우 좋은 친구 같은 책이다. 이 책은 하루 단위로 쓰였기에 매일 5분 정도만 시간을 들여 그날그날 보면 된다. 보고 나서 그날의 내용을 요약하고 한 문장으로 주제문 쓰는 훈련을 병행하는 것이 꼭 필요하다. 짧은 시간이지만 엄청난 국어 학습 효과를 볼 수 있고 더불어 마음의 평안과 집중력도 생길 것이다. 현재 내가 가르치는 학생들은 매일 이 책을 통해 마음을 관리하면서 하루를 시작하는데, 매우 탁월한 학습 효과와 마음의 평안을 경험하고 있다.

다음은 『다니엘 마음관리 365일』로 실제 마음관리를 하며 다니엘 아침형 학습을 하는 학생들의 실제 이야기들이다. 마음관리의 중요성을 매우 잘 보여 주는 글이기에 잠깐 소개해 보고자 한다. 다니엘 학습을 시작하려는 여러분들에게 도움이 되길 바란다.

『다니엘 마음관리 365일(10, 11, 12월)』 편을 읽고 나서

글쓴이 : 정수진

나는 아침에 마음관리할 때와 밤에 자기 전에 항상 이 책을 읽는다.

이 책은 신기하게도 내게 고민이 있을 때, 나의 정체성에 대한 고민이라고 해야 할까, 한마디로 잠시 슬럼프에 빠졌을 때 나를

구출해 주고 내 고민에 응답해 주는 책 같다.

읽으면서 많이 공감도 되고…….

나를 다시 한 번 돌아보게끔 해 주는 정말 좋은 책 같다~!

『다니엘 마음관리 365일(7. 8. 9월)』편을 읽고

글쓴이 : 김지은

아침에 일어나서 마음관리를 읽고 하루 생활을 시작하면 공부에 집중이 더 잘된다. 또한 부정적인 생각을 버리고 긍정적인 생각으로 바꾸려고 많이 노력하게 된다. 마음관리 책의 끝 부분에 항상 적혀 있는 희망찬 하루를 보내라는 말을 읽을 때마다 포기하지 않고 다시 시도해 보겠다는 마음을 갖게 된다. 그래서 이 마음관리 책이 더 중요하고, 빠뜨리지 말고 읽어야겠다는 생각이 든다. 앞으로 많은 어려움이 오겠지만『다니엘 마음관리 365일』을 읽으면서 마음을 굳게 먹고 도전할 것이다.

『다니엘 마음관리 365일(7. 8. 9월)』편을 읽고

글쓴이 : 김지윤

미음관리 책은 항상 재미있는 것 같다. ><

아침 마음관리 시간에 하루 하나씩 그 날짜에 맞춰서 읽는데 하나하나가 모두 유익하고 재미있어서 또 보고 싶은 충동이…ㅋㅋㅋ

공부하는 데도 많은 도움이 되는 것 같고 힘든 일이 있을 때에도 마음관리 책 보면서 맘을 다잡는다는…ㅋㅌㅋㅌ

김동환 선생님께서 직접 옆에서 말해 주시는 것같이 내용도 너무너무 좋고~

하여튼 정말 유익한 책이다!

『다니엘 마음관리 365일(7. 8. 9월)』편을 읽고 나서

글쓴이 : 이영민

『다니엘 마음관리 365일』은 내게 아주 특별한 책이다. 이 책을 읽음으로써 마음이 편안해지고 또 학교 공부도 더 잘되는 것 같다. 나에게 교훈이 되는 내용이 아주 많고 재미있는 이야기도 아주 많아서 너무 좋다. 이렇게 귀한 책을 써 주신 김동환 선생님께 정말 감사드린다.

『다니엘 마음관리 365일(4. 5. 6월)』편을 읽고!

글쓴이 : 강지훈

저는 여전히 하루라도 마음관리 책을 읽지 않으면 하루 종일 뭔가 찝찝합니다. 이번 4~6월 책을 읽고서도 1~3월 책을 읽었던 느낌과 동일하게 많은 공감을 했고 많은 이야기를 통해 삶의 새로운 의미를 알아 가고, 과거에 내 학교 생활 태도를 되돌아보고, 내 잘못을 뉘우치는 시간을 가질 수 있었습니다. 앞으로도 더욱 마음관리 하는 시간에 최선을 다하겠습니다.

공부 계획과 생활 계획을 실제로 적용해 보기

지금까지 하루 8시간을 어떻게 보내야 할지 나름대로 살펴보았다. 4시간 공부, 1시간 30분 자유 시간, 1시간 운동, 1시간 30분 독서가 그것이다. 그럼 이제 구체적으로 하루를 어떻게 배분하고 공부할지 계획을 세워야 한다. 어떻게 하면 다니엘 아침형 인간으로 효과적으로 살면서 시간을 배분하여 공부하고 건강하게 생활할 수 있을지 계획을 함께 세워 보도록 하자.

우선 아침 5시 기상을 위해서는 저녁에 일찍 자는 것이 필수다. 수면 시간이 7시간인 학생이라면 적어도 10시에는 자야 한다. 만약 수면 시간이 6시간인 학생이라면 11시에는 자야 한다. 잠이 오지 않는다고 12시까지 어영부영 시간을 보내다가 아침 5시에 자명종이 울리면, 일어나기는커녕 짜증만 내며 도로 잠을 자기 쉽다. 설사 5시에 일어나 공부하려고 해도 모자란 잠 때문에 금세 졸려 다시 자게 된다. 욕심 부리지 말고 잘 시간이 되면 자도록 한다. 이것이 바로 다니엘 아침형 인간이 되기 위한 첫 번째 순서다.

이렇게 일찍 정해진 시간에 잠을 자면 아침 5시에 일어날 수 있다. 물론 몇 개의 자명종이 필요하다. 나 역시 아침형 인간으로 지낸 지 10년이 넘었지만 아직도 자명종이 필요하다. 이제는 한 개면 충분하지만 말이다.

아침 5시에 일어나면 학교 갈 준비하는 시간(7시 20분) 전까지 2시간 20분의 시간이 있다. 물론 곧바로 공부를 할 수도 있다. 그러나 나는 새벽에 일어나자마자 바로 공부하는 것보다 더 좋은 방법을 알고 있다. 바로 20분 정도 마음관리 시간을 갖는 것이다.

서울대학교에서 종교학을 공부하면서 나는 여러 종교들을 공부할 수 있었다. 그런데 각 종교마다 공통적으로 특별히 강조하는 게 바로 새벽 시간이었다. 기독교에서도 예수님께서 새벽에 일찍 기도하며 하루를 시작하셨고, 불교에서도 새벽 불공을 드림으로써 하루를 시작한다. 유교에서도 유학자들은 새벽에 유교 경전을 읽고 명상을 통해 하루를 시작했다. 모두 종교는 다르지만 새벽형 인간을 강조했고 새벽에 일어나자마자 하루의 시작을 위해 마음 관리 시간을 두었다.

기독교, 불교, 유교 문화권에서 소위 사회적으로 성공한 학자, 사업가, 정치가 등 사회 지도자들의 공통점은 새벽형 인간이면서 동시에 새벽에 깊은 명상과 기도를 통해 마음관리를 한다는 점이다. 마음관리에 대해서는 이미 잠깐 언급했지만, 청소년 시절뿐만 아니라 어른이 되어서도 매우 중요한 일이다. 자신의 인생을 비옥하게 가꿀 수 있는 핵심이 바로 이 시간에 있다고 해도 지나친 표현이 아니다.

놀라운 집중력의 비밀, 마음관리법

그렇다면 마음관리는 어떻게 할 수 있을까? 어떻게 명상과 기도를 할 수 있을까? 구체적인 방법을 살펴보자. 예를 들어 기독교 신자일 경우 5시에 일어나면 5분 정도 『성경』을 읽도록 한다. 그러고 나서 5분 정도 읽은 『성경』 구절을 깊이 생각하며 하나님과 대화하는 기도 시간을 갖는다. 이 기도 시간을 통해 마음속에 나도 모르게 숨어 있는 불안과 초조, 그리고 두려움 등을 제거하는 작업을 한다.

기도 시간 중 마지막 5분 동안은 그날 하루를 어떻게 살 것인지 『다니엘 학습 플래너』를 이용하여 시간 계획을 세우도록 한다. 가

하루 일과 계획은?
나는 왜 공부해야 하는 거지?

령 오늘 새벽 공부 시간에는 어떻게 공부힐 깃이고 학교에서는 어떻게 수업을 들을 것인지, 방과 후 집에 와서는 어떻게 시간을 사용할 것인지 구체적으로 머릿속에 하나하나 짚으며 계획을 세운다. 그러고 나서 자신이 세운 계획을 하나님께 말씀 드린 후 그분의 도우심과 인도하심을 기도로 청한다.

간단하지만 매우 중요한 마음관리법인 기도 시간은 자신이 가지고 있는 걱정, 괴로움, 남들에게 말하지 못하는 비밀, 그리고 힘든 문제들을 솔직하게 하나님께 말하는 시간이다. 누구에게도 말하지 못하는 것들을 하나님께 토로하는 시간이다. 그러면 마음이 편해진다. 나도 모르는 평안이 마음의 정원에 가득 차게 된다. 기독교 내면 관리법의 핵심은 하나님의 존재를 인정하고 하나님의 도우심에 절대적으로 의지하고 그분께 기도하는 것에서 시작한다고 말할 수 있다.

불교 신자인 경우는 자신이 좋아하는 불경을 읽고 그것을 가지고 깊이 명상하면서 오늘 하루를 어떻게 살아야 할지 계획을 세운다. 내가 존경하고 스승으로 모시고 있는 서울대학교 종교학과 금장태 교수님은 한국 유학의 큰 어른으로 그분을 뵈면 한 마리 학을 보는 것 같다. 나이 육십이 넘으셨음에도 불구하고 그분은 매일 새벽, 당신이 제일 존경하는 다산 정약용의 수필과 글들을 깊이 읽고 명상하신다. 그리고 오늘 하루를 유학자로서 어떻게 살고 어떻게 시간을 보낼지 계획을 세우고는 그 계획대로 최선을 다해 노력하여 하루를 비옥하게 보내신다.

만약 아무 종교도 없는 학생이라면 『다니엘 마음관리 365일』을 읽고 마인드 컨트롤을 통해 마음관리를 할 수 있다. 새벽에 머리가 맑을 때 오늘 하루를 어떻게 살고 어떻게 시간 활용을 할지 머릿속에 칠판을 그려 놓고 명상을 통해 계획을 세울 수 있다. 복식호흡법을 사용하여 숨을 길게 단전으로 쉬고 가능한 한 천천히 내쉬면서 머릿속에 있는 칠판에 오늘 읽은 다니엘 마음관리 내용을 적고 그날 하루 계획을 세운 후, 내가 왜 공부를 해야 하는지 어떻게 살아가야 하는지 등 구체적인 생각을 한다.

나는 개인적으로 중학교 때부터 새벽에 일어나서 「잠언」을 읽고 기도하며 하루를 시작했다. 「잠언」을 보면서 나 자신이 왜 살아야 하는지 알게 되었고 어떻게 살아야 하는지 배울 수 있었다. 그리고 그날 읽은 「잠언」 말씀을 토대로 기도 시간에 내가 오늘 하루 어떻게 살아야 할지에 대하여 기도를 드렸다. 나는 이 시간을 통해 내가 왜 하기 싫은 공부를 해야 하는지 구체적인 동기를 부여받게 되었고 힘든 공부를 인내할 수 있는 힘을 얻게 되었다. 새벽 첫 마음관리 시간에 하나님께 오늘 하루를 어떻게 살아야 하고 시간을 어떻게 비옥하게 가꾸어야 할지 진지하고 솔직하게 이야기했다. 이 시간을 통해 나는 마음의 정원에 쉴 새 없이 뿌려지는 공부에 대한 중압감과 스트레스, 시험 결과에 대한 두려움과 공포, 난 할 수 없을 거라는 부정적 생각과 불안감의 씨앗들을 제거하고 새롭게 뜻을 정해 다시금 시작할 수 있었다.

새벽 첫 시간 마음관리를 통해 나는 매일 새롭게 태어날 수 있었다. 어제 있었던 모든 괴로움과 슬픔, 억울한 일과 힘든 일, 안 좋은 기억들 모두를 다니엘 마음관리 시간을 통해 잘 정리하고 새롭게 하루를 시작할 수 있었다. 이것이 바로 새벽 마음관리 시간이 학생들에게 꼭 필요한 이유다.

마음관리로 공부 중압감을 극복하라

많은 학생들이 공부로 인하여 좌절과 슬픔을 경험한다. 공부를 잘하는 학생이든 못하는 학생이든 상관없다. 학생이라면 누구든지 공부로 울고 웃는다. 공부 때문에 받는 스트레스는 상상을 초월한다. 2002년 한 해 성적 비관으로 죽은 학생들이 276명이다. 성적 스트레스 때문에 거의 하루 한 명 정도의 젊디젊은 청소년들이 스스로 죽음을 선택한다. 이것이 바로 우리 현실이다.

내가 이 책을 쓰는 중요한 이유 중 하나는 더 이상 성적 때문에 자살하는 학생들이 나오지 않도록 먼저 대학 입시를 치른 인생 선배로서 후배들에게 해 주고 싶은 말이 있기 때문이다. 만약 자살한 학생들이 규칙적인 마음관리의 중요성을 보다 일찍 깨닫고 마음관리 시간을 매일 가졌더라면 그렇게 허무하게 죽지는 않았을 것이다. 그들을 생각하면 너무나 마음이 아프다.

이 책을 보는 학생들 중에서 혹시라도 공부 때문에 정말 죽어 버리고 싶은 학생이 있다면 부디 다시 생각해 보기를 바란다. 자살할 수밖에 없는 힘든 상황과 현실이 있다는 것은 이해하지만 그래도 한 번 더 뜻을 정해 삶을 살도록 결심하기를 간곡히 부탁한다.

나 역시 고3부터 지금까지 허리 디스크와 여러 병들 때문에 고통 받으며 죽고 싶다는 생각을 수도 없이 많이 했다. 남들은 미팅이다 엠티다 하며 멋지게 대학 생활을 즐길 때 나는 하루걸러 한 번 병원에 다니며 힘든 시간을 보내야 했다. 정말 너무 힘들어서 이제 그만 죽고 싶다, 모든 것을 끝내고 싶다, 고통 없는 곳으로 가면 좋겠다, 그냥 오늘 밤 자는 도중에 아무 고통 없이 죽었으면 좋겠다, 사는 것이 지긋지긋하게 힘들다, 왜 나는 이렇게 힘들게 살아야 할까, 하는 생각을 수없이 했다.

정말 죽음에 대해 많이 생각해 보았다. 몇 달간 하루도 빠지지 않고 죽음을 생각한 적도 있다. 그런 나이기에 자살하는 사람들이 남 같지 않다. 모두 그만한 사정과 괴로움이 있기 때문에 자살하는 것이다. 나 역시 매일 새벽 마음관리를 하지 않았다면 벌써 자살했을 것이다. 하지만 나는 매일 새벽 마음관리 시간을 통해 나의 고통과 슬픔을 조금씩 이해할 수 있게 되었고 그것을 받아들일 수 있게 되었다.

부디 이 책을 읽는 후배들 중에는 더 이상 성적 때문에 자신의 처지를 비관하고 절망하여 자살하는 이들이 나오지 않기를 소원한다. 아직 죽을 때가 아니다. 인간은 태어나면 때가 되어 언젠가 죽게 된다. 아직은 그때가 아니다. 한 번만 더 힘을 내서 새롭게 뜻을 정해 시작해 볼 것을 간곡히 부탁한다. 아직은 포기할 때가 아니다.

물론 새벽에 일어나서 20분간 마음관리하는 일이 쉬운 것은 아니다. 습관이 되지 않으면 어렵다. 나 역시 처음에 새벽에 일어나서 마음관리할 때 무척 졸려서 힘들었다. 꼭 이렇게까지 해야 하나 싶었다. 그런데 하루 이틀 지나면서 마음속에 평안이 생기기 시작했다. 공부로 인해 지치고 괴로웠는데, 새벽에 일어나 마음관리 시간을 가지면서 나를 무겁게 짓누르던 마음의 짐들이 하나둘씩 사라져 가는 것을 경험하게 되었다. 그렇게 나는 새벽 마음관리 시간의 소중함을 조금씩 깨닫게 되면서 졸려도 참고 새벽에 일어나기 시작했다.

이 책을 보고 시작하는 후배들 역시 처음에는 무척 힘들 것이다. 그렇지만 조금만 더 힘을 내서 참고 시작하기를 간곡히 부탁한다. 분명하게 말할 수 있는 것은 이 시간이 여러분의 인생을 새롭게 하고 다시금 뜻을 정해 모든 일을 시작할 수 있도록 도와줄 거라는 점이다.

새벽 첫 시간 마음관리를 하고 본격적으로 공부를 하는 시간이 되었다. 새벽 5시 20분에서 7시 20분까지 총 2시간. 엄청난 시간이다. 저녁에 5시간 이상 공부하는 것과 맞먹는다. 저녁 공부 시간에는 숙제만 하고 새벽 시간에 집중적으로 영어·수학만 공부해도 중학 시절 상위권 성적을 유지하는 데에는 별 어려움이 없을 정도다. 그만큼 새벽 공부의 효율성은 대단히 높다. 따라서 새벽 공부 시간에는 일분일초까지도 아껴 가며 공부할 수 있도록 힘쓰기 바란다.

새벽 공부 시간은 여러분의 인생을 좌우할 엄청난 위력을 가진 시간이다. 이 시간만 꾸준히 활용해도 원하는 대학에 가기가 훨씬 쉽다. 대학에 가고 사회에 나가서도 새벽 시간을 잘 활용하는 이들은 자기 분야에서 남보다 훨씬 더 앞서 나가는 실력을 기를 수 있다. 현재 세계적으로 자기 분야에서 성공한 전문가들의 대부분이 새벽 시간을 적극적으로 활용하는 사람들이다.

만약 여러분이 초등학교 시절 미리미리 중학교 공부를 성실하게 예습하지 않았거나 공부를 거의 하지 않은 학생이었더라도, 이제부터 정말 뜻을 정해 제대로 공부하며 자신에게 주어진 시간을 값지게 가꾸고 싶은 학생이라면 이 순간부터 꼭 새벽 공부를 할 것을 강력하게 추천한다. 새벽 공부를 한다는 것이 쉬운 일은 결코 아니다. 정말 힘든 일이다. 하지만 고생한 만큼 대가는 여러분이 생각한 것보다 적어도 열 배 이상 클 것이다. 그것을 생각한다면

● 새벽 마음관리를 보다 체계적으로 하고 싶은 학생들은 『다니엘 아침형 학습법』을 참조하면 큰 도움을 받을 수 있을 것이다.

정말 해볼 만한 일이다. 특히 공부 때문에 좌절하고 '난 안 돼, 이미 글렀어. 난 공부와는 체질적으로 안 맞아.' 하면서 이미 공부를 포기한 후배들이 있다면 마지막이라는 심정으로 새벽형 인간으로 자신을 개조해 새벽 공부를 시작할 것을 간곡히 부탁한다. 새벽 공부 시간을 통한 역전 드라마는 과거에도 그러했지만 지금도 끊임없이 새롭게 쓰이고 있다. 한 번 공부를 못했다고 늘 못한다는 생각은 버려라. 얼마든지 뜻을 정해 다시 시작할 수 있다. 너무 늦어서 안 된다고 생각하는 그때가 제대로 뜻을 정해 시작할 수 있는 때다. 더 이상 내려갈 바닥은 없다. 다시금 힘을 내서 새롭게 시작하라.

사실 나를 포함해 공부가 좋아서 하는 학생은 그리 많지 않다. 공부가 만화책이나 오락보다 더 재미있어서 하는 학생들은 정말 드물다. 공부가 너무 싫어도 부모님 등쌀에 마지못해 억지로 하는, 하기 싫지만 하지 않으면 안 되기 때문에 하는 학생들이 대부분이다. 그런 학생들이 새벽에 일어나서 공부한다는 것은 그 자체가 불가능할 수 있다. 따라서 졸리지만 꾹 참고 새벽에 일어나서 공부해야 할 분명한 이유가 있어야 한다.

마음을 새롭게 하면 공부를 다시 시작할 수 있다

정말 공부를 잘하기 위해서는 우선 왜 공부를 잘하고자 하는지 분명한 목적이 있어야 한다. 막연히 어머니가 공부 잘하라고 해서, 공부 못하면 혼나니까 하는 마음가짐으로는 중학교를 졸업한 후 고등학교 입시 지옥 속에서 원하는 대학에 가기가 어렵다.

대부분의 공부 잘하는 학생들은 본인이 왜 공부를 해야 하는지 나름대로 당위성을 가지고 있다. 왜냐하면 공부란 한 달, 길어야 육 개월에 끝나는 것이 아닌 장기 레이스이기 때문이다. 특별한 소수 몇 명을 제외하고 공부는 별로 재미있지 않다. 공부를 아주 잘하는 학생들도 공부를 하다가 너무 힘들어 슬럼프에 빠지는 경우가 허다하다. 그러므로 하기 싫은 공부, 너무 힘든 공부, 흥미를 잃은 공부를 억지로라도 해야 하는 분명한 목적이 있어야 한다.

가령 공부하기는 싫고 매일 놀고 싶은 중1 학생이 있다고 생각해 보라. 아마 이 책을 보는 학생들 중에도 많을 것이다. 나는 야학에서 거의 10년 정도 학생들을 가르치면서 참 별의별 학생들을 다 만나 보았다. 내가 주로 만난 아이들은 평균 점수가 50점이 안 되는 경우가 많았다. 노는 아이들 중에는 공부를 완전히 포기한 아이들도 있고, 일진도 있고, 양아치도 있고, 매일 삥 뜯는 아이, 매일 삥 뜯기는 아이도 있다. 소위 말하는 쌈짱도 있었다. 이 가운데 공부하기 가장 싫어하는 아이들 다섯 명을 모아 놓고 이야기한 적이 있었다.

"너희들 공부하기가 그렇게 싫니?"

"네."

"새벽에 일어나서 공부 2시간 할 수 있니?"

"불가능해요."

"정말 불가능해?"

"죽었다 깨어나도 못해요."

그런 아이들에게 이번에는 이렇게 이야기했다.

"만약 하기 싫은 공부지만 꾹 참고 새벽 5시 20분부터 7시 20분까지 하기만 하면 공부가 끝나자마자 그 자리에서 20만 원 줄게. 그 돈은 마음대로 써도 좋아. 어떻게 할래. 한번 해 볼래?"

그러자 갑자기 오만상을 쓰던 아이들이 놀라 되물었다.

"정말이에요? 정말 돈 줄 거예요?"

좀 전까지 죽었다 깨어나도 못한다고 인상을 쓰던 아이들의 얼굴이 금세 밝아졌다.

"그러면 한번 해 볼게요. 20만 원인데…… 물론 하죠."

굉장한 의욕을 보이는 친구들에게 나는 다시 말했다.

"공부하는 시늉만 해서는 안 되고 진짜 제대로 공부를 해야 돼. 그동안 공부 안 하다가 새벽에 2시간 공부하면 머리 많이 아플지도 모르는데 그래도 해 볼래?"

"20만 원이잖아요. 알바해서 시간당 잘 주면 5,000원인데 20만 원이 어디예요? 진짜 해 볼 거예요."

"그 돈으로 뭐 할 건데?"

"돈 생기면 이번에 새로 나온 리바이스 청바지 사야죠."

"나는 예쁜 폴로 티 살 거야."

"난 돈 더 모아서 루이비통 가방 사야지."

"나는 모아서 불가리 시계 살 거다."

아이들에게 확실한 목적이 생겼다. 정말 공부하기 싫어하는 아이들에게 2시간 동안 꾹 참고 아무리 힘들어도 공부를 해야 하는 강한 이유가 생긴 것이다. 인간이면 대개 돈을 좋아한다. 공부하기는 죽어도 싫지만 그동안 갖고 싶어도 갖지 못했던 명품들을 사려고 아이들은 의욕에 불타올랐다.

나는 그 친구들에게 다시 말했다.

"하루 한 번 공부에 20만 원이니 만약에 한 달간 매일 2시간씩 규칙적으로 공부하기로 하고 20 곱하기 30 해서 600만 원을 준다면 어떠니? 2시간씩 한 달 편의점 알바하는 대신 너희들 공부하는 알바라고 생각하고. 어때?"

중1에게 600만 원이라는 돈은 정말 크다. 돈 많은 사람들에게는 아닐 수도 있지만 대부분의 사람들에게, 특히 중1에게는 큰돈이 아닐 수 없다. 그런 돈을 하루 2시간씩 공부(남을 위해 대신 해 주는 숙제가 아닌 나 스스로를 위한 공부)해서 받는다면 생각만 해도 기분 좋을 것이다. 이것이야말로 일석이조가 아닌가? 이런 제안을 받은 아이들은 즉시 공부를 하겠다고 달려들었다. 그러면서 하루 20만 원이 아니라, 10만 원만 꼬박꼬박 주어도 열심히 공부할 수 있겠다고 말했다.

중학교 1학년, 새 학기가 시작된 3월의 어느 하루, 새벽에 일어나서 하는 2시간의 새벽 공부가 인생에서 차지하는 값어치는 과연 얼마나 될까? 하나님은 모든 인간에게 동등하게 하루 24시간을 선물로 주셨다. 그러나 꿈과 가능성의 세대인 중1들에게 주어진 24시간이라는 선물은 50대의 24시간과는 전혀 다르다. 양적으로는 같은 시간이지만 그 시간이 가지는 의미는 너무나 다르다. 한 달 600만 원이니 1년이면 7,200만 원, 3년이면 2억 1,600만 원이다. 매우 큰돈이다. 그렇지만 중학교 3년간의 가능성과 꿈과 비전의 값어치는 이 정도에 그치지 않는다.

중학 3년을 어떻게 보내느냐에 따라 2억이 20억, 200억, 2,000억, 2조가 될 수 있다. 중학교 3년이라는 귀한 시간에 대한 노력의 열매는 2억이라는 돈으로 살 수 있는 것이 아니다. 수많은 중학교 1학년들에게 말하고 싶다. 성실하게 새벽 혹은 저녁 2시간 공부하는 것은 20만 원을 버는 것이 아니라 200만 원을 버는 것 이상이라고. 자신에게 주어진 귀한 시간을 하루하루 성실히 가꾸는 것이 200만 원보다 더 큰돈을 버는 일이라고.

지금 생각해 보면 중학교 1학년 하루하루의 값어치가 얼마나 큰지를 나에게 알려 준 사람이 없었다는 것이 뼈에 사무치도록 안타깝다. 나는 하루의 중요성이 얼마나 큰지를 너무 늦게 깨달았다. 그래서 이 책을 보는 후배들이 부디 빨리 깨닫기를 바란다. 하루의 중요성을 보다 빨리 깨닫고 뜻을 정하여 다시 시작하는 하루가 바로 여러분의 인생 역전 시점이라는 것을.

새벽 공부를 마치고 학교로 가는 발걸음은 정말 가볍다. 정말 뿌듯하다. 무언가 해냈다는 자신감은 스스로를 긍정적으로 생각하게 만든다. 육체적으로 피곤하지만 정신은 더욱 맑아지는 것을 경험하게 된다. 학교생활에도 여유가 생긴다.

학교를 마치고 집에 오면 3시 30분 정도. 이때부터 저녁 먹기 전인 6시까지 2시간 30분의 시간이 있다. 또 6시에서 7시까지 저녁을 먹고 나서 7시부터 10시까지 3시간의 시간이 있다. 우선 학교 갔다 와서 가급적 바로 체육관에 갈 수 있도록 계획을 짜는 것이 좋다. 왜냐하면 새벽부터 그때까지 거의 책상에 앉아 공부를 해온 셈이기 때문이다. 물론 체육 시간이 든 날도 있겠지만, 대부분의 수업 시간을 앉아서 보내기 때문에 육체적 운동을 통해 긴장된 근육들을 이완시켜 주면서 나도 모르게 받았을 정신적 스트레스를 땀을 흘려 해소할 필요가 있는 것이다.

나는 대학교 시절 수업이 끝나면 꼭 집에 오기 전에 수영장이나 체육관에 가서 1시간 정도 운동을 했다. 물론 재활의학과에서 허리 근육 강화 운동 프로그램을 짜 주었기에 한 것이지만, 그 운동 시간이 나에게는 너무나 소중했다. 나는 아픈 몸을 참고 하루 종일 공부한 후에 1시간 정도 땀을 흘리며 이를 악물고 재활운동을 했다. 너무 지쳐 운동을 쉬고 싶은 날도 있었지만, 그렇게 하면 도저히 다음날 공부를 할 수 없어서 아무리 힘들어도 운동을 쉴 수는 없었다. 운동을 하면서 조금씩 건강도 좋아졌고 마음에 여유도 생겼다. 물론 보통 사람들에 비하면 턱없이 건강이 좋지 않았지만, 그래도 조금씩 좋아진다는 것만으로도 참 행복했다.

3시 30분부터 4시 30분 정도까지 운동하고 나면 저녁 시간(6시) 전까지 1시간 30분 정도 독서 시간을 가질 수 있다. 운동 후 집에 와서 저녁 식사를 하면 밥맛이 꿀맛처럼 달 것이다. 저녁 식사 시간은 30분 정도면 충분하다. 나머지 30분 역시 자유 시간으로 활용할 수 있을 것이다.

이렇게 6시부터 7시까지 저녁 시간과 30분 휴식 시간을 가지고 나면 7시부터 10시까지 3시간을 공부 시간으로 활용할 수 있다. 만약 3시간 꼬박 공부할 자신이 없는 친구라면 1시간 공부 후 1시간 자유 시간을 가지고 다시 1시간 공부를 하는 것도 괜찮다.

이때 한 가지 중요하게 해야 할 일이 있는데, 바로 7시에 책상에 앉아서 오늘 하루 학교 일을 반성하고 저녁 공부를 시작하기 전에 마음을 가다듬는 시간을 갖는 것이다. 새벽처럼 20분 정도 마음관리하는 것도 좋지만 너무 길다고 생각하는 학생들은 10분 정도 마음관리 시간을 다시 갖도록 한다. 방법은 마찬가지다. 5분씩 나눠 새벽처럼 자기에 맞게 마음관리 시간을 가지면 된다. 이 시간은 저녁 공부를 하기 전에 마음을 가다듬는 준비로 더할 나위 없이 좋은 시간이다. 이 시간을 통해 하루 중에 또다시 새로워지는 시간을 가질 수 있다. 최소한 10분에서 20분까지 자유롭게 각자가 정하면 된다.

이렇게 하루 계획을 세워 보면 하루에 내가 공부할 수 있는 시간, 쉴 수 있는 시간, 운동하는 시간 등 시간이 무한정 많이 있는 것이 아님을 알게 된다. 구체적이면서 체계적인 시간 계획을 세우다 보면 하루 동안 내게 주어진 시간이 한정되어 있다는 점을 절실히 깨닫게 된다. 또 이런 소중한 깨달음은 나에게 남겨진 시간을 계산할 수 있는 지혜를 조금씩 배우게 만든다.

저녁형 학생들을 위한 저녁형 공부 방법 계획 세우기

지금까지의 계획은 새벽형 공부 습관에 맞추어 예를 들어 세워 본 것이다. 이제부터는 도저히 새벽 5시에 일어나는 방식으로 생활 패턴을 바꿀 자신이 없는 학생들을 위해 나머지 방법들을 제시하겠다.

우선 5시에 일어나는 것이 무리라고 판단한다면 5시 50분에 일어나서 20분 마음관리 시간을 갖고 1시간 동안 공부하는 방법이 있다. 물론 잠자는 시간은 10시에서 10시 50분으로 조정하고 저녁 공부 시간에 1시간 더 하면 된다.

만약 5시 50분에 일어나는 것도 무리라고 생각하는 학생이 있다면 6시 20분에 일어나 20분 마음관리 시간을 갖고 30분간 공부를 하도록 한다. 잠자는 시간은 11시 20분으로 조정하고 저녁 공부 시간에 1시간 30분 더 공부하면 된다. 아침에 30분 공부하는 것도 적은 양은 아니다. 수업 시간에 배운 영어 본문을 외운다거나 아니면 틀린 수학 문제 중심으로 다시 확인하는 공부를 해도 효과적이다.

도저히 6시 20분에도 일어나기 어려운 학생은 6시 50분에 일어나 20분간 마음관리 시간만 갖고 식사 후 바로 학교에 가서 본격적인 공부를 하는 방법도 있다. 이런 학생은 '저녁형 인간'이라고 말할 수 있는데 상당수의 일반 학생들이 여기에 포함된다.

저녁형 공부 방법은 주로 저녁 시간에 집중적으로 이루어진다. 잠자는 시간은 11시 50분이고 기상시간은 6시 50분이다. 저녁 7시부터 11시 50분 사이 4시간 50분 가운데 3시간을 공부하고 1시간은 독서를 해야 한다. 50분은 자유 시간으로 쉴 수 있다. 저녁형 공부 방법의 한계점은 머리와 몸이 많이 지친 저녁 시간에 본격적인 공부를 하기 때문에 공부 효율이 새벽형 공부 방법보다 떨어진다는 것이다. 하지만 도저히 새벽형 방법을 따라가기 힘든 학생들은 저녁형 공부 방법을 최대한 잘 이용하여 공부를 지속해야 한다.

저녁형 공부 방식을 취할 때 한 가지 유의할 점은 저녁에 공부하는 만큼 집중력 증대와 맑은 정신 상태를 만들기 위해서라도 저녁 마음관리 시간을 철저하게 확보하여 지켜야 한다는 것이다. 저녁형 공부 방식일 경우 적어도 20분 이상 저녁 마음관리 시간을 가지는 것이 좋다.

이 책에서 말하는 저녁형 공부 방법은 기존의 방법과 특별히 다른 점이 있다. 아침에 일어나서 바로 학교 갈 준비를 하는 것이 아니라 마음관리 시간을 따로 가진다는 점이다. 아침에 일어나자마자 마음관리 시간을 가진 다음 하루를 시작하는 것과 그냥 바로 학교에 가는 것과는 하늘과 땅 차이다. 결국 모든 것이 마음먹기에 달렸기 때문이다. 매일 내면세계의 질서를 바로 세우고 새롭게 뜻을 정해 올바르게 방향 관리하며 공부하는 학생들과 그렇지 않은 학생들은 차이가 나게 마련이다. 비록 새벽형 공부 방법에는 도저히 적응하기가 어렵더라도 마음관리 시간을 아침에 꼭 가져야 하는 이유가 여기에 있다.

나는 이 책을 읽는 후배들이 가급적 좀 더 힘을 내 역전의 기회를 확실히 자기 것으로 만들 수 있는 새벽형 공부 방식으로 자신을 바꾸는 데 최선을 다하기를 소원한다. 눈물로 씨를 뿌리는 사람은 기쁨으로 수확을 할 수 있다. 그동안 남들 공부할 때 놀고 시간을 허비한 학생들이라면 독하게 마음먹고 굳게 뜻을 정하여 새벽형 공부 방식에 최선을 다해 볼 것을 선배로서 충고하고 싶다. 이 방식은 그동안 허비한 시간을 충분히 만회할 수 있게 해 줄 거라고 자신 있게 말할 수 있다.

3월 둘째 주부터는 새벽형 생활 습관 훈련을 본격적으로 하는 것이 좋다. 가능하다면 첫째 주부터 하는 것이 좋다. 더 가능하다면 초등학교 6학년 겨울 방학 때부터 하는 것이 좋다. 하지만 3월부터 시작해도 늦지 않으니, 이제부터 침착하게 인내하고 절제하며 새벽형 공부 방식을 자기 것으로 만들어 가도록 하자.

월요일부터 금요일까지, 과목별 공부 시간 활용법

이제 본격적인 공부 시간 활용에 대해 생각해 보자. 하루 3시간을 공부한다고 계획을 세웠는데 어떤 과목을 어떻게 공부하는 것이 좋을까? 우선 중간·기말고사 한 달 전까지는 1시간 30분 영어, 1시간 30분 수학 공부를 하도록 한다. 매일 학교에서 배운 영어·수학의 진도 복습 시간 45분, 예습 시간 45분으로 나누어 공부한다.

가령 3월 둘째 주에는 수학에서 집합과 자연수 단원을 배우는데, 그날 배운 진도 부분의 교과서 문제들 중에서 잘 이해가 안 된 부분을 체크한다. 그리고 교과서 수준의 중학 문제집 한 권을 골라 오늘 진도가 나간 범위만큼 문제를 풀어 본다. 그러면 45분이

지나갈 것이다.

45분 예습은 교과서로 한다. 내일 나갈 진도 부분의 수학 교과서를 꼼꼼하게 풀면서 자습서에 있는 답을 보아도 잘 모르는 부분을 체크하여 수업 시간에 그 부분을 주의하여 듣도록 한다. 이렇게 예습한 다음 수업을 듣게 되면 집중도가 매우 높아진다. 특히 잘 모르는 문제를 선생님이 가르쳐 주실 때는 어느새 최고의 집중도로 수업 시간에 임하고 있는 자신을 발견하게 될 것이다. 선생님들은 학생들의 그런 살아 있는 눈빛을 좋아한다. 잘 몰랐던 부분을 수업 시간을 통해 알게 되었을 때 공부가 주는 통쾌한 기쁨 또한 느낄 수 있다. 이렇게 45분이면 수학은 충분히 예습이 가능하다.

영어의 경우는 교과서용 자습서를 사서 복습과 예습 때 활용한다. 우선 그날 배운 교과서를 차분히 읽으면서 선생님이 수업 시간에 정리해 준 중요 내용을 외운다. 그리고 그날 배운 부분에서 모르는 단어와 숙어를 정리하고 외우도록 한다. 그날 배운 내용 중에서 문법과 관련돼 잘 모르는 부분은 문법책을 참고로 내용을 확인한다. 그리고 교과서 지문도 가급적 외우도록 한다. 외울 때 가장 중요한 요령은 큰 소리로 교과서 지문을 다섯 번 정도 읽는 것이다. 큰 소리로 반복하여 읽다 보면 암기 속도가 매우 빨라진다. 영어의 경우는 복습 위주의 공부가 좋다. 복습 1시간, 예습 30분 정도로 시간 배분을 하면 무난하다.

예습은 다음날 진도 부분의 교과서 내용을 자습서를 이용하여 읽는 것으로 한다. 읽으면서 잘 해석이 되지 않는 부분을 체크한 뒤 수업 시간 선생님의 가르침에 귀를 기울여 문제를 해결하도록 한다. 모르는 단어와 숙어 뜻은 예습할 때 교과서에 미리 적어 둔다.

　구체적인 시간을 본다면, 아침형 학습을 하는 경우 새벽 5시 20분부터 1시간 40분 정도 수학을 공부한다. 새벽 시간의 집중력은 다른 시간에 비해 높기 때문에 수학 공부 1시간 40분이면 충분히 복습과 예습을 할 수 있다. 영어 복습은 저녁 공부 시간을 이용하여 가장 공부가 잘되는 때를 골라 1시간 30분에서 2시간 정도 하도록 한다. 이렇게 월요일부터 금요일까지 공부를 하면 매우 훌륭하게 중학교 1학년을 보내는 것이다.

　토요일의 경우 오전 수업만 하는데, 보통 체육관 수업이 없기 때문에 저녁 공부 때까지 많은 자유 시간이 생긴다. 하지만 토요일에 꼭 해야 할 공부가 있다. 바로 국어다. 국어 공부는 주중에 따로 특별히 공부하지 않는 대신 토요일과 일요일에 하도록 한다.

토요일 공부 방법

놀토가 아닌 토요일의 경우

　학교에서 돌아와 오후 5시까지는 자신이 하고픈 일들을 하는 자유 시간을 갖는다. 친구들을 만날 수도 있고 영화를 볼 수도 있고 노래방에서 노래를 부를 수도 있다. 월요일부터 금요일까지 공부하면서 쌓인 스트레스와 긴장들을 토요일 오후 시간을 통해 확 풀어 주는 것이다. 때로는 이런 긴 자유 시간도 필요하다. 책상에 오래 앉아 있다고 공부가 잘되는 것은 아니다. 때로는 적절하게 쉬고 긴장을 풀어 줄 필요도 있다. 토요일 오후를 통해 그런 시간을 갖도록 한다.*

그리고 5시부터 저녁을 먹는 6시까지 국어 공부를 한다. 우선 10분 정도 마음관리 시간을 갖는다. 실컷 놀다가 돌아와서 책상에 앉으면 바로 공부가 되지 않는다. 일단 10분 정도 마음을 차분하게 가라앉히고 공부할 마음의 준비를 한다.

5시 10분부터 6시까지 국어 교과서를 꺼내 한 주간 배운 내용을 읽으면서 수업 시간에 필기한 내용들을 점검한다. 교과서를 읽은 다음 국어 자습서를 공부한다. 일단 국어 자습서를 펴서 한 주간 배운 교과서 진도에 맞춰 차분하게 읽으면서 자습서 오른쪽에 있는 문제들을 풀어 본다.

6시에 저녁을 먹고 7시까지 쉰 다음 8시 40분까지 다시 국어 자습서를 공부한다. 8시 40분부터 20분 정도 쉬는 시간을 갖고 9시부터 11시까지는 평소대로 수학 혹은 영어 공부를 한다. 토요일은 독서 시간이 자유 시간으로 변경되어 특별한 독서 시간이 없다는 점에도 유의한다. 대신 국어 공부를 집중적으로 했기에 어느 정도 독서를 한 셈이다.

놀토의 경우

놀토의 경우 오전 시간에는 평소와 마찬가지로 생활한다. 단, 학교를 가지 않기 때문에 그 시간에 집에서 공부하면 된다. 놀토의 경우 8시부터 12시까지 대략 4시간 정도 공부할 시간이 주어진다. 1시간 수학, 1시간 영어, 2시간 독서 시간으로 활용하거나 1시간 15분 수학, 1시간 15분 영어, 1시간 30분 독서 시간으로 활용하는 것이 좋다. 12시부터 1시까지 점심식사를 한 다음 1시부터 5시까지는 자유 시간을 가지도록 한다.

일요일 공부 방법

일요일에는 많은 학생들이 늦잠을 자려고 한다. 그래서 일요일 새벽 공부를 거르는 경우가 많다. 만약 일요일 아침 늦잠을 자서 새벽 공부를 그르치게 되면 단순히 새벽 공부를 못한 것으로 끝나지 않는다. 생활 습관을 들이기 위해 주중에 힘들게 노력한 것이 다시 원점으로 돌아가 버릴 수 있다.

무엇보다 생활 습관을 매일 규칙적으로 유지하는 것이 중요하다. 토요일 밤에 전에 자던 대로 10시에 잤다면 7시간 동안 충분한 수면을 취했기에 굳이 일요일이라고 늦잠을 잘 이유는 없다. 따라서 토요일 밤, 자기 전에 미리 마음을 다져 일요일 새벽에 일찍 일어날 수 있도록 노력해야 한다.

새벽 공부를 한 후 7시 20분부터 1시간 정도 아침 운동을 하면서 보낼 수 있다면 더할 나위 없이 좋을 것이다. 어제 운동을 걸렀기 때문에 오늘은 간단한 조깅 혹은 줄넘기, 체조 등을 통해 1시간 정도 가볍게 몸을 풀면 어제 놀면서 쌓인 피곤이 확 달아날 것이다. 그 후에 아침 식사를 하면 밥맛도 참 좋다.

● 종교가 기독교인 학생의 경우는 일요일 오전 예배 시간과 더불어 오후에 여유 있게 시간을 보낼 수 있기 때문에 토요일 이 시간에는 참고 공부를 하도록 한다. 토요일 학교에 갔다 와서 식사를 한 후 1시부터 5시까지 공부를 한다. 1시부터 5시 사이의 공부 계획은 놀토 때의 오전 8시에서 12시 공부 계획을 참고하면 된다.

나는 개인적으로 일요일 오전에는 교회에 가서 일주일 동안 공부하며 겪은 여러 힘들었던 일들을 하나님께 말씀 드린다. 참 이상한 것은 1시간 조금 넘게 예배를 드리고 오면 마음이 편안해진다는 것이다. 예배 드리기 전에는 마음이 불안하고 답답했는데 하나님께 나의 불안과 걱정, 괴롭고 슬픈 일, 짜증나는 일들에 대해서 털어놓고 나면 마음이 너무 편안하다. 그래서 나는 일요일 오전에는 꼭 교회에 가서 9시 30분에 시작하는 예배를 드린다. 예배를 드리고 집에 오면 11시가 조금 넘는다.

　　예배는 나에게 있어서 훌륭한 마음관리 방법 중 하나다. 이것은 종교가 나에게 주는 특별한 선물, 하나님이 예배를 통해 나에게 주시는 특별한 마음의 안식이다. 나는 예배를 통해 마음에 맺히고 쌓인 것을 훌훌 하나님께 털어 버리고 온다. 일주일 동안 살면서 매일 마음관리를 하고 토요일 오후 실컷 놀면서도 다 풀지 못한 것들을 말이다. 마치 무겁고 냄새 나는 옷을 벗어 버리고 깨끗하고 가볍고 좋은 냄새가 나는 새 옷으로 갈아입은 느낌이랄까?

　　혹시 종교가 없는 학생이라면 주변 친구들 중에 교회에 다니는 친구를 한 번쯤 따라가 예배를 드려 보는 것도 마음관리하는 데 있어서 새로운 방법이 될 것이다. 만약 나처럼 종교 생활을 통해 깊은 마음의 평안과 위로를 경험할 수만 있다면 그 학생은 놀라운 비밀 무기가 생긴 셈이다. 불안과 초조, 걱정 등과 같은 부정적 마음들이 자꾸 쌓이다 보면 공부의 능률은 떨어지게 마련이다. 아무리 책상에 오래 앉아 공부해도 마음이 불안하고 힘들면 머릿속에 제대로 들어올 리가 없다. 따라서 마음관리를 통해 내면의 정원을 아름답게 가꾸는 것이 너무나 중요하다.

나는 예배를 드리고 와서 점심 먹는 12시까지 자유 시간을 가졌다. 좋아하는 음악을 들으면서 보고 싶은 책을 보고 텔레비전을 보기도 했다. 혹 피곤하면 점심 먹기 전까지 자기도 했다. 12시가 되면 점심을 먹고 1시까지 쉬었다.

오후 1시부터 5시까지는 자유 시간이다. 하고픈 일을 하는 시간들이다. 친구들과 땀을 흘리며 축구나 농구를 할 수도 있다. 혹은 재미있는 비디오 두 편을 내리 볼 수도 있다. 혹은 가족들과 가까운 곳에 있는 산에 갈 수도 있다. 자기가 하고픈 일을 하면 그것으로 족하다.

오후 5시부터는 어제처럼 10분간 마음관리를 한 후에 국어 공부를 한다. 어제 한 주간 배운 교과서 내용을 읽고 자습서의 문제를 풀었다면, 오늘은 5시 10분부터 6시까지 마지막으로 교과서를 정독하면서 국어 복습을 마무리한다. 그리고 6시부터 7시까지 식사한 후에 7시부터 8시까지 한 주간 진도를 나갈 국어 범위를 대략 예상한 후 국어 자습서를 차분하게 미리 읽는다. 이때 모르는 단어의 뜻이나 중요한 내용 등을 교과서에 옮겨 정리한다면 매우 효과적이다.

8시부터 20분 정도 휴식을 취한 후 9시까지 꼭 해야 할 일이 있다. 바로 40분간 나음 일주일간의 생활 계획과 공부 계획을 세우는 것이다. 『다니엘 학습 플래너』에 보면 주간 자기반성과 계획 부분이 있다. 이 시간을 이용하여 한 주간을 반성하고 다음 주 공부 계획을 정교하게 세우는 것이 꼭 필요하다. 지난 한 주간 특별히 잘한 것은 무엇이고 좀 더 보완해야 할 일은 무엇일까? 새로운 한 주는 어떻게 보내야 할까? 깊이 고민한 다음 5분 정도 눈을 감고 새로운 한 주에 대한 다짐의 시간을 가지면 좋다.

9시부터 10시까지는 영어 혹은 수학을 공부하면 된다. 한 가지 중요한 점은 일요일 새벽 공부와 9시부터 10시까지의 저녁 공부 시간에는 지난 일주일 동안 공부한 영어·수학 내용 중에서 틀린 부분과 약한 부분만 집중적으로 복습하는 것이다. 자신이 약한 부분을 집중적으로 보완하는 시간은 꼭 필요하다. 일요일 공부 시간을 이용하여 약점에 대한 보수공사를 하는 것은 실력을 한 단계 더 높일 수 있는 중요한 학습 전략이 된다.

혼자 공부하는 방법과 학원·과외 수업 이용법

지금까지 전체적인 중1의 일주일간 생활과 공부 계획을 세워 보았다. 이 계획을 보면서 어떤 학생들은 의문을 제기할 것이다.

"저는 학원에 다녀서 학원 수업을 받고 오면 스스로 공부할 시간이 별로 없는데 어떻게 하죠? 이 계획을 보면 학원에 가는 시간이나 과외를 받는 시간이 없는데 학원이나 과외를 하지 않고 혼자 공부하는 것이 과연 가능한가요?"

중학교 1학년 학생들 중에서 상당수가 학원을 다니거나 과외를 받는다. 가격 차이가 천차만별이지만 학교 수업 외에 별도의 수업을 과외 혹은 학원을 통해 받고 있는 게 현실이다.

나는 학생들이 학원을 가고 과외를 받는 것을 반대하지는 않는

● 나는 학생들에게 일요일은 평소보다 30분에서 1시간 일찍 자는 것이 좋다고 말한다. 왜냐하면 월요일 아침을 활기차게 일어나기 위해서다. 종교가 기독교인 친구들은 일요일은 하나님 안에서 예배 드리며 안식을 취하는 것이 좋다. 대신 토요일 오후에 쉬지 말고 공부할 것을 권한다.

다. 그러나 정말 형편이 어려운 학생들은 그럴 기회조차 없다. 나는 그런 학생들을 너무 많이 만나고 가르쳐 보았다. 그래서 그들을 볼 때마다 해 주는 이야기가 있다. 꼭 비싼 과외를 받거나 고액학원을 다니지 않아도 공부를 잘할 수 있는 방법에 대해서 말이다. 물론 과외나 학원을 통해 공부하는 학생들이 상대적으로 더 좋은 학교에 들어갈 가능성도 많고 실제로 그렇게 되고 있다. 그렇다고 그 방법 이외에 소위 말하는 명문대에 들어갈 수 있는 방법이 없는 것은 아니다. 내가 이 책에서 앞으로 누누이 강조하겠지만 적은 비용을 들이고도 얼마든지 공부를 잘할 수 있고, 혼자 공부해도 학교 수업과 학교 선생님들의 도움을 받으면 얼마든지 원하는 대학에 갈 실력을 기를 수 있다.

위에서 시간 계획을 세운 것을 보면 알 수 있듯이 하루 동안 자신에게 주어진 시간은 그다지 많지 않다. 아무리 비싼 과외나 학원 수업을 듣더라도 결국 복습을 통해 자기 것으로 만들지 않으면, 학교 수업에 충실하면서 성실하게 스스로 공부하는 학생을 이길 수 없다. 물론 고액 과외 선생님과 고액 연봉의 인기 학원 강사 선생님보다 가르치는 능력이 떨어지는 학교 선생님들도 있다. 하지만 아무리 그래도 중학생에게 중학 교과를 가르칠 수 있는 실력쯤은 충분히 가시고 있다. 이미 국가 기관을 통해 검증된 학교 선생님들의 수업을 도외시한 채 학원과 과외 수업을 주 수업으로 생각하고 공부하는 것은 매우 비효율적이다. 왜냐하면 대부분의 시간을 학교 수업을 받으며 보내는데, 그 수업 시간을 수면 시간으로 대체하고 학원 혹은 과외 수업을 받는 것은 몸도 이중으로 힘들고 돈도 많이 드는 비효율적인 방법이기 때문이다.

정말 부족한 과목이 있어서 도저히 혼자 힘으로 따라갈 수 없는 경우에는 학원과 과외 수업을 이용하는 것이 좋다. 그런데 본인 스스로 도저히 공부할 수 없는 과목들이 있어도 학원이나 과외를 받을 경제적인 상황이 되지 않는 학생들이 많다. 그런 학생들은 학교 선생님들과 공부 잘하는 주변 친구들의 도움을 받으면 된다. 나는 교육방송을 적극적으로 추천한다. 교육방송 수업을 통해 얼마든지 부족한 부분을 보완할 수 있다. 남보다 빨리 선행학습을 하고자 하는 학생 또한 교육방송을 통해 도움을 받을 수 있다. 일반 학원보다 저렴한 인터넷 강의 또한 추천한다. 인터넷을 통해 훌륭한 강의를 얼마든지 들을 수 있다. 비록 선생님에게 직접 듣지는 못하지만 화면을 통해 얼마든지 좋은 강의를 저렴하게 들을 수 있다. 뜻이 있는 곳에 길은 있게 마련이다. 본인 스스로 도저히 공부할 수 없는 과목이라도 꼭 돈 많이 들이지 않고도 공부할 수 있는 방법은 얼마든지 있다.

만약 학원 수업이나 과외를 받을 형편이 되는 학생이라면 도저히 따라가지 못하는 과목 위주로 도움을 받는 게 좋다. 주말 자유 시간을 활용하여 얼마든지 부족한 과목 위주로 학원이나 과외를 통해 집중적으로 보완할 수 있다. 그러나 주중에는 스스로 공부할 시간도 많지 않으니 가급적 학원 수업과 과외를 받지 않는 것이 좋다.

만약 주중에 사교육을 받고자 한다면 자유 시간을 줄여야 할 것이다. 왜냐하면 학교 수업 내용을 자기 것으로 만드는 공부 시간까지 줄이면서 학원 수업을 듣는 것은 그다지 효율적인 공부 방법이 아니기 때문이다. 자유 시간을 줄이고 대신 학원 수업을 받는다고 해도 공부하는 시간에 집중력이 많이 떨어지고 공부에 대한 의욕도 감소할 수밖에 없다. 하루 종일 학교 수업, 학원 수업을 받고 혼자서 복습까지 하려면 금세 공부에 질리게 마련이다. 그렇게 되면 배운 것을 자기 것으로 만드는 가장 중요한 자기 공부 시간도 줄어들고, 무엇보다 몸이 피곤하기에 집중력이 무척 떨어지게 된다. 이것은 좋지 않은 방법이다. 따라서 가급적 주중에는 본인 스스로 공부하고 학원이나 과외가 꼭 필요하면 가급적 주말을 이용하도록 한다.

일단 본인 스스로 공부할 수 있는 과목은 혼자서 학교 수업을 바탕으로 힘들어도 한번 붙잡고 해 보는 것이 좋다. 자기 스스로 시간 계획, 학습 계획을 세우며 때로는 시행착오도 거치면서 자신에게 가장 적합한 학습 방법을 만들어 각 과목별로 공부할 때, 성적 향상뿐만 아니라 그 이상의 놀라운 선물을 받을 수 있기 때문이다. 그 선물이란 바로 스스로 공부할 수 있는 자기주도적 학습능력의 계발이다.

학원·과외에 의존하지 않는 지적 야성미를 길러라

살다 보면 공부하는 것보다 훨씬 더 어려운 일들이 참 많다. 그런 일들에 둘러싸이다 보면 정말 너무 힘들어 죽고 싶다는 생각이 절로 든다. 자기 스스로 문제를 풀 생각은 하지 않고 학원이나 과외에만 의존해 온 학생들은 대학생이 되어서도 혹은 어른이 되어서도 인생의 과외 선생님을 찾으러 부지런히 돌아다니게 된다.

요즘 서울대학교 공대 신입생들 중에는 공대 수학을 제대로 이해하고 진도를 따라가는 학생들이 무척 적다고 한다. 예전 본고사 때는 별로 없었는데 요즘 들어서는 많은 학생들이 수업에 어려움을 느끼고 그중 상당수가 선배 공대생에게 돈을 주고 과외를 받는다고 한다. 참 재미있는 일이다. 한국에서 가장 좋은 대학이라고 알려진 서울대학교 공대 신입생들이 기초적인 공대 수학을 제대로 이해 못해 대학생이 되어서도 과외를 받고 있다니 말이다.

물론 모든 공대 신입생이 그렇다는 것은 아니다. 그렇지 않은 학생들도 있다. 그렇다면 어떤 학생들일까? 바로 본인 스스로 공부하는 능력을 중·고등학교 시절부터 잘 기른 학생들이다. 비록 비싼 과외나 고액 학원 수업을 받지는 않았지만 스스로 묵묵히 인내하고 절제하면서 공부한 학생들이다. 그런 학생들이 대학에 가서 자유롭게 공부할 장이 마련되면 진짜 실력을 드러낸다.

많은 강남 출신 학생들이 소위 명문대에 진학을 한다. 그런데 그들 중 대학에 들어간 뒤 탁월하게 잘하는 학생들은 입학한 학생들의 숫자에 비해 너무 적다. 왜 그럴까? 바로 중·고등학교 시절 자기 스스로 공부하는 능력을 기를 수 있는 기회를 버려둔 채, 비싼 과외와 학원 수업을 통해 고액 연봉 선생님들이 고안하고 정리한 내용만 주입식으로 암기하고 무비판적으로 받아들이는 쪽으로 능력을 계발했기 때문이다.

그들은 스스로 터득해야 할 내용 중 상당수를 시간을 절약한다는 명목으로 비싼 돈을 주고 큰 노력 없이 받아들였기 때문에 과외 선생님이 가르쳐 주지 않은 내용이 나오면 당황하여 어쩔 줄 몰라 한다. 과외와 학원으로 자신이 목표하는 대학교에 갈 수도 있겠지만, 문제는 이것으로 끝나지 않는다.

진짜 공부는 대학교에서 시작된다. 중·고등학교 시절 공부는 자기의 적성에 맞는 공부를 제대로 배울 대학에 진학하기 위한 과정인 것이다. 그런데 많은 학생들이 대학교 입학을 마치 인생의 전부인 것처럼 생각한다. 일류대학이라는 말을 만들어 일류대학에 진학하는 사람들만이 일류인생을 산다는 기준을 정하고, 이류대학이라는 말을 만들어 이류대학에 진학하는 사람들에게 소위 말하는 일류라는 기준을 들이대며 비웃는다. 어처구니없는 일이지만 이것이 우리의 현실이다.

수많은 학부모들이 자녀를 일류대학에 보내기 위해 파출부일도 마다 않고 어떻게 해서든지 돈을 마련하여 자녀를 비싼 학원에 보내려고 하는 것도 그 때문이다. 그것이 부모로서 해 줄 수 있는 최선의 일이라고 생각하는 것이다. 부모님의 지나친 일류대학 강조로 자녀들의 마음이 병들고 죽어 간다는 사실은 이해하지 못한 채 부모님들은 안간힘을 다해 돈을 버신다. 그런데 그렇게 한다고 해서 무조건 공부를 잘하는 것도 아니다. 슬픈 현실이다.

서울대학교 졸업이 삶의 성공과 안정된 직장을 보장하는 시대는 지나갔다. 중요한 것은 대학교에서 탁월한 실력과 인격을 제대로 준비해야 한다. 그러기 위해서는 중·고등학교 시절부터 지나친 사교육으로 인해 지적 야성미가 꺾이지 않도록 주의해야 한다. 이제 입시 제도가 다시 변화되었다. 고교등급제가 실질적으로 부활했고 본고사 역시 이미 실질적으로 부활했다. 조만간 기여 입학제 역시 허용된다고 한다. 본고사 문제는 수능 문제와는 질적으로 틀리다. 난이도 역시 매우 어렵다. 단순히 기계식 암기 위주의 공부로는 문제 풀기가 어렵다. 더구나 수학의 경우는 더더욱 그러하다. 지적 야성미가 살아 있어야만 풀리는 문제들이 출제된다. 따라서 이제부터 본격적인 중1 공부에 있어서 자기 스스로 공부하고 문제 푸는 시간을 충분히 확보하는 것이 매우 중요하다.

꺾이지 않은 지적 야성미로 무장해 원하는 대학에 가서 마음껏 창의성을 펼치기 바란다. 그러한 자가 대학에서는 탁월한 실력자가 될 수 있다. 준비된 실력자에게 미래는 더 활짝 문을 열어 준다. 하지만 어설프게 준비된 사람은 원하는 직장과 원하는 일을 하기 어려운 시대로 접어들었다.

진짜 실력자를 위한 조언

정말 공부를 잘하려면 본인이 스스로 뜻을 정해 공부에 대한 분명한 동기를 가져야 하며, 성실과 인내와 자기 절제의 의지를 지니고 있어야 한다. 이런 사람이라면 학교 수업과 교육방송 프로그램만으로도 얼마든지 자신이 원하는 대학에 진학할 수 있다. 이런 사람들이 정말 대단한 인재들로, 이렇게 공부해서 원하는 대학에 가면 원하는 공부를 무섭게 해낸다. 그리고 이런 학생들이 대학교에서 주로 수석을 한다.

따라서 이 책을 읽는 학생들 중 가정 형편이 넉넉하지 못해 변변한 학원이나 과외는 꿈도 꾸지 못하는 학생들이 있다면 너무 의기소침해 하지 말기 바란다. 가난은 결코 부끄러운 일이 아니다. 좀 불편할 수는 있지만 가난을 겪음으로써 많이 가진 사람들이 모르는 굉장한 내적 저력을 가지게 되기 때문이다. 그러니 지금부터라도 뜻을 정해 공부하기를 바란다. 늦지 않았다. 벌써부터 공부에 질려 포기할 수는 없다.

중1 영어·수학이 어려우면 얼마나 어렵겠는가? 하다 보면 길이 열리고 풀리지 않던 문제도 점점 풀리게 된다. 그러니 조금만 더 힘을 내 다시 시작하라. 아직 포기할 때가 아니다. 이제 시작이다. 3월 둘째 주, 새 학기가 시작된 지 이제 겨우 2주째를 맞았을 따름이다.

자, 이제 3월 첫째 주가 지나갔다. 대략 중학교 생활이 어떤 것인지 알았을 것이다. 어떤 선생님이 어떤 과목을 일주일에 몇 번 수업하는지, 어떤 과목 선생님이 나와 잘 통할 것 같고 어떤 과목 선생님은 왕재수일 것 같은지도 보일 것이다. 반 친구들은 대충 어떤 아이들인 것 같고, 분위기는 어떻고, 담임 선생님의 성격이 어떤지도 대충 느꼈을 것이다.

이 기간에 꼭 해야 하는 일은 담임 선생님의 성격과 지도 방식을 파악하는 것이다. 1년간 그분 밑에서 지내게 되고 생활기록부에 그와 관계된 여러 일들이 기록될 것이다. 따라서 담임 선생님과는 좋은 관계를 유지하는 것이 좋다. 그러기 위해서는 담임 선생님이 어떤 성격이고 어떤 수업 스타일인지 유념하는 것이 좋다. 이 일은 3월 첫 주부터 하는 것이 좋으나 갓 중학교에 입학한 학생이 첫 주부터 너무 많은 것을 하려고 무리할 필요는 없다.

가급적 담임 선생님의 눈 밖에 나지 않도록 조심해야 한다. 대부분의 선생님들은 공부 잘하는 학생들을 좋아하게 마련이다. 여러 이유가 있겠지만 우선 가르치는 수업을 열심히 듣고 잘 이해하며 따라오는 학생들을 선생님들 역시 좋아하기 때문이다. 특별히 담임 선생님 수업 시간에는 아무리 졸리고 피곤해도 눈을 똑바로 뜨고 선생님의 입을 뚫어지게 바라보라. 선생님들은 열심히 수업을 듣고 경청하는 학생들을 좋아한다. 비록 공부를 잘 못한다 하더라도 새 학년 새 학기다. 성실하게 수업에 임하는 학생들에게는 담임 선생님 역시 많은 관심을 가진다.

3월 둘째 주에는 본격적인 수업이 시작될 것이다. 대체로 첫 주는 오리엔테이션 성격이 강하기 때문이다. 첫 주부터 중간고사 공부를 시작하면 좋지만 첫 주부터 시작하지 못한 학생들은 둘째 주부터는 시작하기 바란다. 대충 4월 말, 5월 초에 있을 중간고사 시험까지는 40~50일의 기간이 있다. 자립형 사립고등학교를 준비하는 학생의 경우는 내신 성적이 입시의 중요 변수이기에 내신 성적을 중학교 1학년 때부터 잘 관리하는 것이 중요하다.

중간고사에서 예체능 시험은 필기로 보는 경우가 드물고, 주로 국·영·수와 암기과목이 시험 대상이다. 국·영·수 공부는 미리미리 시작해야 한다. 학교 시험은 구체적인 범위가 주어진다. 따라서 국·영·수 과목별로 중간고사 시험 범위가 대충 어디쯤인지 알아 둘 필요가 있다. 각 과목 선생님들을 찾아가면 어디쯤인지 미리 알 수 있다. 수업 시간에 둘째 주부터 손들고 시험 범위를 물어본다면 아마도 친구들에게 공부하는 티를 낸다고 욕을 먹을 수도 있다. 나처럼 소심하거나 예민한 사람들은 조용히 교무실에 가서 선생님께 물어보는 것이 좋다. 교무실에 갈 자신도 없으면 작년 중간고사 시험지를 구해 보는 방법도 있다. 선배들이 본 시험지를 구해 보는 것은 작년 시험 범위는 물론 선생님들이 어떻게 문제를 출제하는지 패턴 분석이 용이하기 때문에 성적 향상에 도움이 된다. 물론 똑같은 문제가 나오지는 않는다. 하지만 유형

이 비슷하게 나오기 때문에 성적을 잘 받는 데에는 매우 좋다.

 소위 말하는 강남의 좋은 학원들은 시험을 대비해 학생들이 다니는 학교별 중간·기말고사 시험지 몇 년 분을 보관하고 있다. 그래서 각 학교 선생님들이 어떤 방식으로 문제를 출제할지 미리 분석하여 올해 중간·기말고사 대비 예상 문제를 두 배수에서 삼 배수로 뽑아 준다. 이렇게 시험을 준비하는 학생들이 준비가 되어 있지 않은 학생들보다 내신에서 더 좋은 점수를 받는 것은 당연할 수밖에 없다. 그러나 미리 중간고사 시험 범위를 알고 착실하게 이 책에 나온 대로 준비한다면 비록 강남에 있는 유명 학원을 다니지 않더라도 얼마든지 시험을 잘 볼 수 있고 실제로 그렇다.

# 일평생 지켜 나갈 교훈 한 가지

〈다니엘 마음관리 365일〉 중에서

　시계를 자주 보는 사람이 성공한 예를 보지 못했습니다. 그들은 지금 하고 있는 일이 지루할 뿐만 아니라 가치 있게 생각되지도 않습니다. 그러므로 그 일은 성취될 수 없습니다. 일뿐만이 아니라 인간관계도 마찬가지의 결과를 가져옵니다. 마주 앉아서 시계를 자주 들여다보는 사람과 진실한 관계를 유지하려는 사람은 없을 테니까요.

　발명왕 토머스 에디슨은 시간의 구속을 전혀 느끼지 않았습니다. 한번 어떤 일에 열중하면 끼니도 잠도 안중에 없었습니다. 그리고 잠이 필요해서 침대에 들면 모든 일을 잊고 깊고 긴 잠을 잤습니다.

　한번은 에디슨에게 영국의 어느 신사가 자신의 아들을 데리고 와서 인사시켰습니다. 그는 아들이 에디슨을 직접 만나 볼 수 있는 기회를 마련해 주고자 일부러 바다 건너 멀리까지 찾아왔던 것입니다.

　"제 아들에게 일평생 지켜 나갈 교훈 한 가지만 말씀해 주십시오."

　신사는 이렇게 에디슨에게 부탁했습니다.

　"음, 착하게 생긴 아이로군. 그런데 결코 시계는 보지 말아라."

이렇게 말하며 에디슨은 아이의 머리를 쓰다듬어 주었습니다.

물론 만사에 시간을 어겨도 좋다는 뜻이 아닙니다. 일을 할 때 어서 시간이 흘렀으면, 하고 시계만 보며 태만하지 말고 일에 열중하라는 의미인 것 같습니다.

사랑하는 귀한 후배들에게 꼭 해 주고 싶은 말이 있습니다. 부족한 선배의 말이지만 꼭 귀담아 주시길 부탁드립니다.

"대충하려면 지금 하고 있는 일을 포기하십시오. 포기할 수 없는 일이라 생각한다면 지금 하고 있는 일에 전념하도록 노력하십시오."

그것이 여러분의 인생을 바꿀 것입니다. 오늘 나에게 주어진 시간, 최선을 다해 집중하여 아름답게 가꾸시길 부탁드립니다. 오늘도 힘내세요.

3월 둘째 주~4월 넷째 주(7주)

중간고사 시험 준비
특별기간

$3^2 \text{-} 4^4$

다니엘 중간고사 7주 만점 작전

이제 본격적인 중간고사 시험 준비 체제로 전환한다. 중학교에 올라와서 처음으로 보는 중간고사이니 만큼 잘 준비해야 한다. 중간·기말고사 준비를 위해 한 달 전부터 공부하는 것은 문제가 어떻게 나오더라도 시험을 잘 보기 위해 대비할 수 있는 충분한 시간을 갖기 위해서다. 따라서 4월 말과 5월 초에 있는 중간고사를 위해 7주 전부터는 본격적으로 시험공부를 시작해야 한다.

중간고사 시기는 학교마다 약간씩 다를 수 있다. 따라서 이 책의 전체적인 계획의 틀을 자신이 다니는 학교에 적용해 시험 7주 전부터 준비하면 된다. 만약 7주 전부터 중간고사를 준비할 수 있다면 최상위 성적을 받는 데 큰 어려움이 없다. 중요한 것은 자신이 직접 공부를 해야 한다는 것이다.

7주 계획

시험 보기 7주 전부터 시험공부를 시작한다. 3월 첫 주 혹은 둘째 주부터 시작한다.

1~4주 차

국·영·수 시험 범위를 자습서로 미리 공부한다. 4주에 걸쳐 국·영·수 시험 범위를 마스터한다. 이 기간에 가장 중요한 것은 아직 진도가 다 나가지 않은 상태에서 시험 범위를 마스터하는 것에 있다. 4주 정도면 비록 선행학습이 전혀 되어 있지 않은 상태여도 얼마든지 국·영·수 중간고사 범위 정도는 충분히 마스터할 수 있다.

중1 시험의 경우 초등학교 6학년과 다른 점이 있다. 바로 6학년 수학에 비해 중1 수학의 난이도가 현격하게 높아진다는 점이다. 국어 시험의 경우는 그다지 많이 어려워지지 않는다. 영어 역시 중1 중간고사 영어는 오히려 쉽게 느껴질 정도로 평이하게 출제된다. 따라서 중학교 1학년 첫 번째 중간고사 시험에서는 수학을 얼마만큼 잘 준비하느냐가 시험 결과를 결정짓는 중요한 관건이 된다.

1학기 중간고사 수학 범위는 대개 두 단원 정도다. 7-기는 총 4단원으로 구성되는데 1단원 집합과 자연수, 2단원 정수와 유리수, 3단원 일차방정식, 4단원 함수다. 중간고사 시험은 보통 2단원인 정수와 유리수까지 본다. 수학은 적어도 하루 2시간은 해야 하는데, 『다니엘 아침형 학습법』에 나온 대로 새벽에 수학 공부를 하는 것이 가장 효율적이다. 하지만 만약 아침형 학습이 제대로 이루어지지 않은 학생이라면 서서히 체질 개선을 하면서 공부 시간을 저녁에서 아침으로 조정하면 된다. 하루 2시간씩 꾸준히 수학 공부를 하면 일주일에 14시간을 공부할 수 있다. 14시간 정도 공부를 하면 한 단원은 교과서와 문제집으로 충분히 마스터할 수 있다. 2주 차에는 이런 방식으로 2단원을 푼다. 3주 차에는 교과서보다 좀 더 어려운 문제집을 골라 한 권 더 푼다. 일주일 동안 충분히 두 단원을 풀 수 있다. 시간이 남으면 비슷한 난이도의 문제집을 한 권 정도 더 풀고, 4주 차에는 난이도 중·상과 상 정도의 문제집 두 권을 푼다. 이렇게 하면 적어도 네다섯 권 정도의 문제집을 풀게 된다. 문제를 미리 풀면서 잘 이해가 되지 않는 것은 학교 선생님에게 질문하도록 한다. 그리고 수업보다 미리 공부했기에 수업 시간에 자연스럽게 내용 복습이 될 것이다. 이렇게 준비를 하면 학교 수학 시간이 기다려지고 재미있어진다. 또한 수학이 조금씩 친근하게 느껴지기 시작할 것이다.

영어 과목의 경우 하루 2시간씩 공부한다. 보통 시험 범위가 세네 과 정도지만, 대개 세 과 정도의 시험 범위가 많다. 하루 2시간씩 3일 정도면 한 과를 끝낼 수 있으니 9일 정도면 영어 세 과를 끝낼 수 있다. 나머지는 계속 복습하고 반복하며 공부하면 된다. 영어는 먼저 자습서를 공부한다. 기본적으로 영어는 본문과 다이얼로그(Dialogue)와 액서사이즈(Exercise)로 크게 나눌 수 있다. 이 세 부분의 단어와 숙어는 모두 외우고 본문과 관련된 문법을 숙지해야 한다. 각 과의 단어, 숙어, 문법, 본문, 대화, 연습문제를 다 풀고 외우면 영어 공부의 90퍼센트는 된 것이다. 중1 영어 시험은 별로 어렵지 않고 중간고사 시험 범위 역시 많지 않기 때문에 4주 동안 꾸준히 반복 학습하면 충분히 100점을 받을 수 있다.

국어 과목의 경우 하루 2시간씩 공부한다. 보통 시험 범위가 세 단원 정도다. 공부하는 요령은 다음과 같다.

가. 우선 국어 자습서를 쭉 읽어 본다. 예습 위주의 공부이기에 너무 부담 갖지 말고 소설책 보듯이 읽는다. (1시간 30분)

나. 국어 자습서를 다시 본다. 이때는 좀 더 집중한다. 오른쪽에 있는 문제들도 이때 푼다. (2시간 30분)

다. 국어 문제집을 푼다. (1시간)

라. 국어 자습서를 다시 한 번 읽는다. 문제집을 푼 다음 지문을 읽는 것이 매우 중요하다. 문제집을 푼 후 지문을 읽으면 해당 지문에서 어떤 식으로 문제가 나올 수 있는지 종합적으로 머릿속에 입력되기 때문이다. (1시간 30분)

이렇게 해서 대략 3~4일 정도면 국어 한 단원을 끝낼 수 있다. 시험 범위가 세 단원인 경우는 10일 정도면 국어 시험 범위를 정리할 수 있다. 그리고 나머지 기간 동안에는 다시 위의 순서로 반복하면서 정리한다. 이때 국어 문제집은 기존에 푼 문제집 외에 한두 권 정도 더 풀어 보노록 한나. 이렇게 국어를 공부하면 국어 수업 시간에 역시 자동 복습이 되기 때문에 공부가 무척 재밌고 쉬워질 것이다.

하루에 2시간은 국·영·수 공부에 쓰고 나머지 4시간 정도는 암기과목 공부에 쓴다.(너무 많은 학원을 다닐 경우 스스로 공부할 시간이 적어 시험공부에 소홀할 수 있다는 것을 염두에 두고 스스로 공부하는 시간을 최대한 확보하면서 학교 시험 준비를 하도록 한다.)

하루에 1시간은 수학을, 나머지 1시간은 하루는 영어, 하루는 국어를 번갈아 2주간 공부한다. 암기과목은 이틀에 한 과목 정도를 끝내는 것으로 한다. 이렇게 하면 대략 2주 동안 6~7과목을 끝낼 수 있다.

암기과목 과학 계열(물상, 생물)

가. 과학 자습서 한 번 보기, 볼 때 실험 꼼꼼히 확인할 것! (2시간)

　　과학 자습서 다시 보면서 자습서에 있는 문제 풀기 (2시간)

나. 과학 문제집 풀기. 문제만 풀지 말고 문제집에 있는 요점 정리도 확인하며 문제 풀기 (1시간 30분)

다. 과학 노트 혹은 선생님이 나누어 준 과학 프린트 마지막으로 내용 정리하기 (1시간 30분)

암기과목 사회 계열(사회, 도덕, 기술가정)

가. 시험 범위 교과서 한 번 보기. 처음 볼 때는 너무 부담 가지지 말고 전체 내용을 쭉 살펴보기 (1시간 30분)

나. 교과서 한 번 더 보기. 밑줄 친 부분 소리 내어 한 번 더 보기 (1시간 30분)

다. 문제집 풀기. 문제집 요점 확인하며 문제 풀기 (1시간 30분)

라. 사회 계열 과목 선생님께서 노트해 준 것이 있으면 노트 보기. 노트 대신 프린트를 나누어 준 경우 프린트 보기 (30분)

암기과목 한문의 경우

자기 학교 한문 교과서에 맞는 한문 자습서를 꼭 구입한다. 간혹 자습서가 없는 출판사도 있는데 그럴 경우는 한문 교과서를 이용한다.

가. 한문 자습서 한 번 보기. 한문 자습서 보며 한문 외우기. 처음부터 완벽히 외우려 하지 말고 세 번 정도 반복할 예정이므로 소리 내어 써 보며 외우기 (2시간)

나. 한문 자습서 한 번 더 보기. '가'와 동일한 방법으로 (2시간)

다. 한문 자습서 한 번 더 보며 자습서 문제 풀기 ('가'와 동일한 방법으로 이미 두 번 정도 자습서를 보았기에 문제를 풀면서 자습서를 보도록 한다. 이렇게 하면 자습서에 있는 문제를 다 풀어도 2시간 정도면 충분하다.)

라. 한문 교과서 필기한 내용 보며 마무리하기. 수업 시간 선생님께서 강조한 내용들을 잘 정리한 교과서를 보며 시험에 최종 마무리한다. (1시간)

7주 차

시험 보기 일주일 전이다.

하루 1시간은 매일 수학 공부를 하고, 나머지 1시간을 하루는 영어, 하루는 국어를 번갈아 하며 일주일 동안 국·영·수를 마무리 한다.

하루 4시간 정도 암기과목을 다시 한 번 정리하며 약한 부분들

을 집중적으로 확인, 마무리한다. 하루에 암기과목 한 과목씩 정리하도록 한다. *

사회 계열의 암기과목

가. 교과서 한 번 정독하기 (1시간 30분)

나. 문제집 틀린 것 확인하기 (30분)

다. 교과서 한 번 더 정독하기 (1시간 15분)

라. 노트 혹은 선생님이 나눠 주신 프린트 확인하기 (45분)

과학 계열 암기과목

가. 자습서 한 번 정독하기 (1시간 30분)

나. 자습서와 문제집에서 틀린 문제 확인하기 (30분)

다. 자습서 한 번 정독하기 (1시간 15분)

라. 노트 혹은 선생님이 나눠 주신 프린트 확인하기 (45분)

한문

가. 자습서 한 번 정독하기 (1시간 30분)

나. 자습서 한 번 정독하면서 자습서에 있는 틀렸던 문제 다시 확인하기 (1시간 30분)

다. 노트 혹은 선생님이 나눠 주신 프린트 확인하기 (45분)

● 7주 공부 계획이 너무 힘들게 느껴지면 6주 공부 계획으로 학습할 수 있다. 6주 공부 계획은 7주 공부 계획에서 마지막 7주 공부를 빼면 된다.

4주 계획

시험 보기 4주 전부터.

1~2주. 위의 1~4주와 동일한 방법으로 공부한다.

3~4주. 위의 5~6주와 동일한 방법으로 공부한다.

2주 계획

시험 시작 2주 전부터 공부를 시작한 학생들을 위한 전략.

1주. 국·영·수를 집중적으로 공부한다. 가급적 일주일 동안 시험 범위를 끝내도록 한다.

2주. 암기과목은 4시간 정도씩 공부하되 자신이 가장 약한 과목부터 시작하여 끝내도록 한다. 특히 당일치기가 불가능한 암기과목은 이때 꼭 하도록 한다. 하루 2시간은 국·영·수 중 아직 끝내지 못했거나 부족하다고 생각하는 과목에 배분하여 공부하도록 한다.

1주 계획

시험 시작 일주일 전에 정신을 차려 시험공부를 시작하려는 학생들을 위한 전략.

일주일 동안 국·영·수 위주로 공부하면서 당일치기가 불가능한 암기과목(예를 들면 한문 같은 과목)과 제일 자신 없는 암기과목을 미리 공부한다. 하루 4시간은 국·영·수 위주로 공부하고 하루 2시간은 암기과목 공부 시간으로 배정한다. 국·영·수와 당일치기가 불가능한 과목을 먼저 공부한 후 나머지 암기과목의 경우 당일치기를 병행하며 시험에 임한다. 가급적 1주 계획은 사용하지 말고 미리미리 공부하는 것이 좋다. 부득이하게 1주 계획을 이용한 학생들은 다음 시험부터는 가급적 7주 계획으로 꼭 공부하기 바란다.

암기과목 공부 팁

과학 계열 과목인 물상과 생물 공부하는 요령은 다음과 같다. 우선 과학 공부를 위해서는 과학 자습서가 필요하다. 자기 학교가 쓰는 교과서가 어느 출판사인지 확인하고 같은 출판사 자습서를 구입하면 된다. 물상과 생물 교과서에는 실험이 많이 포함되어 있다. 따라서 교과서만으로는 실험에 대한 전반적인 내용을 알기가 힘들다. 자습서에는 교과서에 나온 실험 과정과 내용이 자세하게 실려 있기에 과학을 공부하기 위해서는 자습서가 필요하다.

반면 사회 계열 과목 공부의 키포인트는 바로 교과서다. 문제 대부분이 교과서 안에서 나오기 때문에 교과서를 많이 정독한 학생이 고득점을 받게 된다.

한문 공부를 할 때는 한문 교과서 외에 같은 출판사에서 나온 한문 자습서가 있을 경우 자습서를 가지고 공부하는 것이 매우 효과적이다.

5월 첫째 주

중간고사 기간 :
시험은 나 자신을 위한 것

5¹

월요일부터 목요일까지 시험 기간이다. 하루 두 과목 혹은 세 과목씩 시험을 본다. 중학교 첫 시험이니 만큼 많은 부담을 느낄 것이다. 시험에 대한 두려움과 초조감은 아무리 공부를 많이 해도 남아 있게 마련이다. 이 책에 나온 대로 마음관리를 충실히 한 학생이라면 시험에 대한 인식을 바꾸어야 할 필요가 있다.

시험이라는 것은 그동안 내가 공부한 내용을 시험이라는 과정을 통해 체계적으로 정리하여 나의 두뇌 속에 저장하는 일임과 동시에, 내가 목표하는 대학에 가기 위해 필요한 실력을 중간 점검하는 시간이라는 것을 분명히 하자. 시험은 나쁜 것이 아니다. 학생을 괴롭히기 위해 존재하는 것도 아니다. 결국 시험은 나 자신을 위해 존재한다. 내가 도달해야 하는 목표에 이르기 위해 시험이라는 이정표를 통해 방향 관리와 시간 관리를 좀 더 효율적으로 할수 있다.

따라서 시험에 너무 주눅들 필요는 없다. 어차피 치러야 할 시험이라면 담담한 마음으로 정직하게 보라. 지금까지 준비한 만큼 점수 받기를 기대하라. 공부는 매우 정직하다. 가난한 사람이든 부자든 열심히 한 학생은 시험을 잘 본다. 비록 고액 과외를 하지 않더라도 한 달 반 정도 학교에서 배운 내용을 충실하게 복습하고 자기 것으로 만든 학생은 시험을 잘 볼 수 있다.

시험 기간에 특별히 유의해야 할 점은 특정한 날 특정 과목을 망쳤다고 시험 자체를 포기해서는 안 된다는 것이다. 공부를 나름대로 했는데 생각만큼 성적이 안 나왔을 때는 참 견디기 어렵다. 그렇다고 다른 과목을 잘 볼 수 있는데도 망친 과목으로 마음 관리에 실패해 중간고사를 포기한다면 너무나 어리석은 일이다. 이렇게 된다면 시험이 끝난 다음 엄청난 후회감이 밀려든다. 또 자기 자신에게 제일 많이 화가 나고 실망해 될 대로 되라는 식으로 시간을 허비하기 일쑤다. 따라서 설사 1~2과목 내가 공부한 만큼 시험을 잘 보지 못했어도 마음은 아프겠지만 다른 과목에서 최선을 다해 만회한다는 마음으로 끝까지 마음관리하며 마지막 날까지 임하기를 바란다. 특별히 시험을 망친 날이라면 마음관리 시간을 평소보다 10~20분 정도 더 배분하여 마인드 컨트롤을 하며 평정심을 되찾고 다음 공부에 임하도록 한다.

시험을 다 마치고 나면 토요일까지는 푹 쉰다. 그동안 못 가졌던 자유 시간을 가지도록 한다. 이때 주의해야 할 점은 많이 놀더라도 자는 시간과 일어나는 시간은 꼭 지키라는 점이다. 새벽 공부 시간은 어떤 일이 있더라도 지키는 습관으로 만들어야 한다. 자는 시간과 일어나는 시간, 새벽 공부 시간은 지키되 나머지 시간은 자유롭게 쉬면서 시험이 끝난 자유를 만끽하기 바란다.

시험이 끝난 뒤 그 주 일요일 저녁에는 1시간 정도 시간을 내 『다니엘 학습 플래너』로 앞으로의 공부 계획을 세우며 새롭게 뜻을 정하는 시간을 가지도록 하는 것이 좋다. 플래너에 중간고사를 보며 느꼈던 내가 반성해야 할 점과 잘한 점을 정리하며 앞으로의 공부 계획을 세운다. 공부는 억지로 해서 되는 것이 아니다. 왜 공부를 해야 하는지 스스로 분명한 이유를 찾아야 한다. 찾고 또 찾아야 한다. 부지런히 찾아야 발견할 수 있다. 그래야 정말 힘들어도 참고 끝까지 공부할 수 있다. 공부를 하다 보면 너무 많은 변수들이 나타난다. 잘하다가도 어느 한순간 공부에 회의를 느껴 깊은 슬럼프에 빠질 수 있다.

마찬가지로 공부를 못한다고 늘 못하는 것도 아니다. 하지 않아서 못하는 것이지 태생적으로 머리가 나빠서 못하는 경우는 드물다. 대부분의 학생들이 성적이 잘 나오지 않는 첫 번째 이유는 공부를 하지 않아서고, 두 번째 이유는 공부 방법을 제대로 알지 못해서다. 대개의 학생들은 시간 배분을 어떻게 하고 매달 매주 시기별로 무슨 과목을 공부해야 하는지 잘 모른다. 공부하고자 하는 의욕이 생기다가도 공부 방법을 몰라 포기하는 경우가 정말 많다. 의욕이 생길 때 지속적으로 유지할 수 있는 구체적이면서도 정교한 공부 방법이 필요하다.

위의 두 가지 이유를 지혜롭게 해결한다면 이 책을 읽는 중학생들은 누구나 자기가 원하는 만큼 공부를 잘할 수 있게 될 것이다. 따라서 마음관리를 통해 왜 공부를 해야 하는지 매일매일 새롭게 뜻을 정하고 결심하는 시간을 가져야 한다. 그리고 이 책을 적극적으로 활용하여 자신에게 맞는 공부 방법을 정립해 공부하도록 한다. 공부에 대한 열정과 자신에게 맞는 체계적인 공부 방법 정립, 이 두 가지가 있으면 그 어떤 학생도 최상위권 중의 최상위권이 될 수 있다. 일명 대기권 돌파가 가능한 학생이 될 수 있다. 우리나라에서 모든 대학 모든 학과에 지원해도 무난히 합격할 수 있는 실력자가 될 수 있다.

5월 둘째 주

본격적인
국 · 영 · 수 공부

$5^{\textcircled{2}}$

독서 시간과 자유 시간을 가지면서 공부와 운동 병행하기

학습 면

5월 둘째 주는 국 · 영 · 수에 올인할 수 있는 중요한 시기이기에 특별히 매일매일 평소처럼 공부하는 것을 잊어서는 안 된다. 중간고사 시험 준비로 선행학습을 잠시 멈췄던 상위권 학생들은 이 시기에 원래대로 자신의 진도를 나가면 된다. 중위권 학생의 경우는 현재의 학교 진도보다 선행학습을 조금 더 빨리할 수 있도록 국 · 영 · 수 과목에 집중해야 한다. 하위권의 학생의 경우 국어, 영어는 자습서를 통한 선행학습과 더불어 수업 시간에 내용을 잘 듣고 복습하는 것에 집중한다. 수학의 경우 가령 점수가 70점 아래인 학생들은 중간고사 수학 범위를 일주일 동안 다시 복습한 후 둘째 주는 자습서를 이용 선행학습과 복습을 병행하도록 한다.

눈물로 씨를 뿌리는 자가 기쁨으로 거둔다는 말이 있다. 기말고사에서 좋은 성적을 거두기 위해서는 아름다운 계절 5월부터 부지런히 씨를 뿌려야 한다. 중간고사를 통해 절실히 느꼈을 것이다. 국·영·수 공부를 미리미리 해 놓는 게 얼마나 중요한지를. 대학 입시에서도 이 원리는 동일하게 적용된다. 국·영·수 공부는 항상 미리미리 여유 있을 때 충분히 하는 것이 대학 입시 성공의 중요한 지름길임을 늘 기억하길 바란다.

생활 면

중간고사가 끝난 다음 주는 어떻게 보내는 것이 좋을까? 중간고사를 망친 학생들은 그다지 마음이 가볍지 못하다. 만약 책에 나온 대로 3월부터 공부한 학생이라면 생애 최고의 점수를 받았을지도 모른다. 하지만 마음은 있는데 결심이 약해 작심삼일로 끝난 학생이라면 아쉬움을 남긴 채 기대보다 낮은 점수로 가슴 아파할 것이다.

보통 기말고사는 7월 첫째 주와 둘째 주 사이에 보기 때문에 그때까지는 거의 두 달의 시간이 주어진 셈이다. 그래서 중간고사가 끝나면 중학교에 처음 입학해 치른 시험에 대한 중압감과 부담감에서 벗어났다는 생각에 많은 학생들이 놀기 시작한다. 계절의 여왕인 5월이기에 마음도 한껏 부풀어 오른다. 결국 공부 리듬이 끊기는 경우도 많이 생긴다. 이때를 조심해야 한다. 평소처럼 생활하도록 마음관리에 힘써야 한다. 시험 준비 특별 기간이 지나갔기에 이제부터는 평소처럼 독서 시간과 자유 시간을 가지면서 운동과 공부를 병행하도록 한다.

아직도 다니엘 새벽형 학생으로의 전환이 쉽지 않은 학생들은 중간고사도 끝났으니 생활 습관을 새벽형으로 만들기 위해 집중하는 것이 좋다.

체육관에서 매일 꾸준히 운동하고 있는 학생들은 조금씩 몸에 변화가 생길 것이다. 근육도 생기고 몸의 유연성도 좋아질 것이다. 중학교 3년간 꾸준히 체육관에서 호신술을 배운다면 고등학교에 올라가서는 맞고 싶어도 맞을 수가 없다. 몸이 무의식적으로 반응하기 때문이다. 고등학교에 가면 반에서 힘없는 아이들을 괴롭히는 학생들이 더 이상 나쁜 행동을 못하도록 주의를 주며 약한 학생들을 돕기 바란다. 혹시라도 자신의 호신술을 이용해 다른 학생들을 괴롭히는 사람이 되지 않도록 마음관리를 하도록 한다.

부푸는 마음을 슬기롭게 다스리기

본격적인 5월이 시작되었다. 중학교에 들어온 지도 두 달이 훌쩍 흘렀다. 이제 학교 분위기도 어느 정도 익숙해지고 반 친구들과도 많이 친해졌다. 특히 대부분의 중학교가 남녀 공학인지라 이성 친구들과도 스스럼없이 사귀게 됐을 것이다. 5월은 학교 행사도 많고 쉬는 날도 많기에 분위기가 많이 들떠 있다. 학생들 역시 기말고사까지는 시간의 여유도 있고 중간고사를 망쳤다는 생각에서도 많이 벗어나 한껏 마음이 부풀어 오르는 시기다.

이성에 대해 관심이 생기는 나이라 이성 친구를 사귀려는 학생들도 하나둘씩 생겨난다. 물론 남학생에 비해 여학생이 더 빨리 성숙해지므로 중1 여학생들은 동급생을 초등학생 취급하는 경우도 많지만, 남학생 중에서 조숙한 학생들은 이성 교제에 대하여 매우 적극적이다.

일대일 이성 교제보다는 많은 친구들을 폭넓게 만나기를 선배로서 권하고 싶다. 많은 친구들을 만나면서 자신이 좋아하는 이성에 대해 좀 더 자세히 알 필요가 있기 때문이다. 학교 서클 활동을 통해 혹은 반 친구로 자연스럽게 이성 친구들을 알 기회가 많다. 그런 시간들을 통해 자연스럽게 이성에 대해 알아 가면 좋을 것이다.

5월 셋째 주

자신의 실천 정도 중간 점검 해 보기

5③

현재 자신이 얼마나 이 책에 나온 대로 실천하고 있는지 중간 점검해 보기 바란다. 많은 학생들이 이때쯤 되면 긴장도 풀리고 공부에 대한 의욕도 많이 식기 때문이다.

사실 밤 늦게 자고 늦은 아침에 일어나는 잘못된 습관은 쉽게 바뀌지 않는다. 사람의 마음이 너무 간사하기에 조금만 긴장을 늦추고 관리하지 않으면 더 많이 놀고 더 쾌락을 좇게 마련이다. 학생들처럼 공부를 해야 하는 사람들에게는 저녁형 생활 패턴은 바람직하지 못하다. 학생들의 수업 시간 자체가 오전부터 시작되고 시험도 오전부터 시작되기에 저녁형 생활에 맞추다 보면 오전 시간을 대충대충 보내는 경우가 많기 때문이다.

예술가나 작가 같은 사람들은 좀 더 자유로운 분위기에서의 창작을 위해 저녁형 생활 패턴을 가지는 경우가 많다. 직업적 특성을 잘 살려 창의성을 높이기 위해 나름대로 저녁형 생활 패턴을 유지하는 것이다.

그러나 학생들은 오전부터 학교라는 일정한 장소에서 수업을 받고 시험을 봐야 하기에 가급적 새벽형으로 생활을 바꿀 필요가 있다. 매일 10분씩이라도 일찍 일어나는 훈련을 하다 보면 생활 패턴이 점차 변화되어 감을 느낄 수 있을 것이다.

친구, 그리고 따돌림 이겨내기

몇 달 동안 학교생활을 하다 보면 많은 친구들을 알게 되면서 친한 친구들도 생기지만, 사이가 별로 안 좋은 친구들도 생기게 된다. 특히 요즘 중학교 교실에서는 집단 따돌림, 소위 '왕따' 현상이 아주 심각하다. 몇몇 친구들이 뭉쳐 한 명 정도 따돌리고 바보 만드는 것은 별로 어렵지 않다. 많은 학생들이 친구 관계 때문에 학교 가는 것이 싫고 공부 의욕도 없어진다고 한다. 이 책을 보는 여러분은 어떠한가? 혹시 반에서 덩치 크고 힘이 센 학생에게 괴롭힘을 당하고 있지는 않는가?

내가 아는 민호(가명)라는 학생은 현재 중3이지만 생김새나 몸집은 초등학교 6학년 수준이라 좀 껄렁껄렁하고 남 일에 참견하기 좋아하는 몇몇 학생들에게 거의 매일같이 괴롭힘을 당한다. 기분 나쁘게 머리를 맞고 이곳저곳을 구타당한다. 아주 심하게 맞는 것은 아니지만 민호의 마음은 헝클어져 있다. 내면의 정원이 황폐화되어 있다. 자신에게 심한 열등감을 갖고 있고 분노가 마음속에 가득하다. 자신을 괴롭히는 학생들을 혼내 주고 싶지만 힘도 배짱도 없다. 자신의 왜소함과 연약함이 몇몇 친구들의 장난감이 되고 있는 현실이 너무나 싫다. 결국 중학교에 들어와 계속 괴롭힘을 당하면서 성적도 오르지 않고 공부에 별 의욕도 없다. 그저 하루 하루 학교 가는 것이 조금도 기쁘지 않고 마지못해 다니고 있는 중이다.

사실 민호와 같은 고민을 하는 학생들은 굉장히 많다. 이런 학생들은 혼자 힘으로 문제를 해결하기가 어렵다. 물론 민호가 꾸준히 체육관에서 운동을 배우며 힘을 길러 스스로 자신을 보호할 수 있게 되는 것이 가장 좋을 것이다. 하지만 당분간은 어렵기 때문에 그 사이에 민호는 어쩌면 자살을 할 수도 있고 자신을 괴롭히는 친구들을 수업 시간에 칼로 찌를 수도 있다. 물론 극단적인 예지만 뉴스에 그런 학생들에 대한 보도가 끊이지 않고 있다.

이런 일이 자신에게 생긴다면 조용히 담임 선생님을 찾아가 현재 상황을 솔직히 다 말씀드리고 도움을 구해야 한다. 물론 부모님께도 말씀드려 함께 상의해야 한다. 담임 선생님은 이런 일들을 많이 겪어 보았기에 나름대로 민호를 괴롭히는 학생들을 다루는 노하우가 있다. 혼자 힘으로 해결하려 하지 말고 주변 분들에게 말씀드려 함께 지혜를 모아 문제를 조속히 슬기롭게 해결하는 것이 좋다.

이런 일을 그냥 방치하면 당하는 학생의 마음은 매우 황폐해지고 거칠어진다. 집에 와서 애꿎은 부모님께 화풀이를 해 부모님과의 갈등이 심해질 수도 있다. 마음이 메마르고 상처가 심해지면 정상적인 공부도 불가능해진다. 따라서 마음의 병이 심해지고 치료가 불가능한 상황에 이르기 전에 미리 근원을 파악해 제대로 치료하는 것이 중요하다. 막상 여러 사람과 힘을 합치면 의외로 문제가 금방 풀리는 경우가 많다. 괴롭힘을 당하는 학생 입장에서는 도저히 풀리지 않을 것 같은 문제들이 의외로 너무나 간단하게 풀리는 경우가 많다.

그러나 이런 사실을 모른 채 혼자 전전긍긍하며 괴로워하는 학생들이 너무나 많다. 고민 끝에 자살을 시도하는 학생들도 너무 많다. 마음의 문을 닫고 세상과의 대화를 단절한 채 문제 해결이 불가능하다고 스스로 단정한다. 이 책을 보는 학생들 중에서 이런 학생들이 있다면 다시금 힘을 내기 바란다. 아직 얼마든지 좋게 일이 해결될 가능성이 많은데 해 보지도 않고 모든 가능성을 스스로 포기한 채 참고 살겠다는 생각은 버리기 바란다. 이것은 스스로를 파멸로 이끄는 무서운 생각이다. 아직은 그럴 때가 아니다.

여러분은 혼자가 아니다. 주변 사람들과 의논한다면 여러분이 상상하지 못한 좋은 방법이 얼마든지 나올 수 있다. 그러니 너무 일찍 삶을 포기하지 말고 마음관리에서 손을 놓지 말기를 바란다. 그냥 자포자기하며 될 대로 되라는 식으로 살면 안 된다. 그러기에는 아직 때가 이르다. 얼마든지 역전의 기회가 있다. 말하는 것이 쉽지 않겠지만 용기를 내어 부모님과 담임 선생님께 솔직하게 문제를 말하고 함께 해결하도록! 그리고 다시 한 번 힘내기를 간곡히 바란다.

5월 셋째 주~7월 첫째 주

기말고사 대비
다니엘 7주
내신 준비 시작

5³-7①

기말고사 대비 다니엘 7주 내신 공부를 시작하는 주다. 기말고사가 7월 둘째 주인 학생들은 셋째 주부터 공부를 시작해야 한다. 따라서 기말고사가 7월 첫째 주인 학생이라면 5월 둘째 주부터 시작하면 된다. 공부하는 방법은 중간고사 때 공부한 방법대로 준비하면 된다. 중간고사를 한 번 보았기에 조금이라도 빨리 내신 준비를 하는 것이 얼마나 중요한지 알았을 것이다. 가급적 7주 전부터 시작하라. 그래서 이번 기말고사에서 여러분 인생 최고의 성적을 받게 되길 소망한다.

5월 셋째 주~6월 둘째 주 : 기말고사 국 · 영 · 수 끝내기
6월 셋째 주~6월 넷째 주 : 국 · 영 · 수 복습과 암기과목 끝내기

기말고사 암기과목은 중간고사에 비해 3과목이 늘어난다. 음악, 미술, 체육도 필기시험을 보게 된다. 따라서 음악, 미술, 체육 역

시 공부를 해야 한다. 그런데 음악, 미술, 체육 과목은 보통 시험 보기 일주일 전에 선생님께서 범위와 요점 정리를 해 주신다. 따라서 시험 보기 일주일 전에 음악, 미술, 체육은 공부하면 된다.

7월 첫째 주 : 국·영·수, 암기과목을 최종 마무리한다. 중간고사 때 일주일 전 공부 방식대로 공부하면 된다. 이 기간에 음악, 미술, 체육 시험에 대한 요점 정리를 해 주기에 음악, 미술, 체육 공부를 하는 것이 필요하다.

음악, 미술, 체육은 교과서와 선생님이 나누어 준 프린트 혹은 노트를 중심으로 공부한다.

가. 교과서를 1번 정독한다.

나. 다시 교과서를 1번 정독한다.

다. 선생님이 나누어 준 프린트와 노트를 꼼꼼히 본다.

5월 넷째 주
새 학기 중반이
지나가는 길목,
생활과 마음 정비하기

5⁴

이제 5월도 한 주밖에 남지 않았다. 그동안 세운 생활 계획대로 공부와 독서 그리고 자유 시간을 얼마나 비옥하게 가꾸었는가? 현재 잠은 계획대로 6시간을 자고 있는가? 아니면 그보다 더 자고 있는가? 아니면 조금씩 잠을 줄이며 자신의 꿈과 목표를 위해 노력하고 있는가? 사실 중1부터 확고한 목표와 계획을 세워 공부하고 생활하는 학생들은 아주 드물다. 시험 때가 되면 당일치기로 시험 보고 대부분의 시간을 그냥 대충 공부하고 대충 놀며 가볍게 보내는 학생들이 대부분이다. 물론 어떤 학생들은 밤 12시가 넘도록 학원에서 수업 듣고 공부하다가 1시쯤 학원 버스를 타고 오기도 한다.

5월 넷째 주쯤 되면 자신에게 맞는 알찬 생활 계획이 만들어져야 하고 이것이 서서히 몸에 익숙해져야 한다. 공부가 가장 잘되는 시간이 언제고 영어, 수학 중에서 어떤 과목, 어떤 부분이 약한지 잘 파악하고 있어야 한다. 그리고 자신이 왜 공부하는지에 대해서도 나름대로 분명한 동기를 어느 정도 가지고 있어야 한다. 만약 아직도 시간을 대충대충 보내면서 공부를 왜 해야 하는지 구체적인 마음관리조차 되어 있지 않다면 이제는 뜻을 정하고 새롭게 결단하여 시작할 때다. 왜냐하면 3월부터 시작된 새 학기가 벌써 중반이나 지났고, 학생들 간 실력의 우열이 점차 커지고 있기 때문이다.

3월에 함께 입학한 친구들인데 점차 공부 면에서 나보다 앞서 간다는 것을 어렴풋이 느끼게 되면 마음속에 왠지 모르는 불안감이 싹트기 시작한다. 내가 뒤지고 있다는 생각이 시간이 지나면 지날수록 무거운 짐이 되어 몸과 마음을 짓누르기 시작한다. 5월 말이 되면서 순간순간 두려운 마음이 찾아온다. 그것을 극복하는 방법은 힘들지만 매우 간단하다. 새롭게 뜻을 정해 지금부터라도 다시 시작하는 것이다. 아직까지 기말고사 준비를 시작하지 않은 학생들이 있다면 지금부터라도 빨리 시작하기를 바란다.

6월 첫째 주
기말고사 공부하며
생활 리듬 회복하기

이제 점차 날씨가 무더워지기 시작한다. 5월을 3월에 세운 공부 계획대로 꾸준히 보낸 학생들은 공부와 생활 면에서 커다란 안정감이 생긴 반면 5월을 공부도 대충하고 놀면서 보낸 학생들은 왠지 모를 무력감에 사로잡히게 된다. 기말고사 대비 4주 공부 계획을 실천하고자 하는 학생의 경우, 다음 주부터는 기말고사에 대비해 본격적인 시험 준비를 해야 하는 시기인지라 이번 한 주간은 무너진 생활 리듬을 다시금 회복해야 할 때다.

특히 남들보다 많이 놀고 제대로 시간을 활용하지 못했다는 자책감으로 그냥 될 대로 되라는 식으로 자포자기하는 학생들이 종종 눈에 띈다. 이런 학생들은 지나간 것은 잊고 더 이상 연연하지 않도록 해야 한다. 지금부터라도 새롭게 마음을 다잡고 공부하면 얼마든지 늦지 않았기 때문이다. 이번 한 주간 생활 리듬을 바로잡고 기말고사 4주 전인 다음 주부터 시험 준비를 시작한다면 충분히 만회할 수 있다. 힘을 내서 다시 도전하기 바란다.

아직 기말고사 준비를 본격적으로

시작하지 않은 학생들은 이제 시작해야 할 때

이제 중학교에 입학해 두 번째로 맞는 시험이 4주 앞으로 다가왔다. 중간고사를 보면서 나름대로 시험에 대해 느낀 바가 있었을 것이다. 특히 중간고사에서 시험을 망친 학생들은 이번 기말고사를 회복의 기회로 삼아야 한다. 4주 전부터 기말고사를 준비하면 각 과목별로 최고점을 받을 충분한 기회가 있다. 꾸준히 인내하면서 기말고사 공부에 만전을 기하기를 바란다.

7주 계획대로 공부하는 학생은 계획대로 둘째 주까지 국·영·수를 완성하고 셋째 주, 넷째 주까지 암기과목과 병행하여 기말고사를 준비한다. 7월 첫째 주는 최종 마무리 공부를 한다. 4주 계획으로 기말고사를 준비하는 학생의 경우 둘째, 셋째 주까지 국·영·수를 공부하고 6월 넷째 주, 7월 첫째 주에 암기과목과 국·영·수를 병행해 기말고사를 준비한다.

특별히 기말고사 준비 기간만큼은 철저하게 새벽 공부 시간을 엄수해야 한다. 시험은 많은 학생들에게 큰 부담을 주는 것이 사실이다. 그러나 시험 준비에 성실하게 임할 때 시험은 학생들에게 많은 것을 되돌려 준다. 좋은 성적은 물론이거니와 생활 습관을 체계적으로 정리할 수 있는 기회를 제공한다. 도저히 할 수 없다는 학생을 제외하고는 새벽 공부를 몸으로 익힐 수 있는 한 달간의 좋은 기회가 찾아온 것이다. 따라서 새벽에 일어나서 공부할 수 있도록 최선의 노력을 다해야 한다.

기말고사를 위한 특별 팁!!!

특별히 여기서는 영어 · 수학을 공부함에 있어 몇 가지를 덧붙여 말하고자 한다. 수학은 예습 시간과 복습 시간을 통해 평소 꾸준히 공부해야 한다는 것은 누누이 강조했다. 수학을 제대로 공부하기 위해서는 최소한 몇 가지가 필요하다. 우선 교과서와 교과서 문제를 상세히 풀이한 자습서, 교과서와 비슷한 난이도의 문제집, 그리고 교과서보다 약간 더 어려운 문제집이 필요하다. 기초 예습과 복습을 통해 교과서와 비슷한 난이도의 문제집까지는 풀었을 것이다. 중간 · 기말고사 기간에는 교과서보다 약간 더 어려운 난이도의 문제집을 풀고, 틀린 문제를 정리하는 시간이 필요하다.

수학은 이런 식으로 기말고사를 대비한다면 좋은 성적을 거둘 수 있다. 만약 수학 공부에 더 많은 관심이 있는 학생이라면 교과서보다 약간 더 어려운 문제집을 푼 후, 가장 어렵다고 생각하는 문제집을 골라 홀수 혹은 짝수 번만 문제를 푸는 식으로 공부하는 것도 매우 좋은 방법이다.

틀린 문제를 정리하는 방법은* 다음과 같다. 우선 문제를 꼼꼼히 읽은 다음 그 문제의 내용을 머릿속에 정리한다. 그리고 풀이 과정을 연습장에 직접 손으로 3~4번 반복해 쓴다. 그런 다음 새 연습지에 문제집을 보지 말고 문제의 내용과 풀이 과정을 기억하여 쓴다. 결국 수학 과목도 기본 내용을 충분히 이해한 후 그 내용을 머릿속에 잘 정리하여 암기하는 것이 필요하다. 문제를 응용하는 능력은 기본적인 내용들이 충실하게 쌓인 다음 그 축적된 내용을 바탕으로 길러지기 때문이다.

영어는 선생님이 필기해 준 교과서 위주로 공부하면서 부족한 내용은 참고서의 도움을 받는다. 그리고 교과서와 같은 출판사의 영어 문제집을 마무리로 꼭 풀어 보는 것이 좋다. 중학교 영어 시험은 교과서 지문만 확실하게 다 외어도 좋은 점수를 받을 수 있다. 교과서 지문은 많이 외우면 외울수록 영어 공부에 확실한 효과가 있다. 영어 과목 자체가 언어이기 때문에 소리 내어 읽고 쓰고 외울수록 실력이 빠르게 향상될 것이다.

지난번 중간고사 시험을 경험 삼아 암기과목 중에서 보다 더 취약한 과목에는 좀 더 시간을 배정하고 미리미리 공부하는 것도 좋은 전략이 된다.

● 더 자세한 내용을 알고자 하는 학생은 『다니엘 아침형 학습법』에 나오는 꿈의 노트 활용법을 참조하면 도움이 된다.

기말고사 기간

중간고사도 중요하지만 기말고사는 더 중요하다. 기말고사가 끝난 후 방학이 시작되기에 기말고사에서 시험을 망친 학생들은 방학 내내 시험을 망쳤다는 생각에 무의식중에 정신적 스트레스를 많이 받게 된다. 특히 공부를 나름대로 했는데 시험을 기대만큼 잘 치르지 못한 학생들은 공부에 대한 회의감마저 들어 귀중한 방학 시간 초반부를 허송세월할 가능성이 매우 높다. 기말고사를 망친 후 시험 못 본 것을 만회하기 위해서는 2학기 중간고사까지 한참을 기다려야 한다. 따라서 가급적 기말고사는 최대한 잘 볼 수 있도록 힘써야 한다.

아무리 공부를 많이 한 학생일지라도 시험 앞에서는 긴장되는 것이 사실이다. 너무 긴장을 하지 않는 것도 문제가 되지만 지나친 긴장은 오히려 집중력을 약화시킨다. 그래서 긴장한 나머지 실수로 문제를 틀리는 경우가 종종 있다. 특히 나처럼 마음이 소심한 학생들은 알면서도 문제를 틀리는 경우가 많다.

이런 학생들은 시험 기간 내내 마음관리를 통해 긴장을 최대한 벗어던지도록 노력해야 한다. 진정한 실력은 마음관리 능력까지 포함하고 있기 때문이다. 나 역시 이 문제로 참 많이 고민하고 자책도 해 보았다. 소심한 성격이 하루아침에 바뀌는 것이 아니기에 무척 괴로웠다. 여러 방법을 모색한 끝에 내린 최종 결론은 매일 새벽 꾸준한 마음관리를 통해 소심한 마음이 담대해지도록 내면을 관리하는 것이었다. 지금도 나는 무척 소심하지만 꾸준한 마음관리를 통해 예전보다 훨씬 나아졌고 나아지고 있는 중이다. 소심한 성격을 가진 나의 후배들이여, 힘을 내기 바란다. 나같이 소심한 사람도 꾸준한 마음관리를 통해 어느 정도 담대해졌으니 말이다.

혹시라도 시험을 망친 과목이 있으면 시험이 끝날 때까지는 더 이상 생각하지 말고 남은 과목을 더 잘 보자는 생각으로 머릿속을 채우도록 의도적으로 힘써야 한다. 안 좋은 기억은 꼬리에 꼬리를 물고 생각나는 습성이 있다. 악순환의 고리를 애초에 만들지 않는 것이 좋다. 특정 과목을 망쳤다는 생각을 망각하려고 노력하고 대신 새로운 과목을 잘 보기 위해 마음을 쏟도록 한다.

특히 기말고사는 시험 과목이 중간고사보다 많기에 시험도 하루 정도 더 본다. 하루에 시험이 끝나는 것이 아니라 여러 날을 나누어 시험을 보기에 몸과 마음이 지치기 쉽다. 이럴 때일수록 식사를 끼니마다 챙겨 먹는 것이 좋다. 허둥지둥 학교에 가느라 식사를 거르는 학생들이 많은데 시험 기간에는 좀 더 일찍 일어나 아침을 꼭 먹고 학교에 가서 시험을 보도록 한다. 또한 시험을 마치고 집에 오면 바로 공부하지 말고 잠시 쉬는 시간을 가진 뒤 공부하도록 한다. 30분 정도 잠을 자고 나서 공부를 해도 좋다. 단, 너무 많이 자고 나면 많이 잤다는 생각에 스스로에게 화가 나 제대로 공부를 못하는 경우도 종종 생긴다. 이것에 유의하며 적절하게 쉬고 공부한다.

7월 셋째 주

한 학기 생활
되돌아보기

7③

이제 드디어 기말고사도 마치고 방학도 얼마 남지 않았다. 만약 지금까지 이 책에 나온 대로 꾸준히 공부하며 마음관리를 한 학생이라면 기말고사에서 놀라운 성적을 거두었을 것이다. 자신이 원하는 만큼 시험을 잘 본 학생들이라면 꿈같은 시간일 것이다. 열심히 공부해서 원하는 성적을 받았을 때의 기쁨은 무엇과도 바꿀 수 없을 정도로 크며, 커다란 성취감을 얻게 된다. 이런 성취감을 경험한 학생들은 공부하지 말라고 해도 본인 스스로 알아서 공부한다. 공부는 힘들어도 열심히 노력해 얻는 성취감에 너무나 행복하기 때문이다. 재미있는 오락을 하거나 만화를 본 것보다 몇 십 배 더 기쁜 것은 당연하다.

특별히 공부에 자신감이 없던 학생이 꾸준히 열심히 해서 좋은 성적을 거두게 되면 나도 할 수 있다는 자신감이 생기게 되고, 그 다음부터는 보다 큰 열정을 가지고 공부를 하게 된다. 나는 이런 귀한 성취감과 자신감을 이 책을 보는 학생들이 속히 맛보기를 바란다. 절망의 한가운데에서 너무 오랫동안 머물지 않기를 바란다. 자기 자신에 대해 지나치게 소심하고 부정적인 사고방식은 자신만 힘들게 하는 것이 아니라 주변 사람들과의 관계마저 어렵게 만든다.

제대로 공부하지 못해 시험을 망친 학생들은 방학 전, 이번 주 동안 자기 자신을 돌아보며 반성하는 시간을 갖기 바란다. 공부는 안 하고 매일 놀기만 하면 그 생활이 기쁠까? 결코 그렇지 않다. 무서운 무기력에 빠져 나중에는 놀기 싫지만 특별히 할 것이 없어 그냥 시간을 흘려보내게 된다. 이 기간을 통해 자신을 돌아보며 새롭게 뜻을 정해 시작할 수 있도록 다시금 마음관리를 하라. 포기할 때가 아니다. 이제 겨우 1학기가 지났을 뿐이다.

7월 넷째 주~8월 셋째 주

여름 방학

$7^④-8^③$

중학교에 올라와 처음 맞이하는 여름 방학이다. 보통 한 달 정도의 기간으로 무척 더운 시기다. 대부분의 중1 학생들은 방학 기간을 짜임새 있고 알차게 보내지 못하는 것이 현실이다. 방학 내내 공부만 한다고 방학을 잘 보내는 것은 물론 아니다. 하루 종일 공부만 한다는 것은 불가능한 일이다. 더욱이 이제 중1인데 너무 과도한 학업을 기대하면 오히려 역효과만 가져와 공부 자체에 질리게 된다. 따라서 균형 잡힌 방학 계획을 세우는 것이 매우 중요하다.

우선 취침 시간과 기상 시간을 일정하게 계획하자. 그러고 나서 자유 시간과 공부 시간을 나누어 정한다. 일단 3월에서 7월까지 새벽형 학습 패턴을 몸에 익힌 학생들은 방학 때도 변함없이 11시에 자서 5시에 일어나는 생활 습관을 지키면 된다. 새벽형 생활 습관이 아직 몸에 익숙하지 않은 저녁형 학생들은 방학을 이용해 생활 습관을 바꾸도록 훈련하는 것이 좋다. 이미 말한 대로 학생 시절에는 생활 습관을 조정해 새벽형 생활 패턴을 유지하는 것이 공부에 큰 도움이 된다. 새벽 공부의 위력을 경험한 학생들은 새벽 공부를 포기할 수 없게 된다.

매일 규칙적으로 생활하는 습관은 집중력을 높이는 데 매우 효과적이다. 예를 들어 새벽 5시 20분부터 7시 20분까지 공부 습관을 들인 학생들은 5시 20분쯤 되면 머리가 맑아지는 경험을 하게 된다. 습관처럼 무서운 것은 없다. 습관은 인생을 변하게 만드는 놀라운 힘이 있다. 따라서 좋은 습관을 하나씩 늘리는 것이 바로 자신의 인생을 새롭게 하는 원동력이다.

무엇보다 방학 계획의 핵심은 아침 8시부터 오후 3시까지의 시간을 어떻게 사용하느냐에 달려 있다. 이 시간을 어떻게 보내느냐에 따라 1학기 내내 공부하지 않고 놀던 학생들도 2학기부터는 우등생으로 변모할 수 있기 때문이다. 그만큼 방학은 커다란 힘을 가지고 있다.

또한 각자가 가고 싶은 대학에 따라 공부 시간을 달리해야 한다. 만약 소위 명문대를 지원하고자 하는 학생이라면 하루에 본인 스스로 영어·수학을 공부하는 시간이 적어도 6시간 이상은 되어야 한다. 하루에 영·수 각 과목을 3시간 정도는 공부해야 한다는 뜻이다. 만약 서울대가 목표인 학생이라면 각각 3시간 30분 징도 공부하도록 계획을 세우는 것이 좋다. 서울에 있는 웬만한 대학을 가고자 하는 학생이라면 각 과목을 2시간 정도 꾸준히 공부해야 한다.

아침형 공부 방법 I : 11시 취침, 5시 기상

방학 때 공부할 과목은 영·수 위주다. 국어 공부는 독서 시간을 통해 해도 모자라지 않다. 일단 아침 5시에 일어나 20분간 마음관리 시간을 가진 후 5시 20분부터 8시까지 공부한다. 1시간 10분 공부하고 10분 쉬고 다시 1시간 20분 공부한다. 이 시간에 집중적으로 수학을 공부한다.

8시부터 9시까지 식사 및 휴식 시간을 가진 뒤, 9시부터 12시까지 다시 공부하는 것으로 계획을 세운다. 왜냐하면 오전 시간이 그나마 오후에 비해 시원하고 공부하기에 좋기 때문이다. 힘들겠지만 오전에는 공부에 좀 더 많은 시간을 할애하고 더운 오후에는 여가를 즐기는 것이 좋다. 9시부터 10시까지 50분 독서하고 10분 쉰다. 10시부터 12시까지는 같은 방식으로 쉬는 시간을 가지며 영어를 공부한다.

12시부터 1시까지는 점심 식사 및 휴식 시간을 갖는다. 1시부터 2시까지는 독서 및 자유 시간을 갖고 2시부터 3시까지는 낮잠 시간을 가지면 좋다. 그리고 3시부터 4시까지 독서를 하고 4시부터 5시까지 체육관에서 운동을 하고 5시부터 6시까지 영어를 공부한다. 6시부터 7시까지는 저녁 식사 및 휴식 시간을 갖는다.

7시부터 10분 정도 마음관리를 한 후 8시 40분까지는 영어를 공부한다. 20분 정도 쉰 다음 9시부터 10시까지는 수학을 공부한다. 대략 하루 동안 수학은 3시간 30분 정도, 영어 공부 시간은 4시간, 독서 시간은 1시간 50분 정도다. 자유 시간 및 휴식 시간은 대략 5시간 정도다. 만약 이렇게 여름 방학을 보낸다면 2학기 때부터는 학교에서 공부 잘하기로 소문난 학생이 될 수 있다.

새벽 수학 공부 시간에는 주로 2학기 예습 위주로 공부를 한다. 저녁 수학 공부 시간에는 상위권과 중위권 학생들은 계속 선행학습을 하고 수학이 부족한 하위권 학생들(수학 점수가 60점 아래인)은 1학기 수학을 복습하며 2학기 선행학습을 하도록 한다. 영어 공부는 오전에 독해 위주로 공부하고, 저녁에는 문법 위주로 공부하면 좋다. 특히 날씨가 너무 더운 시간대에는 독서 시간을 배정하여 슬기롭게 더위를 극복하도록 한다.

여름 방학 영·수 교재 선택법

여름 방학 영어·수학 교재는 너무 다양해 어떤 교재를 선택해 공부해야 할지 막막할 때가 많은데, 그런 학생들을 위해 대략적인 가이드를 제시하고자 한다. 우선 수학의 경우 『개념원리』 시리즈로 공부하면 무난하다. 가장 쉬운 『개념원리 중학 수학』을 푼 다음 조금씩 단계를 올려 다른 문제집을 보면 된다. 『개념원리』 시리즈는 수학 문제집 전문 회사가 만들어 난이도 별로 다양하게 나와 있기에 누구든지 자신의 실력에 맞는 문제집을 선택해 공부할 수 있다.

수학의 경우 4주간 공부하면 대개 2학기에 배울 내용을 한 번쯤 충분히 선행할 수 있다. 따라서 아직 2학기 수학을 선행하지 않은 학생들은 방학 기간을 통해 선행학습하도록 한다. 특히 2학기 수학을 크게 네 단원으로 잡아 일주일에 한 단원씩 공부해 수학을 예습한다. 이미 그 이상의 진도를 나가고 있는 학생들은 자신의 진도대로 선행학습을 하도록 한다. 선행학습을 할 때 주의할 점은 개념 파악을 확실히 한 후에 차근차근 나가야 한다는 것이다. 진도 위주의 선행학습은 의미가 없다. 제대로 개념을 파악하며 문제를 단계적으로 풀어 나가는 것이 중요하다.

영어는 『맨투맨 중학 영어』 시리즈로 공부하면 무난하다. 영어 전문 회사에서 만든 것이기에 매우 체계적이며 각 학년별로 짜임새 있게 만들어져 있다. 특히 설명이 매우 상세하게 나와 있어 공부하는 학생들이 큰 도움을 받을 수 있다.

단어와 숙어는 『우선순위 영단어·숙어집』을 보는 것을 추천한다. 중학생용을 먼저 다 본 다음 고등학생용을 보도록 한다.

아침형 공부 방법II : 11시 취침, 6시 기상

지금까지 방학 때 어떻게 공부해야 할지 개괄적인 계획을 세워 보았다. 그런데 앞의 계획을 보면서 자신에게는 너무 무리라고 생각하는 학생들도 있을 것이다. 그런 학생들을 위해서 다음의 예를 들어 보기로 한다.

우선 수면 시간은 7시간이다. 방학 때 생활이 불규칙적으로 뒤바뀌는 경우가 있는데 조심해야 한다. 7시간 정도 자면 적게 자는 것이 아니다. 그 이상을 잔다고 피로가 더 잘 풀리는 것도 아니다. 너무 많이 자면 오히려 허리가 아프고 더 피곤한 경우가 많다. 가급적 11시에 자서 5시에 일어나는 것을 어떻게든지 생활 습관으로 만드는 것이 좋다. 만약 그럴 자신이 없는 학생들이라면 최소한 11시에 자서 6시에 일어나는 습관을 들여야 한다.

11시에 자서 6시에 일어나는 경우, 6시에 20분간 마음관리 시간

을 갖는다. 6시 20분부터 9시까지 2시간 30분 공부한다. 1시간 10분 공부하고 10분 쉬고 1시간 20분 공부한다. 9시부터 10시까지 식사 및 휴식 시간을 갖는다. 10시부터 11시까지 보고 싶은 소설을 본다. 11시부터 1시까지 공부 시간을 갖는다. 50분 공부하고 10분 쉬는 방식으로 하면 좋다. 1시부터 2시까지 점심 식사 및 자유 시간을 갖고, 2시부터 3시까지는 독서를 한다. 3시부터 7시까지는 체육관을 가는 것과 2시간 영어 공부 시간을 갖는다. 7시부터 8시까지 저녁 및 자유 시간을 갖는다. 8시부터 20분간 마음관리를 하고 8시 20분부터 11시까지 공부한다. 8시 20분부터 9시 30분까지 1시간 10분 공부한 후 20분 휴식한 다음 9시 50분부터 11시까지 1시간 10분 공부한다.

새벽 공부 시간에는 수학 2학기 예습 위주로 공부한다. 11시부터 1시까지는 영어 독해 위주로 공부한다. 저녁 8시 20분부터 9시 30분까지는 상위권과 중위권은 선행학습, 하위권 학생들은 1학기 수학 복습을 한다. 9시 50분부터 11시까지는 영어 문법 위주로 공부한다. 종합하면 하루 동안 수학 3시간 30분, 영어 3시간 50분을 공부하고, 독서는 2시간이다.

만약 이것도 도저히 지킬 자신이 없다면 새벽과 저녁 공부만 하고 오전 오후는 그냥 자유 시간을 가질 수도 있다. 이런 경우 새벽 공부 시간에는 수학 위주로 공부하고 저녁 공부 시간에는 영어 위주로 공부하면 된다. 그리고 오전 오후 자유 시간 중에서 1시간 정도는 독서를 하도록 한다. 이것이 최소한의 공부 계획이다.

여름 방학 동안 특별히 유의할 점

위에서 말한 계획들 중 어느 것을 택할지는 자신이 정해야 한다. 적어도 명문대를 가고자 계획하는 학생이라면 마지막 방법은 택하지 않는 것이 좋다. 왜냐하면 첫 번째 방법과 두 번째 방법을 택하여 공부하는 학생보다 앞서 나가기가 쉽지 않기 때문이다. 공부하지 않으면서 좋은 대학에 가기를 원할 수는 있지만 실제로 갈 수 없는 것이 현실이다. 정말 가기를 원한다면 행동으로 실천해야 한다. 희망을 현실화하기 위해서는 절제와 인내가 필요하다. 절제와 인내를 중학 시절부터 몸에 익힌 학생이라면 그 어떤 어려운 일도 능히 견디고 이겨낼 수 있는 강인함을 가지게 될 것이다. 방학 때는 학교의 통제를 받지 않는 시간이다. 이 시간에 긴장을 늦추지 말고 더욱더 마음관리를 철저히 해 자신의 목표와 꿈을 향해 노력하기를 바란다.

특히 여름 방학 때 가족들과 함께 여행을 가는 경우가 종종 있다. 신나고 재미있게 놀되 여행 갔다 와서 다시 공부할 때 무리가 가지 않는 범위 내에서 적절하게 놀아야 한다. 좋은 습관은 형성하기는 아주 어렵지만 무너뜨리는 것은 한순간이다. 이 점을 명심하여 마음속에 새기도록 한다. 일찍 자고 일찍 일어나는 좋은 생활 습관을 늘 소중히 생각하고 도중에 상처 내거나 잃어버리지 않도록 주의해야 한다. 여름 방학이 지나고 나면 좋은 생활 습관이 몸에 완전히 배도록 방학 내내 힘써 노력하기를 인생의 선배로서 간곡히 부탁한다.

8월 넷째 주

2학기 시작 :
있는 그대로의 나 받아들이기

8⁴

이제 2학기가 새롭게 시작되었다. 반이 무척 시끄러울 것이다. 오랜만에 친구들과 만나서 할 얘기들이 많기 때문이다. 그런데 친구들과 얘기하면서 본인만이 느끼는 감정이 있을 것이다. 나보다 공부 잘하는 친구들을 만나도 별로 주눅 들지 않고, 내가 그들보다 더 앞서 나갈 수 있다는 자신감이 생긴 것을 발견할 것이다. 방학 때 꾸준히 공부한 학생들은 굉장한 자신감이 생겼을 게 분명하다. 예전의 내가 아님을 본인 스스로 발견하게 돼 굉장히 기분이 좋아질 게 틀림없다.

반면 방학 내내 놀면서 시간을 보낸 친구들은 2학기 시작이 별로 달갑지 않다. 방학을 잘 보내지 못했다는 자책감에 마음이 찜찜하다. 방학을 성실하게 잘 보낸 학생들을 보면 괜히 짜증이 나고 화가 날 수도 있다. 2학기는 1학기에 비하여 학업 진도가 좀 더 빨라진다. 어느 정도 중학교 공부에 적응이 되었다고 판단하기에 수업 진도가 빨라지는 것이다. 이러한 변화에 방학을 성실하게 보내지 못한 학생들은 당황할 수밖에 없다.

만약 이 책을 보는 학생 중에서 방학을 성실하게 보내지 못한 학생들이 있다면 너무 당황하지 말기를 바란다. 당황한 나머지 공부에 대한 의욕을 잃고 2학기 내내 시간을 허비할 수 있기 때문이다. 우리는 누구나 실수를 하게 마련이다. 시간을 잘 사용해야 하는 것을 알면서도 허투루 시간을 흘려보내는 것이 인간이다. 우리는 연약함을 지닌 사람들이다. 완벽하지도 않다. 그렇기에 방학 때 열심히 공부해야 한다는 것을 알면서도 대충대충 시간을 보내고 2학기가 되어 후회하는 것이 우리의 모습이다.

이런 나약한 모습도 나의 일부분임을 인정하자. 그런 나를 미워한다고 문제가 해결되는 것이 아니다. 그동안 불성실하고 나태하게 보낸 행동들에 대해 철저하게 반성하고 다시금 마음을 새롭게 먹고 뜻을 정해 시작하면 된다. 얼마든지 시간은 있고 역전의 기회도 많다. 공부는 마라톤과 같은 장기 경주이기 때문이다. 너무 자신을 질책하지 말고 대신 이제부터라도 새롭게 시작하는 데에 열심히 힘을 기울이면 된다.

2학기 중간고사가 빠른 학교는 10월 첫 주부터 시작된다. 보통은 10월 셋째 주에 본다. 자신의 학교 시험 일자를 확인하여 2학기 중간고사 7주 공부 계획을 바로 시작하도록 한다. 만약 10월 셋째 주인 경우라면 8월 넷째 주부터 공부를 시작해야 한다. 10월 둘째 주라면 8월 셋째 주부터, 10월 첫 주라면 8월 둘째 주인 방학 중에라도 중간고사 대비 다니엘 7주 공부*를 시작해야 한다.

● 1학기 중간고사를 참조하여 공부하도록 한다.

9월 첫째 주~둘째 주

자유 시간,
쉬는 시간 가꾸기

9^1-9^2

  2학기 중간고사 공부를 차근차근 진행할수록 학교 수업 시간에 점점 자신감이 붙게 될 것이다. 이 책에 나온 대로 꾸준히 공부한 학생이라면 지금쯤 공부가 습관이 되었을 게 분명하다. 그리고 독서 시간의 소중함도, 자유 시간의 소중함도 더더욱 알게 되었을 것이다. 자유 시간은 말 그대로 자기 스스로가 하고픈 것을 하는 시간이다. 이 시간을 이용해서 만화책을 볼 수도 있고 오락을 할 수도 있고 공부를 할 수도 있다. 중요한 것은 자유 시간이 존재하는 목적을 분명히 알고 있어야 한다. 하루 종일 앉아서 공부만 한다고 공부가 잘되는 것이 아니다. 중간 중간 적절하게 쉬고 머리를 식혀야 공부가 효율적으로 잘될 수 있다. 자유 시간이 존재하는 이유는 최적의 상태로 공부를 다시 시작하기 위해서다. 따라서 자유 시간이라고 너무 함부로 보내면 오히려 공부 시간에 쉽게 피곤해지고 지쳐서 공부가 정상적으로 되지 않는 일이 많다.

  예를 들어 1시간의 자유 시간 내내 현란한 그래픽의 게임을 하고 나서 바로 공부한다고 생각해 보자. 휴식 시간을 통해 몸을 쉬게 해 줘야 하는데 오히려 지나친 오락으로 눈은 쉬지도 못한 채 더 혹사당한 셈이다. 이런 상태로 다시 공부에 집중한다는 것은 무리다. 따라서 쉬는 시간을 본인이 어떻게 잘 보내야 할지 좀 더 생각할 필요가 있다.

나는 쉬는 시간에 주로 동네를 걸어 다녔다. 걸으면서 좋아하는 음악을 들었다. 대략 10분에서 15분 정도의 짧은 시간이었지만 바깥공기를 느끼면서 기분 전환하는 데 아주 좋았다. 너무 피곤할 때는 자유 시간에 10분 정도 샤워하고 30분 정도 잠을 자기도 했다. 텔레비전 시청과 오락은 짧은 자유 시간일 때는 가급적 삼가고, 여유 있게 놀 수 있는 시간에 주로 했다. 오히려 나는 공부하기 너무 싫을 때는 만화책을 하루 한 권 정도 짬짬이 보았다. 눈의 피로도 덜고 짧은 시간을 재미있게 보낼 수 있어서 무척 좋아했다. 한 가지 유의할 점은 만화책을 보다 보면 하루 한 권 정도로 만족하지 못하고 그다음 내용이 궁금해 '에라 모르겠다.' 하며 공부 시간까지 만화책을 보는 경우가 생긴다는 점이다. 절제를 못하면 그날 공부를 망칠 수도 있다. 이런 점을 조심하면서 자유 시간을 지혜롭게 사용하도록 2학기 때에는 더욱 힘써야 할 것이다.

아직까지 중간고사 준비를 시작하지 않은 친구들은 4주 남은 이 시기에는 반드시 준비를 시작해야 한다. 여름 방학을 불성실하게 보내고 지금까지 내내 어영부영 시간을 보내며 놀았던 학생들도 지금부터는 정신 차리고 하나하나 이 책에 나온 방법을 참고해 공부한다면 2학기 중간고사에서 충분히 좋은 성적을 낼 수 있다. 중학교 시절은 뜻을 정해 다시 시작하고자 하는 학생들에게는 언제든지 기회를 주는 시기다. 따라서 결코 자포자기하는 마음을 가져서는 안 된다. 너무나 어리석은 행동이기 때문이다.

1학기 중간·기말고사 공부 계획을 참고해 자신에게 맞는 공부 계획을 세우도록 한다. 두 번의 시험을 통해 이제 어느 정도 학교 시험에 대한 노하우가 생겼을 것이다. 공부 계획을 세우고 실천하는 것도 어느 정도 익숙해졌을 것이다. 2학기 첫 시험이니만큼 마음을 단단히 다지고 시작하기 바란다.

우선 철저하게 자는 시간과 일어나는 시간을 지키면서 새벽 공부 시간에 졸지 않고 공부에 집중하도록 한다. 방학 때 미리 2학기 수학을 예습한 학생들은 가벼운 마음으로 예습한 내용 중에서 틀린 문제를 정리하며 교과서 수준보다 좀 더 어려운 새로운 문제집을 병행하여 풀도록 한다. 영어 공부는 교과서 본문을 가급적 소리 내어 읽으며 외우도록 한다. 중학 시절 외운 영어 본문은 고등학교에 가서도 아주 요긴하게 쓰인다. 대학에 가서도 기억이 날 만큼 중학 시절 영어 본문을 외우는 것은 영어 공부에 큰 도움이 된다.

여름 방학 때 독서 시간을 잘 보낸 학생들은 2학기 국어를 특별히 공부하지 않아도 수업 내용이 더 쉬워지고 이해가 잘될 것이다. 기본적인 국어 실력을 여름 방학 동안 닦아 두었기 때문이다. 1학기 시험 계획을 참고하여 차근차근 과목별 공부 계획을 세워 시험을 준비하도록 한다.

10월 셋째 주

2학기 중간고사 기간 :
특별히 주의해야 할 점!!!

10³

중간고사 준비 기간과 시험 기간은 여름에서 가을로 접어드는 시기다. 아침은 쌀쌀하지만 낮에는 여전히 더운 환절기라 감기에 걸릴 가능성이 아주 높다. 시험 준비를 아무리 잘했어도 건강 관리를 잘못하면 시험을 망치게 된다. 시험을 준비하면서 몸과 마음이 지치고 예민해져 몸의 저항력도 많이 떨어진 상태에서 감기에 걸리면 아주 오랫동안 고생할 수 있다. 심하면 한 달 정도 감기가 지속될 수도 있다. 따라서 자신의 몸 상태를 살피면서 시험에 임하는 것이 좋다.

가급적 이 시기에는 비타민 C를 많이 섭취하면서 감기에 대한 저항력을 높일 필요가 있다. 자신의 건강은 자신이 챙겨야 한다. 주변 사람들은 본인만큼 잘 알지 못한다. 따라서 건강에 이상 신호가 보이면 참지 말고 병원에 가서 적절한 치료를 받고 다시 공부하도록 한다. 병은 참아서 해결될 문제가 아니다. 초기에 제대로 치료하는 것이 비용도 적게 들고 가장 효과적으로 치료할 수 있다. 그러니 독하게 공부한다는 결심도 좋지만 아플 때는 바로 병원에 가서 적절한 치료를 받는 것이 지혜로운 선택이다.

그리고 보통 시험 일정상 국·영·수는 하루에 동시에 배치하지 않는다. 국·영·수는 하루에 한 과목씩 배치하고 암기과목 1~2개를 배정한다. 따라서 미리미리 국·영·수를 공부한 학생이라면 주로 시험 전날 암기과목 위주로 공부하고 국·영·수는 틀린 문제 중심으로 핵심 내용을 간단하게 정리하도록 한다.

시험 전날 너무 욕심을 부려 밤을 새워 공부하게 되면 머리가 띵한 상태로 시험을 봐야 하기에 공부한 내용이 잘 생각나지 않는다. 이렇게 되면 시험을 망칠 가능성이 매우 높다. 중간고사 기간에도 잠을 평소처럼 자면서 깨어 있는 시간에 좀 더 집중해 공부하는 것이 훨씬 더 효율적이다.

10월 넷째 주~11월 첫째 주

기분 전환,
기말고사 공부 시작과
영어 듣기 보강

10⁴-11¹

이제 중간고사도 끝나고 본격적인 가을이 시작되었다. 학교마다 가을에는 행사가 다양하다. 어떤 학교는 가을 소풍이 있고, 어떤 학교는 단체 여행을 가기도 한다. 그에 맞게 기분 전환을 하는 것도 좋은 일이다.

시험이 끝난 다음 주는 공부가 평소처럼 잘되지 않는 것이 사실이다. 이런 점을 극복하기 위해서는 시험이 끝난 다음 1~2일 정도는 푹 쉬면서 그동안 시험 보느라 못 놀았던 스트레스를 적절하게 해소해 주어야 한다. 그렇다고 너무 과하게 늘면 생활 리듬이 끊겨 큰 손해를 보는 경우도 있으니 이 점에 유의하면서 휴식을 취하는 것이 좋다. 특히 자는 시간과 일어나는 시간을 꼭 지키고, 아침 공부는 꼭 챙기면서 휴식을 취하도록 한다.

기말고사는 대개 12월 중순경에 있다. 빠른 학교는 12월 첫 주부터 시작하는 학교도 있다. 자신의 학교 시험 일정에 맞춰 기말고사를 준비하도록 한다. 만약 7주 전 기말고사 공부 계획이 어려운 학생의 경우 6주 계획도 괜찮다. 3주간 국·영·수 공부를 중점적으로 한 후 4~5주에는 암기과목과 국·영·수를 공부한다. 6주에는 부족한 부분을 최종 마무리하도록 한다.* 가급적 7주 전에 시작하되 중간고사 일정이 너무 늦어져 7주 공부가 어려운 학생들은 6주 공부 방법도 가능하다.

　6주가 어려운 학생의 경우는 5주 공부 방법도 괜찮다. 3주간 국·영·수 중심으로 공부하고, 4~5주에는 암기과목과 국·영·수를 병행하며 마무리한다.

　특히 영어 듣기 성적이 잘 나오지 않아 영어 점수가 나쁜 학생들이 많다. 영어 듣기는 단기간에 향상되는 것이 아니라 매일 꾸준히 공부하는 것이 가장 좋은 방법이다. 영어 듣기 평가에서 자주 틀리는 학생들은 이제부터라도 영어 듣기 공부를 하는 것이 좋다. 겨울 방학 때 본격적인 공부를 해도 좋지만 지금부터 시작하면 더 좋다. 우선 하루 30분 정도 매일 정해진 시간에 영어 테이프를 듣는다. 영어 테이프는 종류가 다양한데, 자신이 쓰는 영어 교과서 출판사에서 만든 것으로 공부하면 무난하다. 매일 30분 정도 꾸준히 영어 테이프를 들으면서 동시에 소리 내어 따라 읽어 보는 것(Shadowing)이 듣기 실력을 향상시키는 데 가장 좋은 방법이다. 영어 공부 시간에서 30분 정도를 할애하면 별 어려움이 없을 것이다.

- - - - - - - - - - - - -
● 6주 공부 방법〈2종류〉
　가. 4주 국·영·수　　5~6주 암기과목+국·영·수
　나. 3주 국·영·수　　4~5주 암기과목+국·영·수　　6주 부족한 부분 최종 마무리

11월 둘째 주~12월 첫째 주

2학기 기말고사
4주 전

11²-12¹

　2학기 시작한 지가 엊그제 같은데 벌써 기말고사 준비 기간이 되었다. 시간이 참 빠르다는 것을 조금씩 느끼게 될 것이다. 그런데 지금 느끼는 시간의 속도도 빠르겠지만 고등학교 때 느끼는 시간의 속도는 놀랄 정도로 더 빠르다. 지금부터 자신에게 남은 시간을 계산할 수 있는 지혜를 터득하지 않으면 어느새 귀한 시간들이 손가락 사이로 다 빠져나가는 경험을 하게 될 것이다.

　시험 준비에 완벽은 없다. 단지 최선이 있을 뿐이다. 최선도 각자의 상황에 따라 상대적이다. 중요한 것은 마음가짐이다. 내가 왜 공부를 해야 하고 공부하는 궁극적인 목표가 무엇인지 더 많이 생각해야 한다. 공부해야 하는 분명한 동기가 있어야 한다. 그러한 동기가 있어야 힘들지만 꾹 참고 공부할 수 있다. 아직도 분명한 동기가 없다면 이번 기말고사 준비 기간의 마음관리 시간을 통해 집중적으로 동기를 찾도록 한다.

시험을 잘 보려고 지나치게 집착하면 오히려 부담만 가중돼 시험을 잘 준비하지도 못하고 망치는 경우가 많다. 과정에 충실하고 최선을 다하는 것이 중요하다. 완벽은 인간이 꿈꾸기에는 너무 크다. 최선을 다해 노력하다 보면 좋은 결과가 나올 수 있다. 좋은 성적 자체를 목표로 삼지 말고 성실과 인내와 절제로 힘을 다해 노력하는 것을 목표로 삼는 것이 좋다.

이 기간에는 수학 공부에서 틀린 문제들을 정리하는 데 특히 유의한다. 틀린 문제를 얼마만큼 확실히 내 것으로 만드느냐가 바로 수학 실력의 기준이다. 틀린 수학 문제를 정리하기 위해서는 적어도 세 번 이상 손으로 직접 풀이 과정을 쓰면서 눈과 손과 입과 머리로 풀이 과정을 익혀야 한다. 풀이 과정에 따라 문제를 풀되 입으로 말하고 눈으로 보고 머릿속으로 생각하며 공부하도록 한다. 여러 감각들을 사용해 최대한 집중하며 암기하도록 한다. 이런 방법으로 하나하나 틀린 문제들을 정리하다 보면 어느새 수학에 대한 열등감이 자신감으로 바뀌게 될 것이다.

2학기 기말고사 기간 : 중1 유종의 미 거두기

12②

중1 마지막 시험이다. 1년 동안 공부하느라 참 수고가 많았다. 이제 마지막 기말고사를 통해 마무리를 잘해야 할 때다. 시험은 늘 부담이 된다. 하지만 넘어가야 할 산이다. 회피한다고 도망갈 수 있는 것이 아니다. 마음관리를 통해 시험에 대한 중압감을 그때그때 벗어던져야 한다. 불안하고 초조한 상태에서 시험을 보면 공부한 만큼 실력을 발휘하기가 어렵다. 마음에 무거운 돌을 진 상태에서 시험에 전력투구하기는 힘들기 때문이다. 따라서 시험 기간일수록 마음관리 시간은 더욱 중요하다.

'시험 공부할 시간도 별로 없는데…….' 하면서 마음관리 시간을 소홀히 하면 그만큼 손해를 보게 된다. 깊은 기도와 명상은 영혼에 안식을 준다. 특별히 나는 마음관리 시간을 이용해 하나님에게 나의 불안함과 초조함을, 결과에 대한 두려움을 토로했다. 새벽 마음관리 시간을 통해 나는 하루를 살아갈 수 있는 힘을 얻었고, 결과에 대한 두려움도 훌훌 털어 버릴 수 있었다. 기말고사 기간에는 마음관리에 더욱 유념하여 하루하루 최선을 다하기 바란다.

1학년 마지막 주 : 겨울 방학 계획하기

12³

이제 기말고사도 끝나고 홀가분한 마음이 되었다. 시험을 잘 본 학생들은 몸도 마음도 가벼울 것이다. 그러나 기대한 만큼 시험을 잘 보지 못한 학생들은 또다시 자신에게 좌절했을 수도 있다. 어쨌든 기말고사가 끝나면 학생들은 너나 할 것 없이 한껏 들떠 겨울 방학을 기다린다.

이 기간에는 겨울 방학을 어떻게 보내야 할지 구체적인 계획을 세워야 한다. 여름 방학에 비해 겨울 방학은 훨씬 더 길다. 여름 방학도 엄청난 기회의 시간이지만 겨울 방학이야말로 가장 긴 황금의 시간이다. 따라서 겨울 방학을 효과적으로 잘 사용하기 위해서는 구체적이면서도 지킬 수 있는 자신만의 생활·공부 계획을 세울 필요가 있다.

초등학교 6학년 겨울 방학을 어영부영 대충 보낸 것처럼 중1 겨울 방학을 보내면 큰 손해를 보게 된다. 중1 겨울 방학 기간은 너무나 소중하고 귀한 시간이다. 상위권 학생들은 최상위권으로 도약할 수 있다. 중위권 학생들은 상위권, 최상위권으로 도약할 수 있다. 특히 공부를 못하는 학생들에게는 더욱 좋은 기간이다. 1학년 내내 평균 성적이 50점이 안 되었던 학생들도 지금부터 공부를 시작하면 얼마든지 회복할 수 있다. 방학 기간에 1학년 수학과 영어를 다시 복습하고 2학년 1학기 수학을 예습할 수만 있다면 2학년부터는 우등생으로 우뚝 설 수 있다.

그만큼 겨울 방학 기간은 중요하다. 큰 기회의 시간이다. 이런 시간을 그냥 흘려보내는 것은 지혜롭지 못한 일이다. 설령 다른 때는 놀고 시간을 흘려보내더라도 겨울 방학 기간만큼은 그냥 보내서는 안 된다. 한 주 동안 겨울 방학 공부를 위한 마음관리부터 새롭게 뜻을 정해 시작하기 바란다.

12월 넷째 주~2월 넷째 주

중1 겨울 방학 기간

12⁴-2⁴

겨울 방학은 크게 두 기간으로 나누어진다. 1차 기간은 12월 넷째 주에서 1월 넷째 주까지고, 2차 기간은 2월 첫째 주부터 2월 넷째 주까지다. 2차 기간에는 2월 초에 잠시 개학을 했다가 다시 봄 방학을 하게 된다.

겨울 방학 계획을 세우는 방법은 여름 방학 계획 세우는 방식과 유사하다. 우선 자는 시간과 일어나는 시간을 정해야 한다. 그리고 공부 시간과 쉬는 시간을 정해야 한다. 먼저 자는 시간과 일어나는 시간은 겨울 방학에도 변함없이 새벽형 생활 패턴으로 맞추도록 한다. 아직도 일찍 자고 일찍 일어나서 공부하는 생활 계획에 익숙해지지 않았다면 다시금 뜻을 정해 시작해야 한다. 이 책을 보고 성실하게 몸부림치며 노력한 학생들이라면 이제 어느 정도 새벽에 일어나는 게 편해졌을 것이다. 하지만 여전히 일찍 일어나는 것이 쉽지는 않을 것이다.

일찍 일어나기 위해서는 밤 10시부터 시작되는 재미있는 텔레비전 드라마의 유혹을 뿌리쳐야 한다. 일찍 자면 일찍 일어나는 것이 그만큼 쉬워진다. 하지만 말처럼 쉬운 일이 아니다. 만약 꼭 텔레비전 프로그램을 봐야겠다는 학생은 나처럼 예약 녹화를 해 놓거나 혹은 인터넷 TV를 이용해 다음날 휴식 시간을 통해 보면 된다. 이런 방법은 몇 가지 장점이 있다. 우선 광고를 빠르게 넘기고 보고 싶은 부분만 볼 수 있어 시간이 절약된다. 이틀 분을 녹화하면 주말을 이용해 재미있는 프로그램을 한꺼번에 볼 수 있다. 물론 힘든 점도 있다. 그날 꼭 보고 싶은 마음을 절제해야 하기 때문이다. 하지만 자신의 꿈과 미래를 위해 이 정도의 절제는 해야 한다. 스스로를 달래며 좀 더 인내하기를 바란다.

겨울 방학 생활 계획은 여름 방학을 참고하여 자기의 생활 습관과 공부 방법을 적용해 자신만의 계획으로 새롭게 정립하기를 바란다. 여기서는 좀 더 유의할 것 위주로 설명하고자 한다.

겨울 방학 때 꼭 공부해야 할 과목들

우선 무슨 과목을 어떻게 공부해야 하는가? 영 · 수 위주로 공부한다. 수학의 경우 2학년 1학기 수학을 겨울 방학 동안 예습하도록 한다. 예습 방식은 우선 교과서를 풀고, 잘 모르는 문제는 지습서를 이용해 푼다. 자습서를 보아도 모르는 문제는 별표를 해 놓는다. 교과서를 푼 다음에는 해당 범위만큼 교과서 난이도의 문제집을 풀어 본다. 이것이 예습하는 방식이다.

복습은 1학년 2학기만 하는 방법이 있고, 1학기부터 다시 복습하는 방법이 있다. 1학기 복습이 확실히 되어 있는 학생들은 2학기 복습만 하면 된다. 그러나 복습은 틀린 문제 위주로 하기 때문에 1학기 복습부터 다시 해도 그리 오랜 시간이 걸리지 않는다. 따라서 1학년 1학기부터 핵심 내용을 정리하며 틀린 문제 중심으로 빠르게 복습하는 게 좋다. 수학 성적이 60점 미만인 학생의 경우 1학년 수학을 하고 난 후 2학년 선행학습을 하는 것이 좋다. 차근차근 교과서를 다시 풀면서 내용 복습에 임하면 된다. 교과서 문제를 다 풀고 교과서 난이도의 문제집을 다시 푸는 방식으로 한다. 수학 성적이 60점 이상의 경우는 2학년 선행학습 위주로 공부를 하되 1학년 내용 복습을 병행하는 것도 좋다. 상위권인 경우는 선행학습 위주로 공부하는 것이 좋다.

영어의 경우는 독해, 문법, 단어·숙어, 듣기의 네 영역으로 나누어 공부하도록 한다. 특히 겨울 방학 동안 중학 영어 단어·숙어집을 한 권 정도 정해 하루에 30개 정도 소리 내어 읽으며 암기하면 큰 도움이 된다. 단어·숙어 외우는 것은 주로 자투리 시간을 활용하면 된다.

방학 때 학원을 다니거나 과외를 하는 학생들이 많은데 이미 말한 것처럼 자기 스스로 공부하는 시간을 충분히 확보한 후 필요한 사교육을 지혜롭게 활용하는 것이 좋다. 과외 수업은 자신이 도저히 스스로 할 자신이 없거나 취약한 과목 위주로 하면서 선행학습을 하면 효과적이다.

요즘 인터넷 과외가 매우 좋은 수업으로 새롭게 대두되고 있다. 기존 학원 수업의 경우 오고 가는 시간이 들고 반복해서 듣기가 어렵지만, 인터넷 과외의 경우 집에서 본인이 원하는 시간에 얼마든지 반복하여 들을 수 있기 때문에 무척 편리하다. 값이 저렴해

경제적인 부담도 적다. 대신 누가 통제하지 않더라도 스스로 성실하게 공부해야 하는 자기와의 싸움이 남아 있다. 만약 이 싸움에서 잘 견딜 수만 있다면 인터넷 과외는 매우 좋은 학업 도구가 될 것이다.

얼마 전 어느 일간지에 '이러닝(e-Learning)'에 관한 기사가 실렸다. 이러닝이란 집이나 사무실에서 인터넷에 접속해 공부하는 것을 뜻한다. 따라서 가정에서 학습 수준에 맞춰 이러닝을 잘 활용하면 시간과 비용을 크게 절약할 수 있다. 특히 수험생의 경우 서울 강남 유명강사의 강의를 실제보다 70~80퍼센트가량 싸게 들을 수 있다.

중학생을 위한 이러닝 프로그램으로는 현재 메가스터디 엠베스트(www.mbest.co.kr)를 비롯해 에듀클럽(www.educlub.co.kr), 1318클래스(www.1318class.com) 등 다양한 업체가 전국 유명강사들의 강의를 제공하고 있다. 이러닝 수강료는 1개월 1강좌 기준으로 약 1만 5,000원~5만 원 사이. 이는 직접 학원에서 수강하는 경우에 비해 70~80퍼센트가량 싸며, 자신이 원하는 시간에 강의를 반복해서 들을 수 있는 장점이 있다. 더 많은 정보는 인터넷에서 찾을 수 있을 것이다. 이용 전에는 사이트에서 강사 정보, 수강생들의 반응 등을 꼼꼼히 읽어 보는 것이 좋나. 또 유명강사가 일정 기간만 강의하는 경우도 있기 때문에, 원하는 강사의 강의 기간이 언제까지인지 확인해야 한다.

겨울 방학 독서 시간 지혜롭게 활용하기

독서의 경우 이제부터는 책 한 권을 다 읽을 때마다 노트에 독후감을 꼭 쓰도록 원칙을 정하는 것이 필요하다. 많이 읽고 쓸수록 진정한 국어 실력이 길러진다. 직접 손으로 쓸 때 비로소 내용이 정리되고 장기 기억으로 저장된다. 따라서 이제부터는 흥미 위주로 읽는 소설이라도 한 권을 다 읽으면 꼭 내용을 정리해 두도록 한다.

겨울 방학을 통해 읽어야 할 좋은 책으로는 이문열의 『삼국지』를 권하고 싶다. 일단 이 책을 반복해 읽으면 국어 공부에 아주 큰 도움이 된다. 종교가 기독교인 학생들은 방학 중 독서 시간을 이용해 전 세계인의 베스트셀러 『성경』을 한 번 다 읽어 보는 것도 무척 도움이 된다. 『성경』은 인간에 대한 깊은 사색과 통찰이 담겨 있어 종교가 기독교가 아닌 학생이라도 한 번쯤 읽어둘 필요가 있는 좋은 책이다. 『성경』은 66권의 작은 책이 모여 만들어진 책이라 한 권을 읽을 때마다 간단한 내용 요약과 느낀 점을 적어 두면 국어 공부에 무척 큰 도움이 될 것이다. 특히 국어 실력도 향상되지만 마음관리에 있어서 아주 특별한 효과를 얻을 수 있다. 특별히 마음관리를 좀 더 체계적으로 확실하게 하고픈 욕심이 있는 학생이라면, 겨울 방학 기간을 이용하여 꼭 한번 읽어 보는 것이 좋다.

신문 사설을 하루에 한 편 정도 읽고 요약하는 훈련을 하는 것도 매우 좋다. 좀 빠를 수도 있지만 국어사전을 참고해 신문 사설 한 편을 차근차근 읽으며 내용을 쉬운 말로 요약하는 훈련은 아주 좋은 국어 공부 방법이다. 서울대를 목표로 삼고 공부하는 학생들이 있다면 하루 두 편씩 꼭 해볼 것을 권한다.

　구체적인 공부 시간 계획은 여름 방학 계획을 참고하여 세우면 충분하다. 자신에게 맞는 계획이 가장 좋은 계획이다. 무리한 계획은 오히려 마음에 부담만 지운다. 절제하고 인내할 수 있는 범위 안에서 지혜롭게 시간을 배분해 계획을 세우도록 한다. 욕심이 지나치면 오히려 모자란 것보다 못한 경우가 많다. 자신의 상태를 잘 분별해 자신에게 맞는 적당한 계획을 세우며 실천하는 것이 중요하다. 어느 정도 실천한 다음 좀 더 높은 단계의 계획을 세워 다시 도전하는 것이 바람직하다.

운동을 통한 심신 단련하기

　겨울 방학 동안 꼭 해야 할 것이 운동이다. 춥다고 집에서 웅크리고만 있으면 건강에 좋을 리 없다. 만약 아직까지 체육관을 다니며 호신술 등 운동을 하지 않는 학생들이 있다면 방학을 이용해 운동하는 습관을 몸에 익히도록 한다. 학년이 올라갈수록 학원 폭력도 심해지고 왕따를 시키는 분위기도 심해진다. 공부에 대한 중압감이 커지고 스트레스가 가중될수록 학생들의 내면세계는 더 삭막해져 간다. 온갖 음란한 생각과 폭력, 미움, 잔인함, 분노, 자기혐오 등이 마음의 정원에 무섭게 뿌리를 내리고 자란다. 이런 내면 상태에 있기에 상대방의 작은 실수나 마음에 들지 않는 행동을 보면 주먹이 먼저 나간다.

　운동을 하면 신체가 건강해지고, 신체가 건강해질수록 내면의 건강도 함께 좋아질 수 있다. 왜냐하면 육체적 건강이 좋아지면서 마음의 여유도 함께 생기기 때문이다. 정신적 스트레스는 하루 1시간 정도 땀 흘리며 운동을 하면 금세 사라진다. 방에만 앉아서 하루 종일 있으면 몸과 마음의 건강에 오히려 좋지 않다. 하루에 1시간 정도 땀 흘리며 운동하는 것은 새벽 마음관리 시간 다음으로 중요하다. 운동을 좋아하지 않는 학생들도 이때부터는 힘들어도 운동하는 습관을 갖도록 노력해야 한다.

겨울 방학 기간 중 유의사항

특별히 겨울 방학 기간 가족들과 여행을 가거나 혹은 설날 연휴로 인해 외부에서 잠을 자야 되는 경우가 있다. 이럴 경우에도 가급적 평소와 비슷하게 자고 일어나는 것이 매우 중요하다. 좋은 습관이 불규칙적인 생활로 금세 무너지는 경우가 많기 때문이다. 특히 해외 어학연수와 같이 장기간 외부에서 생활할 경우 더욱더 엄격한 자기 관리가 필요하다. 다니엘 새벽형 공부 습관은 여러분의 꿈을 현실로 만들어 주는 귀중한 습관이기에 이 습관을 잘 지키는 데에 각별히 유의하기를 부탁한다.

내일이면 장님이 될 사람처럼

〈다니엘 마음관리 365일〉 중에서

맹인인 나는 맹인이 아닌 당신에게
한 가지 조언밖에 해 줄 수 없다.

내일이면 장님이 될 사람처럼
당신의 눈을 사용하라.

다른 감각에 대해서도 마찬가지다.
마치 내일이면
귀머거리가 될 사람처럼
그렇게 새들의 노랫소리를 듣도록 하라.

마치 내일이면
다시는 아무것도 못 만지게 될 사람처럼
모든 것을 만지며 그 촉감을 즐기도록 하라.

마치 내일이면
아무 냄새도 맡지 못하게 될 사람처럼
그렇게 꽃의 향내를 맡고
음식의 냄새를 맡도록 하라.

- 헬렌 켈러(Helen Keller)

2학년

이제 중2가 되었다.
긴 겨울 방학을 나름대로 성실하게 보낸
학생들의 눈빛은 반짝반짝 빛난다.
그러나 공부도 대충, 노는 것도 대충, 방학 기간 내내
대충대충 시간을 보낸 학생들은 마음이 무겁다.

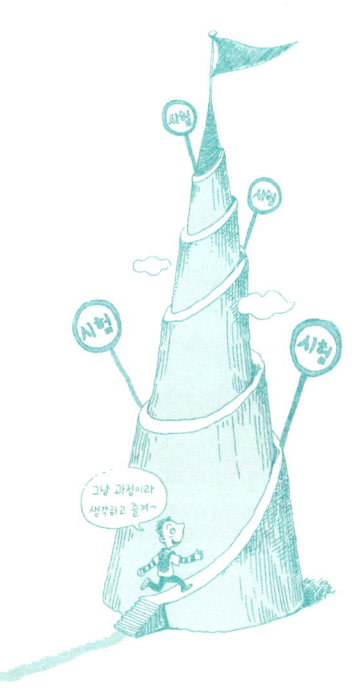

2월 넷째 주
새 출발을 위해
지난 시간 돌아보고
새 뜻 정하기

2^{4}

이제 중2가 되었다. 긴 겨울 방학을 나름대로 성실하게 보낸 학생들의 눈빛은 반짝반짝 빛난다. 그러나 공부도 대충, 노는 것도 대충, 방학 기간 내내 대충대충 시간을 보낸 학생들은 마음이 무겁다. 밤 늦게까지 인터넷 채팅 혹은 오락을 하고 오전 9시쯤 일어나 대충 밥 먹고 책상에 앉아 1~2시간 공부하다가는 금세 싫증나서 다시 컴퓨터 앞에 앉으면 또 1~2시간이 획 지나간다. 점심 먹고 좀 쉬었다가 공부 좀 하면 벌써 오후 5시 정도. 학원 갔다 와서 저녁 먹고 텔레비전 좀 보면 금세 10시다. 공부 좀 하려고 책상에 앉았다가 피곤해서 잠깐 자고 일어나서 공부해야지, 하고 누우면 아침인 경우가 많다.

이렇게 무기력하게 두 달을 보낸 학생들은 매사에 짜증을 잘 낸다. 2학년 새 학기지만 새로운 마음은커녕 오히려 무거운 자책감이 마음을 짓누르는 학생들이 의외로 많다. 이 책을 읽는 여러분 중에도 그런 학생들이 있을 수 있다.

이런 상태로는 새 학기를 새롭게 시작할 수 없다. 겨울 방학을 지혜롭고 알차게 사용하지 못한 학생들은 우선 이번 한 주 동안 지나간 시간들을 반성하고 새롭게 뜻을 정하는 시간을 가져야 한다. 그리고 새 학기에는 구체적으로 어떻게 공부해야 할지 미리 계획을 세우는 시간을 가져야 한다. 일주일간 철저한 마음관리를 통해 새 학년을 시작하는 것이 매우 중요하다. 무거운 마음으로 스스로를 자책해 봤자 문제 해결에는 아무런 도움이 되지 않는다. 오히려 악순환의 반복일 뿐이다. 일주일 동안 특별 마음관리 시간을 갖도록 한다. 새벽에 일어나서 20분 마음관리 시간을 갖는 것과 별도로 저녁 공부 하기 전에 20분 혹은 그 이상 시간을 내서 깊이 명상하고 기도하며 무너진 내면의 질서를 바로 세우도록 한다. 내면의 정원이 황폐화된 것을 다시 정리정돈하고 새롭게 뜻을 정해 귀한 결심의 씨앗을 뿌릴 수 있도록 한다.

만약 방학을 이 책에 나온 대로 독서와 운동과 공부 그리고 내면 관리를 하며 철저하게 보낸 학생들은 학기 중 공부 계획대로 바로 시작하면 된다. 작년 이맘때는 초등학교에서 미리 공부하지 못해 마음이 많이 무거웠을 수 있지만 이제 상황이 달라졌다. 겨울 방학 동안 2학년 1학기 수학과 영어를 미리 공부한 만큼 자부심을 가지고 힘차게 새 학기를 시작할 수 있다.

3월 첫째 주~4월 넷째 주
2학년 1학기 시작
$3^①-4^④$

그날 배운 것 그날 복습하기 : 복습은 나의 친구

2학년 새 학기 공부 계획대로 착실하게 공부하면 된다. 만약 겨울 방학 동안 공부를 착실히 하지 못한 학생들은 3월 첫 주부터 한 주 일찍* 중간고사 준비 체제로 전환해 영·수를 철저하게 공부하도록 한다. 방학 때 많이 공부하지 못한 것을 만회하기 위한 제일 좋은 방법은 학교에서 과목별 수업을 집중해 들으면서 가급적 그날 배운 내용은 그날 확실히 복습하는 것이다. 이런 방식으로 방학 때 나태하게 보낸 시간을 만회하도록 노력하기 바란다.

이번 중간고사 준비부터는 두 그룹으로 나누어 설명하고자 한다. 방학 때 충실하게 예습해 공부에 대한 자신감을 획득한 그룹과 그렇지 못한 그룹이다. 첫 번째 그룹을 '상위 그룹'이라 하고 두 번째 그룹은 '희망 그룹'이라 이름 붙이겠다.

상위 그룹 : 새벽 시간을 최대한 활용하자

지금까지 한 대로 이 책에 나온 중간고사 준비 계획을 참고하여 공부한다. 일단 상위 그룹 학생들은 공부를 하고자 하는 마음이 있는 학생들이기에 보다 더 정교하고 섬세한 공부 계획을 세울 필요가 있다. 같은 시간을 공부해도 상위 그룹 내에서도 다시 최상위 그룹과 차이가 생기게 마련이다. 이 기간 동안 상위 그룹 학생들은 아주 엄격할 정도로 자는 시간과 일어나는 시간을 지켜야 한다. 어떤 날은 너무 공부가 잘돼서 밤에 자는 것이 아깝다는 생각이 드는 날도 있을 것이다. 그래도 규칙적인 생활 계획을 지키는 것이 장기적으로 볼 때는 훨씬 낫다.

새벽 공부 시간을 최대한 잘 살려 공부하면서 겨울 방학 동안 미리 공부한 수학 내용을 다시 공부한다. 반복하면서 틀린 문제를 확인하고 교과서 수준보다 한 단계 정도 높은 수준의 문제집을 함께 병행하며 풀도록 한다. 1학기 중간고사 수학에 자신이 있는 학생이라면 난이도가 좀 더 높은 수학 문제집으로 중간고사 준비와 함께 겨울 방학 때 나가던 선행학습 진도를 계속 나가도 좋다. 두 가지 공부에 대한 비중은 5 대 5 정도로 하면 괜찮다.

영어 공부는 교과서 지문을 착실하게 소리 내어 읽고 또 읽으면서 가급직 다 외우는 방법으로 한다. 영어는 언어이기에 반복해 소리 내어 읽는 학생이 더 좋은 성적을 받을 수 있다. 단어·숙어를 외울 때도 단순히 눈으로만 외워서는 안 된다. 손으로 쓰고 입

● 중간고사가 5월 첫째 주에 시작하는 것을 기준으로 하였을 때. 3월 첫째 주 – 중간고사 8주 전, 3월 둘째 주 – 중간고사 7주 전

으로 읽으며 최대한 오감을 사용하도록 한다. 특히 영어 단어 · 숙어를 외울 때는 발음을 정확하게 큰 소리로 10~20번 읽는다. 1학기 중간고사 수준의 영어 시험에 충분한 자신이 있는 학생이라면 중간고사 준비와 더불어 겨울 방학 때 했던 영어 선행학습을 병행하여 공부하는 것이 좋다. 두 가지 공부에 대한 비중은 자신의 영어 실력에 따라 5 대 5 또는 4 대 6 등으로 조정하면 된다.

암기과목의 경우는 평소 수업 시간에 집중해 들으면서 꼭 외어야 할 부분은 쉬는 시간을 이용하여 외우는 훈련을 하도록 한다. 그렇게 하면 시험공부를 할 때 한결 가벼운 마음으로 여유롭게 할 수 있다.

희망 그룹 : 게으른 자신에 대한 혐오감을 벗어 버리자

그동안 공부를 나태하게 한 학생들은 막상 공부하려고 해도 쉽게 잘되지 않는다. 대부분 공부에 대한 무력감에 빠져 제대로 해보기도 전에 의욕이 많이 상실된 상태다. 이런 상태에서는 시험기간 8주 전부터 공부하려고 해도 제대로 잘되지 않는다. 우선 제일 시급히 해야 할 것은 마음관리다.

공부를 열심히 못했다는 자책감이 하루 이틀 쌓이다 보면 자기혐오에 빠지는 경우가 많다. 스스로에게 화를 내다가 어느 순간 너무 힘들어 그냥 무작정 노는 것으로 자책감을 잊고자 하는 학생들도 많다. 나처럼 성격이 예민하고 소심한 사람들은 자책이 심하면 아예 자포자기하는 경우도 많다. 따라서 마음속에 있는 패배감, 자책감, 불안감, 초조감을 먼저 훌훌 털어 버리고 새롭게 뜻을 정해 시작해야 한다.

그러기 위해서는 공부하기 전에 마음관리 시간을 충분히 갖는 게 중요하다. 불안한 마음으로 책상에 앉아서 2시간 공부하는 것 보다 20분 동안 깊은 마음관리를 통해 내면의 질서를 회복한 다음 편안한 마음에서 집중해 1시간 40분 공부하는 것이 훨씬 실력 향상에 도움이 된다. 많은 학생들이 불안감에 쫓겨 그냥 책상에 앉아 있지만 실제로는 공부가 잘되지 않을 때가 많다. 이럴 때는 먼저 자신이 왜 불안한지 곰곰이 생각해야 한다. 왜 이렇게 불안하고 마음이 안정되지 않을까? 그 이유를 찾아야 한다.

또한 공부해야 한다는 것을 알면서도 공부하지 않는 이유를 알아야 한다. 많은 학생들이 미리 공부에 대해 어렵다고 생각하고 포기한다. 공부로부터 상처 받지 않기 위하여 미리 마음속으로 공부하고자 하는 의욕을 잠재워 버린다. 공부를 하지 않아도 마음의 부담을 느끼지 않을 정도로 공부에 대해 마음의 문을 닫아 버리려고 한다. 그런데 문제는 그런 행동이 결국 내면을 더욱더 불안하게 만들고 순간순간 나도 모르는 절망감에 사로잡히게 만든다는 것이다.

공부를 회피한다고 마음이 편해질 수는 없다. 왜냐하면 아무리 부정해도 공부를 해야 한나는 생각을 지울 수 없기 때문이다. 어정쩡하게 회피하는 것은 문제 해결에 도움이 되지 않는다. 마음을 새롭게 가다듬어 공부에 대한 인식을 바꿀 필요가 있다. 그것을 위해 먼저 해야 할 일이 '과거 청산'이다. 이는 그동안 공부를 열심히 하지 않고 시간을 대충대충 흘려보낸 것에 대해 나 스스로가 인정한다는 뜻이다. 나의 나태함, 연약함, 모자람을 있는 그대로 인정하는 것이다. 현재의 내 마음 상태를 인정하고 받아들여야 한다. 그런 다음 새롭게 태어난다는 마음으로 뜻을 정하고 결단해야 한다. 더 이상 이런 무기력한 상태로 하루하루 시간을 무의미하게 보내지 않겠다는 단호한 결단이 필요하다.

나는 학원과 학교에서 학생들을 가르칠 때 꼭 서울대학교를 가야 한다고 가르치지 않는다. 사람은 각자 그 재능과 관심 분야가 다르다. 자기가 좋아하는 분야에서 전문가가 되기 위해 대학교에 진학하는 것이다. 자기가 원하는 적성을 살리기 위해 학과를 정하고 대학을 정하는 것이다. 많은 학생들이 가고 싶은 대학과 학과가 있지만 노력을 하지 않아 결국 성적에 맞추어 원하지 않는 곳에 그냥 들어가는 것뿐이다. 이렇게 해서 대학에 들어가 봤자 학과 공부에도 적응을 못해 대학 4년을 무의미하게 보낼 수밖에 없다. 그렇게 대학 생활을 하니 졸업해도 취직할 곳이 마땅치 않다. 갈수록 경쟁이 치열한 21세기에 준비되지 않는 사람은 자신이 원하는 직장에 들어가는 것이 거의 불가능하게 되었다.

중 · 고등학교 때 열심히 공부하는 이유는 내가 정말 하고 싶은 공부를 제대로 할 수 있는 학과와 대학에 들어가기 위함이다. 진짜 공부는 대학에서 하는 것이다. 중 · 고등학교 때의 공부는 결국 과정인 셈이다. 문제는 그 과정에서 공부를 등한시한 결과 본인의 적성에 맞는 공부를 포기한 채 성적에 맞추어 대학에 진학하게 된다는 것이다.

이런 삶은 바람직하지 않다. 인생을 낭비하는 삶일 뿐이다. 이런 삶에서는 참다운 기쁨과 만족을 찾기가 어렵다. 그냥 시간을 흘려 보내는 것이다. 꼭 명문대학에 가지 못하더라도 자신이 원하는 학

과에 가서 최선을 다해 공부하는 것이 훨씬 바람직하다. 물론 수준이 높은 대학에 입학해 보다 더 좋은 여건에서 공부를 하는 것이 좋겠지만, 꼭 명문대학이 아니더라도 자신의 실력에 맞춰 대학에 들어가 자신이 하고픈 공부에 전념하여 실력을 기르는 것도 좋다. 그러나 중·고등학교 시절을 나태하게 보낸 학생들은 마음으로는 원하지만 성적이 잘 나오지 않아 결국 자신이 원하지 않는 대학에 들어가고 원하지 않는 학과에서 대학 생활을 하게 되는 경우가 많다.

이런 일을 경험하고 싶은 학생들은 없을 것이다. 지금부터라도 새롭게 뜻을 정해 시작하면 얼마든지 역전의 기회가 있다. 이번 중간고사 준비 기간을 통해 새롭게 공부에 뜻을 두기를 바란다. 뜻을 정했으면 이 책의 공부 계획을 바탕으로 자신에게 맞는 계획을 세워 하루하루 묵묵히 인내하며 실천하기 바란다. 자신의 현재 성적을 인정하고 실천하는 사람에게는 정말 무서운 저력이 있다. 여러분이 그런 학생이 되기를 선배로서 간곡히 바란다. 이제부터 시작해도 결코 늦지 않다. 포기하지 말고 다시 시작하라고 말해 주고 싶다.

5월 첫째 주

1학기 중간고사 기간 :
지나친 의욕 경계하기

5¹

중간고사 기간은 그동안 공부한 내용을 정리해 나의 것으로 만들 수 있는 좋은 기회다. 물론 시험은 힘들다. 하지만 중간고사 기간을 통해 나 자신, 한층 더 준비된 사람이 될 수 있다. 이미 여러 번 시험을 통해 어떻게 시간 계획을 짜고 시험을 준비해야 하는지 알았을 것이다. 이번 시험 역시 평소처럼 자신의 생활 리듬을 잘 고려해 계획을 세우면 된다.

여기서 한 번 더 유의해야 할 점은 시험을 잘 보려는 마음이 너무 앞서면 오히려 마음의 부담으로 작용해 시험을 그르치는 경우가 많다는 것이다. 특히 겨울 방학 동안 성실하게 공부한 상위 그룹의 학생들은 이번 시험을 잘 보고자 하는 의욕이 굉장할 것이다. 시험 보는 기간 동안 평소보다 더 많이 긴장하고 의욕적일 수밖에 없다. 문제는 너무 긴장하면 오히려 실력 발휘가 안 된다는 데 있다. 그래서 한 과목이라도 시험을 망치게 되면 마음이 흔들려 다른 과목까지 망치게 되는 경우가 간혹 있다. 따라서 시험 보는 기간에는 마음관리에 더욱 힘써야 한다. 최선을 다하되 결과에 연연하지 않는 초연한 마음을 가지도록 노력해야 한다. 노력한 만큼 성적을 받겠다는 겸손한 마음으로 시험에 임해야 한다. 이런 마음은 반복되는 마음관리를 통해 얻을 수 있다. 지속적인 마음관리의 진가는 바로 시험 기간에 나온다는 것을 잊지 말고 평소 매일 새벽에 갖는 마음관리 시간을 결코 소홀하게 생각하지 않기를 바란다.

5월 둘째 주~7월 첫째 주

새로운 도전으로
역전을 시도해 보기

$5^②$-$7^①$

1학기 기말고사 전까지 8주간의 귀한 시간이 주어졌다. 특별히 방학 때 제대로 공부하지 않은 학생들은 중간고사 시험을 보고 많이 놀랐을 것이다. 생각한 것보다 시험을 잘 준비한 학생들이 의외로 많다는 것을 알게 되었을 테니 말이다. 그리고 조금씩 실력의 격차가 커지는 것을 느낄 게 분명하다. 그럴 때는 더욱더 심한 부담감을 느끼게 된다. 그런 중압감을 극복하는 가장 좋은 방법은 실제로 공부를 하는 수밖에 없다. 아무리 좋은 계획을 세워도 실제로 공부하지 않으면 부담감을 떨쳐 버리기가 쉽지 않다.

공부를 통해 불안감을 해소해야 한다. 막상 공부를 시작하면 두려운 마음이 금세 사라지는 것을 경험하게 될 것이다. 이 8주간의 시간은 여름 방학 기간보다 더 길다. 마음먹고 공부하면 얼마든지 그동안 뒤처진 실력을 끌어올릴 수 있다.

우선 상위 그룹은 이 기간에 집중해서 공부할 수 있도록 중간고사가 끝난 다음 이틀 정도 푹 쉬도록 한다.* 너무 공부만 하면 질

리기 쉽다. 공부에 대한 의욕을 지속적으로 가지는 것이 중요하다. 한순간 불타올랐다가 금세 시들어 버리는 것은 진정한 실력을 기르기 위해서는 그다지 바람직하지 않다. 꾸준히 공부에 대한 의욕을 유지하기 위해서는 제때 적절하게 쉬면서 공부를 왜 해야 하는지 분명한 동기를 스스로 자꾸 되뇌어야 한다.

반면 희망 그룹 학생들은 그동안 많이 쉬고 또 노는 것에 지쳤기 때문에 바로 공부에 뛰어들어야 한다. 일단 이 책에 나온 공부 계획을 참조해 바로 공부를 시작하라. 마음관리를 통해 뜻을 정했다면 곧바로 공부를 시작해야 한다. 여러 시행착오를 거치겠지만, 그런 과정을 통해 자신에게 맞는 최적의 공부 방법을 찾을 수 있을 것이다. 희망 그룹 학생들은 이 기간을 통해 우선 공부하는 습관을 몸에 익히고 동시에 실력을 향상시키는 실질적인 공부를 병행해야 한다.

만약 희망 그룹 학생들 중에서 이 기간을 이용하여 상위 그룹으로 단번에 도약하기를 원하는 학생이 있다면 『다니엘 아침형 학습법』을 꼭 읽어 보기를 바란다. 그런 다음 아래의 계획을 참고하여 실천하기 바란다.

우선 새벽 5시에 일어나 20분 마음관리 후 7시 20분까지 새벽 공부를 한다. 오후 3시에 학교에서 집에 돌아오면 옷을 갈아입지 말고 바로 책상에 앉아 20분 정도 마음관리 후 체육관 가기 전 5시까지 공부를 한다. 1시간 30분가량을 공부할 수 있을 것이다. 5

● 자는 시간과 일어나는 시간은 평소처럼 유지하고 새벽 공부를 한 후 나머지 시간에 좀 더 많은 자유 시간을 가지도록 한다.

시부터 6시까지 운동을 한 후 저녁을 먹고 잠시 쉰다. 7시부터 11시까지 평소처럼 공부하면 된다.

학교 갔다 와서 쉬지 않고 1시간 30분 정도를 공부하는 것이 중요하다. 옷을 입은 채로 하는 이유는 옷을 갈아입으면서 긴장이 풀어지는 것을 막고 그때 소비되는 시간을 줄여 바로 공부에 임하기 위해서다. 집에 돌아와서 편한 옷을 입으면 아무래도 긴장이 풀어지고 집중력이 줄어드는 것이 사실이다. 또한 20분 정도 마음관리 시간을 가지면서 내가 왜 공부를 해야 하는지 진지하게 자신에게 묻고 공부하는 이유와 목적을 다시 확인하도록 한다. 이 과정을 통해 공부에 대한 의욕을 다시 강화할 수 있을 것이다.

만화책을 끝까지 보기 위해서 밤을 새는 경우는 있어도 공부를 끝까지 마치기 위해서 밤을 새는 경우는 드물다. 왜 그럴까? 만화책은 졸리더라도 꾹 참고 계속 볼 정도로 재미있기 때문이다. 하지만 몇몇 특별한 학생들을 제외하고 공부는 재미가 별로 없다. 그런데 해야 한다. 그 이유가 무엇인가? 각자마다 다를 것이다. 비록 공부는 힘들지만 왜 해야 하는지 분명한 동기를 지니고 있으면 누구나 참고 할 수 있다.

공부를 해야만 하는 절박한 동기를 찾아라

한 학생이 중2 때 나를 찾아왔다. 그 학생은 굉장히 가난했다. 어머니께서 힘들게 막일을 하며 생계를 꾸려 나가고 계셨다. 어렸을 때 부모님은 이혼하셨고, 자신이 공부하는 것을 도와줄 사람도, 조언해 주는 사람도 없다고 했다. 그래서 공부를 하려고 해도

어떻게 해야 할지 모르겠다고 했다. 내가 왜 공부를 하고 싶은지 묻자 그 학생은 열심히 공부해 돈 많이 벌어서 고생하는 엄마를 호강시켜 주고 싶다고 했다. 덧붙여 자신과 엄마를 버린 아빠에게 복수하기 위해 힘을 기르고 싶다고 했다.

그 학생은 자신이 왜 공부해야 하는지 분명한 동기가 있었다. 그런 학생은 옆에서 조금만 격려하고 돌봐도 공부를 잘할 수 있다. 왜냐하면 힘들게 고생하는 엄마를 생각하면 이를 악물고 공부할 수 있기 때문이다.

여러분에게는 어떤 이유가 있는가? 무슨 이유로 공부를 열심히 하려고 하는가? 마음관리 시간을 통해 구체적인 이유와 동기를 찾기 바란다. 확고한 동기가 있어야 힘든 공부를 고등학교까지 꾸준히 할 수 있다. 원하는 대학에 들어가 하고픈 공부를 할 수 있게 되면 그때는 공부하지 말라고 해도 공부한다. 왜냐하면 자신이 중·고등학교 6년간 힘들게 공부한 끝에 원하는 공부를 할 수 있는 대학에 들어왔기 때문이다. 대학교에서는 자신이 듣고 싶은 수업을 자신이 정해서 들을 수 있다. 하고 싶은 공부를 하기 때문에 공부에 대한 중압감도 기쁜 마음으로 참을 수 있다.

그러나 중·고등학교 때의 공부는 획일적이고 구조적인 틀 가운데서 진행된다. 따라서 숨 막히고 괴로울 때가 많다. 그런 과정을 참아야 하는데 쉽지가 않다. 따라서 아주 현실적이면서도 구체적인 공부에 대한 동기가 필요하다. 그것을 일찍 발견하고 확고히 하면 할수록 공부를 더 잘할 수 있다. 좀 더 정확하게 말하면 끝까지 공부를 포기하지 않고 노력할 수 있게 된다.*

이 기간 동안 꼭 해야 할 것이 바로 공부에 대한 구체적인 이유와 동기를 찾아서 늘 간직하는 것이다. 공부를 해야만 하는 이유 10가지와 나의 결단을 적어 매일 새벽마다 큰 소리로 10번 읽어 보라. 공부에 대한 의욕을 고취시켜라. 그리고 새벽 공부를 시작 하라. 그것이 바로 공부에 대한 중압감을 극복하는 최선의 방법이 될 수 있다.

공부를 해야만 하는 10가지 이유

1. _____

2. _____

3. _____

4. _____

5. _____

6. _____

7. _____

8. _____

9. _____

10. _____

나의 결단

- 나는 반드시 공부를 열심히 할 것이다.
- 나는 공부를 통해 내 꿈을 반드시 실현시킬 것이다.
- 나는 지금부터 공부의 달인이 될 것이다.

● 한국의 공교육 체계가 좀 더 유연성을 가지고 학습자 중심의 교육으로 변화되기를 간절히 바란다. 학습자를 외면한 교육은 결국 도태되고 한순간에 공룡처럼 사라질 수 있기 때문이다. 진정한 공교육 개혁은 학습자의 입장에서 이뤄져야 한다.

5월 셋째 주~7월 첫째 주

1학기 기말고사
7주 전

$5^3 - 7^1$

이제 본격적인 기말고사 준비 기간이 되었다. 이제까지 성실하게 공부한 학생들은 기말고사 준비 기간을 통해 한층 더 실력을 향상시킬 수 있다. 공부 실력은 꾸준히 올라가는 것이 아니다. 일정 분량이 차야 한 단계가 올라간다. 마치 계단을 오르는 것과 같다. 비스듬히 실력이 올라가지 않고 일정 수준을 유지하다가 어느 정도 공부 분량이 차면 한 단계 쑥 올라간다. 그리고 한참 그 수준을 유지하다가 또 어느 정도 공부 분량이 쌓이면 다시 한 단계 쑥 올라간다. 어떤 학생은 조금만 더 참고 공부하면 이제 곧 실력이 한 단계 올라갈 수 있는데 그것을 참지 못해 그냥 계속 그 자리에 머무르는 경우가 있다. 누군가 옆에서 "그래, 조금만 더 참고 하면 된다. 목표가 얼마 남지 않았어. 힘내!" 하고 말해 주면 더 잘할 수 있는 학생인데 그 말을 해 주는 사람이 없어서 도중에 그만 포기해 버리고 만다. 사람은 사랑을 먹고 사는 존재다. 사람은 격려를 통해 더욱더 의욕이 생긴다.

부정적 자기암시가 만든 마음의 병을 극복하라

내가 출강하고 있는 〈다니엘 리더스 스쿨〉에는 공부도 못하고 의욕도 없는 학생들이 소문을 듣고 많이 찾아온다.* 물론 최상위권 학생들도 전국 등수 100등 안에 들고자 강의를 들으러 찾아온다. 그 아이들의 공통점은 누구 하나 따뜻하게 지속적으로 격려를 받은 경험이 없고 대신 '넌 왜 그 모양이야?' 하는 핀잔을 주로 들어 왔다는 것이다. 그들은 부정적인 이야기에 너무 익숙하다. 부정적인 이야기를 자꾸 듣다 보니 어느새 스스로도 자기 자신을 부정적으로 대하게 되었다. 이렇게 되면 남들이 간혹 격려를 해 주어도 부정적인 생각에서 쉽게 벗어나지 못한다. 스스로 자신의 가능성과 재능을 부정하고는 마음속의 감옥에 자신을 가두어 버린다. 그리고 자포자기하며 시간을 그냥 허비하게 된다.

이런 학생들에게 내가 강의를 통해 해 주는 일들 가운데 한 가지는 한 달이고 두 달이고 꾸준히 그 학생의 가능성과 재능에 대하여 설명해 주고 격려해 주는 것이다. 물론 처음 몇 번 그런 이야기를 들으면 아이들의 반응은 무관심하다 못해 냉랭하다. 오히려 '이 사람이 멀쩡하게 생겨 가지고 왜 이렇게 말이 많아?' 하는 식이다. "날 좀 귀찮게 하지 말고 그냥 내버려 둬요. 난 이대로가 좋아요. 난 그냥 이렇게 살다가 죽을 기예요. 내가 나 자신을 포기했는데 무슨 상관이에요. 선생님 몸 아프다면서요. 남 상관하지 말고 이런 시간에 자기 몸이나 챙기시죠." 하고 말하는 학생도 있다.

● 김동환 선생님의 〈다니엘 리더스 스쿨〉에 대한 자세한 안내는 이 책 맨 뒤에 자세히 나와 있으니 참조하시기 바랍니다.

그런데 내가 도중에 포기하지 않고 끝까지 가능성과 재능 그리고 자신이 어떤 존재인지 말해 주면 시간이 지나면서 한두 명씩 내 이야기에 관심을 가지기 시작한다. 그리고 묻는다.

"난 이미 너무 늦었다고 생각하는데 정말 이제부터 다시 시작해도 가능할까요?"

"그냥 이렇게 사는 것이 사실은 저도 너무 싫어요. 변하고 싶어요. 그런데 자신이 없어요. 괜히 새롭게 시작했다가 또 좌절하면 그때는 정말 죽어 버리고 싶을 거예요. 그걸 참을 자신이 없어서 시작조차 하기 두려워요."

너무나도 많은 학생들이 자신의 가능성을 인정해 주는 따뜻한 사랑과 격려에 목말라하고 있다. 학생들이 정말 변하기 시작하는 것은 몇천만 원짜리 몇백만 원짜리 과외를 할 때가 아니라 그 누군가가 정말 자신을 사랑해 주고 격려해 주는 것을 느낄 때다.

나는 학생들에게 처음부터 공부 열심히 해야 한다고 말하지 않는다. 그들 스스로가 왜 공부해야 하는지 인내심을 가지고 꾸준히 말해 주면서 용기를 잃지 말라고 격려하고 또 격려하며 용기를 심어 준다. 나는 그들이 가진 가능성과 희망에 대해 귀에 못이 박힐 정도로 말한다. 아직도 역전할 수 있는 충분한 시간과 가능성이 남아 있다는 것을 깨닫게 하고 그것을 활용하는 법을 가르쳐 준다. 수십 번으로 꿈쩍 않던 학생들도 100번 정도 그런 말을 들으면 조금씩 변하기 시작한다.

나는 학생들의 마음속에 자리한 깊은 상처들이 치료되기 전에는 공부하라는 말을 가급적 하지 않는다. 대신 한 명 한 명이 얼마나 소중하고 귀한 존재인지 말해 준다. 각자가 가지고 있는 무궁무진

한 가능성을 구체적으로 이야기해 준다. 그러면 학생들은 마치 꿈을 꾸는 것처럼 멍해진다. 정말 자기 자신이 그런 존재인지 그 누구도 이야기를 해 준 적이 없다고 고백한다. 그러면서 겸연쩍게 웃는다. 나는 그 소박한 웃음이 좋다. 나는 소원이 있다. 죽을 때까지 강의하다가 죽고 싶다. 학생들을 가르칠 때가 가장 행복하다. 나에게 가르칠 수 있는 재능을 주신 하나님께 진심으로 고개 숙여 감사드린다.

자살보다 더 나은 비상구를 찾아서

나는 성적 때문에 자살하는 청소년들을 생각할 때면 깊은 아픔을 느낀다. 나 역시 그런 마음을 먹은 적이 있기에 더욱 안타깝다.

중 · 고등학교 시절 나는 무척 힘든 시간을 보내야만 했다. 너무 지치고 힘들어 현재 내가 학원에서 아이들을 대하는 것처럼 나를 따뜻하게 격려해 주고 사랑해 주는 그런 존재를 만나고 싶었다. 그러나 결국 나는 만나지 못했다. 대신 하나님을 만났다. 그분은 나에게 많은 사랑과 격려를 해 주셨다. 특히 고3부터 지금까지 허리 디스크와 여러 병으로 고생하면서 나는 하나님에게서 더 많은 위로와 격려를 받았다.

그런 과정을 겪으면서 자연스럽게 어렵고 힘든 학생들에게 관심이 가게 되었다. 나 자신 중 · 고등학교 시절에 사랑과 격려를 받지 못했지만, 받고 싶은 그 심정을 너무 잘 알기에 〈다니엘 리더스 스쿨〉을 시작하게 된 것이다.

잘사는 학생이건 못사는 학생이건 중 · 고등학교 시절 공부로 인해 좌절하고 고통 받는 것은 똑같다. 공부 때문에 너무 괴롭고 누군가에게 말하고 싶은데 차마 말하지 못하는 그 심정을 나는 잘 안다. 그리고 누군가의 따뜻한 격려 한마디와 사랑이 그 사람의 영혼을 다시 살릴 수 있다는 것도 안다. 나 역시 하나님이 주신 깊은 사랑과 격려가 없었다면 지금쯤 아마도 세상에 없을 것이기 때문이다.

그런 나이기에 성적 탓에 고통 받고 신음하다가 스스로 목숨을 끊는 학생들이 너무나 안타깝다. 주변에서 조금만 관심을 가지고 따뜻하게 돌봐 주면 얼마든지 다시 뜻을 정해 새롭게 시작할 수 있는 학생들이 살인보다 더 무서운 무관심 속에서 죽어간다.

매년 성적으로 인해 자살하는 학생들은 늘어가지만 구체적인 대안은 나오지 않고 있다. 그냥 사람들은 무관심하게 말한다.

"죽을 용기가 있으면 차라리 살지. 어휴 한심한 것들. 그런 나약하고 한심한 놈들은 잘 죽었어. 바보 같은 놈들."

정말 얼마나 괴로우면 자살을 할까, 하는 생각이 안 드는가 보다. 얼마나 괴로우면 더 이상 살 힘이 없어 스스로 목숨을 끊을까? 성적 때문에 자살하는 학생이 한 해 280명이라면 실제로 자살 시도를 한 학생들은 열 배라고 한다. 그러면 한 해 2,800명 정도가 실제로 자살을 시도한다는 것이다. 엄청난 숫자다. 게다가 갈수록 이 숫자는 늘어만 간다. 한 생명은 온 천하보다 귀한데 너무나 귀한 어린 생명들이 제대로 삶의 의미를 누려 보지도 못한 채 허무하게 죽는다. 언제까지 보고만 있을 것인가? 안타까울 뿐이다.

나는 이 책을 보는 학생들이 이다음에 대학에 가면 한 명의 힘든 청소년을 동생으로 삼아 꼭 돌봐 주기를 바란다. 여러 명을 돌보는 것도 좋지만 자신의 능력이 허락하는 범위 내에서 돌보면 된다. 한 사람이 뜻을 세워 돕기로 마음먹으면 한 명 정도는 돌볼 수 있다. 그냥 좋은 형, 누나가 돼 주면 된다. 꼭 과목별로 공부를 가르쳐 주지 않아도 된다. 여러분이 먼저 중·고등학교 시절 힘든 경험을 했기에 그 경험을 토대로 힘든 청소년들을 도와주면 된다. 그냥 동생처럼 사랑과 관심을 가지고 지켜봐 주고 격려해 주고 함께해 주면 그것으로 족하다. 자살하려는 마음이 있는 학생에게 수천만 원짜리 과외는 별 의미가 없다. 가슴에서 우러나는 따뜻한 말과 격려 한마디가 사람을 살릴 수 있다.

더 이상 우리나라에 성적으로 인해 자살하는 학생들이 생기지 않기를 바란다. 한 명의 대학생이 한 명의 마음이 무너진 청소년을 친동생처럼 돌보고 사랑해 준다면 가능한 일이다. 절박함을 경험해 본 사람들이 절박한 심정을 안다. 그 심정을 잊지 말고 잘 간직하여 이다음에 대학생이 되면 힘든 청소년들을 돕기를 간곡히 부탁한다. 지역마다 이 운동에 뜻을 함께하는 젊은 청년들이 나와 더 이상 성적으로 혹은 집단 따돌림으로 자살하는 학생들이 생기지 않게 되기를 소원하며 기도한다.

1학기 기말고사 준비 기간 동안 공부에 대한 구체적인 동기 부여와 마음관리를 통해 내면의 헝클어진 질서를 새롭게 바로잡고 잘 정리하기를 바란다. 내면세계의 질서가 아름답게 형성된 상태로 공부를 하면 놀라운 집중력과 암기력이 생긴다. 여러 가지 부족한 선배지만 선배 말을 속는 셈 치고 믿고 시도해 보라. 정말 그런지 안 그런지는 해 보면 알게 된다. 마음이 차분하고 평안할 때 공부하면 내용이 깊이 기억되고 공부도 잘된다. 마음이 불안한 상태로 쫓기듯이 공부하면 내용이 머릿속에 제대로 들어올 리 없다. 이 기간 동안 다시금 철저한 마음관리를 통해 새롭게 시작할 것을 강력하게 권한다.

7월 둘째 주

1학기 기말고사 기간 :
시험을 과정으로 받아들이기

$7^②$

기말고사 기간이다. 벌써 1학기가 다 지나갔다. 시간이 빠름을 실감했을 것이다. 중1 때가 엊그제 같은데 벌써 중학 시절의 절반이 지나가고 있다. 시간은 멈추지 않고 끊임없이 흘러간다. 기다려 주지 않는 시간이라는 기회를 붙잡는 사람은 많지 않다. 하지만 성실과 인내와 절제로 시간을 비옥하게 가꾸려는 사람들에게 기회는 자주 찾아온다.

똑같은 24시간을 두 배 세 배로 사용하는 사람들이 있는가 하면 어떤 사람은 12시간 혹은 6시간으로 사용하기도 한다. 지금까지 누누이 강조하고 실천해 온 다니엘 새벽형 생활 계획은 바로 24시간을 두 배 세 배로 사용하는 계획이다. 이 계획을 지금까지 인내하며 지켜 온 학생들은 적어도 자신의 학교에서는 이미 최고 수준이 되었을 것이다. 다니엘 새벽형 학생들은 대학 입시 제도가 바뀌고 과목 조정이 있어도 별로 동요하지 않는다. 그만큼 다니엘 자기주도적 아침형 학습을 통해 공부에 대한 탄탄한 저력과 자신감이 생겼기 때문이다.

시험은 결과가 아니라 과정이다

기말고사는 지금까지 그래 왔던 것처럼 시험 결과에 너무 연연하지 말고 하루하루 최선을 다하는 마음으로 성실하게 한 과목 한 과목 치러 나가도록 한다. 완벽을 꿈꾸는 것보다는 최선을 다하는 것이 중요하다. 인간은 연약한 존재다. 허물도 많고 죄도 많이 짓는 존재다. 완벽을 꿈꾸기에는 너무 약한 존재다. 따라서 너무 완벽을 추구하다 보면 심신이 지치고 삶이 버거워진다. 그것보다는 자신의 상황에서 최선을 다하는 것이 더 바람직하다. 시험도 마찬가지다. 준비할 수 있는 만큼 준비하고 나머지는 신께 맡기는 것이다. 여백의 미라고 할까? 인간은 어쩌면 이런 여백의 미를 가진 존재이기에 더욱 그 가치가 있지 않을까?

상위 그룹에 속한 학생들은 이제 시험에 익숙해졌을 것이다. 시험을 하나의 과정으로 받아들이는 것과 많이 친해졌을 것이다. 시험은 과정일 뿐이다. 인생의 전부가 아니다. 아직까지 시험 때마다 너무 긴장해 마음이 괴로운 학생들은 좀 더 담대해질 필요가 있다. 담대함과 강인함을 더욱 키울 수 있도록 마음관리에 힘쓰기 바란다.

여름 방학 전 마지막 주 : 방학 계획하기

여름 방학을 맞이하기 전 마지막 한 주다. 이 기간은 여름 방학 계획을 알차고 세심하게 세우는 시간이다. 계획이 없으면 시간이 그냥 흘러간다. 계획을 차근차근 세우다 보면 내게 남겨진 시간이 그다지 많지 않음을 알게 된다. 계획이 주는 큰 깨달음이다. 계획을 통해 나 자신의 현재 상태를 알게 되고 내가 앞으로 해야 할 일들이 어떤 것들인지 좀 더 구체적으로 생각하게 된다.

여름 방학 동안 어떻게 시간을 보내야 할지 하루에 조금씩 시간을 두고 생각하며 계획을 세우도록 한다. 이전 방학 계획을 참고해 이번 여름 방학을 어떻게 보내야 할지를 계획하도록 한다. 늘 말하지만 무리하게 세우는 계획은 별 의미가 없다. 자신이 할 수 있는 만큼보다 약간 더 높은 수준으로 세우는 것이 좋다. 계획을 세우고 실천하다 보면 나도 모르는 사이에 조금씩 실력이 쌓여 좋은 성적을 올릴 수 있을 것이다.

7월 넷째 주~8월 셋째 주

중2 여름 방학 기간

7⁴-8³

이제 본격적인 여름 방학이 시작되었다. 여름 방학 계획을 세워 보도록 하자. 우선 늘 그래 왔듯이 자는 시간과 일어나는 시간을 정해야 한다. 현재 자신의 실력보다 높은 수준으로 확실하게 업그레이드하기를 원하는 학생들을 위한 다니엘 여름 방학 특별 계획을 소개하고자 한다. 지금까지 공부를 한 번도 제대로 한 적이 없지만 지금부터라도 제대로 해서 우등생이 되고 싶은 학생들은 모두 주목하기 바란다. 그리고 상위권이지만 대기권 돌파(전국 등수 100등 안)를 확실하게 하고 싶은 학생들도 주목하기 바란다. 이 여름 방학 특별 계획을 성실하게 지킬 수만 있다면 확실한 우등생으로 학교에서 이름을 떨치게 될 것이다. 힘들어도 꾹 참고 도전해 보기를 바란다.

6시간 자고 생활하는 새벽형 특별 공부 방법

수면 시간이 6시간보다 많은 학생들은 우선 수면 시간을 6시간으로 조정한다. 잠은 11시에 자서 5시에 일어나는 방법과 10시에 자서 4시에 일어나는 방법이 있다.* 둘 중 더 강력한 방법은 후자다. 새벽 공부 시간을 1시간 정도 더 늘릴 수 있기에 굉장한 힘을 지닌 방법이다.

우선 10시에 자서 4시에 일어난다. 20분 정도 마음관리를 통해 내면세계의 질서를 바로잡은 다음 본격적인 새벽 공부를 시작한다. 4시 20분부터 8시 30분까지 집중적으로 공부하는 것이다. 50분 공부하고 10분 쉬는 방법을 택한다. 과목은 수학을 공부한다. 이 시간을 통해 집중적으로 2학년 2학기 수학을 예습한다. 한 달 정도 공부하면 충분히 2학기 수학과 3학년 1학기 수학까지 예습할 수 있다. 1학기 수학이 부족했던 학생들은 2학년 1학기와 2학기 수학을 확실히 공부할 수 있다. 교과서 난이도의 문제집을 먼저 다 풀고 교과서 난이도보다 좀 더 어려운 문제집을 푼다. 4시 20분부터 6시 30분까지는 교과서 난이도의 문제집을 풀고, 6시 30분부터 8시 30분까지는 좀 더 어려운 문제집을 푼다.

8시 30분부터 9시까지 식사하고 30분간 보고 싶은 책을 보면서 휴식을 취한다. 9시 30분부터 1시 30분까지 공부를 한다. 9시 30분부터 11시 30분까지는 영어를 공부하고, 11시 30분부터 12시 30분까지는 독서를 한다. 12시 30분부터 1시 30분까지는 다시 영어 공부를 한다. 공부 방식은 50분 공부하고 10분 쉬는 방식을 취한다. 우선 9시 30분부터 11시 30분까지는 독해 위주로 공부하고, 12시 30분부터 1시 30분까지는 문법 공부를 한다. 11시 30분부터

12시 30분까지의 독서 시간에는 주로 머리를 식힐 수 있는 소설을 읽는다. 만약 아직 이문열의 『삼국지』를 읽지 못한 학생들은 이 시간을 이용해 꼭 읽어 보도록 한다. 독후감은 열 권 다 읽고 쓰려 하지 말고 한 권 읽을 때마다 쓰도록 한다. 독후감은 내용 요약과 느낀 점을 적으면 된다. 분량은 A4용지 2장 정도가 적당하다.

힘들겠지만 새벽 공부와 오전 공부에 힘을 기울여야 한다. 무더운 날씨를 고려할 때 새벽과 오전 공부 시간이 뜨거운 오후보다는 훨씬 집중이 잘된다. 독서 시간을 통해 휴식도 취하면서 마음의 여유를 찾기 바란다. 독서할 때는 좋아하는 음악을 들으면서 책을 읽어도 좋다.

1시 30분부터 2시까지 식사를 하고 1시간 정도 자유 시간을 갖는다. 3시부터 4시까지 낮잠을 잔다. 그리고 4시부터 5시까지 수학 공부를 한다. 수학 실력이 많이 부족한 학생이라면 이 시간에 중1 수학부터 2학년 1학기까지 핵심 내용을 정리 후 교과서 난이도 수준의 문제집을 한 권 정해 풀어 보는 것이 좋다. 나머지 학생들은 계속 진도를 나가면 된다.

5시부터 6시까지 체육관에서 운동을 한 후 6시부터 6시 30분까지 저녁 식사를 한다. 6시 30분부터 7시까지 휴식을 취한 뒤, 7시부터 10분간 저녁 마음관리 시간을 가진다. 이 시간을 통해 저녁 공부에 집중할 수 있는 마음 상태로 다시금 돌아간다. 7시 10분부터 8시 40분까지 수학 공부를 한다. 이때도 4시부터 5시까지 한

● 10시 30분에 자서 4시 30분에 일어날 수도 있고 10시 45분에 자서 4시 45분에 일어날 수도 있다. 자기에게 적합한 시간대를 정하도록 한다.

수학 복습을 계속한다. 10분 정도 휴식한 다음 8시 50분부터 10시까지 다시 수학 공부를 한다. 만약 수학에 자신이 있는 학생이라면 이 시간에 영어 공부를 해도 좋다. 영어 공부는 『맨투맨』시리즈 2학년 2학기 과정을 예습하는 것이 좋다.

만약 이 계획을 지켜 공부할 수 있다면 그 학생은 지금까지 열심히 공부하지 못한 것을 다 만회하고도 남을 것이다. 만약 상위권 학생들이 이렇게 한 달을 공부하면 2학기 때부터는 전교 1등을 충분히 거머쥘 수 있을 것이다. 영어 · 수학 실력을 최대한 기르는 것이 이 계획에서는 매우 중요하다.

이렇게 공부할 자신이 없는 학생들은 이미 중학교 1학년 때 언급한 방학 계획을 토대로 자신에게 맞는 계획을 세우면 충분하다. 중2 여름 방학 때 최소한 하루에 영어 · 수학을 공부하는 시간으로 각각 3시간 정도는 배정해야 한다. 학원이나 과외 수업을 받는 시간은 본인 스스로 공부하는 시간으로 간주해서는 안 된다. 자기 스스로 공부하며 자기 것으로 만드는 시간을 방학 때는 하루 6시간 정도 꼭 확보해야 한다. 그것을 염두에 두고 자신에게 맞는 계획을 세우는 것이 좋다.

은밀한 불청객, 인터넷 포르노 중독을 피하라

방학 때 시간이 많이 생겨 인터넷에 푹 빠지는 학생들이 종종 있다. 특히 성적 호기심이 많은 때라 부모님이 집을 비운 사이에 인터넷을 통해 포르노를 보는 학생들이 많다. 그런데 처음에는 호기심으로 보다가 점차 중독되기 시작하는 게 문제다. 특히 공부에 대한 부담감이 가중되면 그것을 잊어버리기 위해 말초신경을 자극하는 포르노를 보면서 자위하며 긴장을 푸는 경우가 많아진다. 이런 방법은 공부에 대한 중압감을 해결하는 지극히 일시적인 방법일 뿐 궁극적인 해결책은 되지 못한다. 오히려 이런 행동을 한 후에는 육체적으로 많이 피곤해져 공부를 하려고 해도 금세 지치게 된다. 정신적으로는 자신에 대하여 더 실망하게 되고, 자포자기하는 학생들도 생겨난다.

포르노 보는 것의 문제점은 학생들 스스로가 스트레스를 해소하는 좋은 방법이라고 생각하지는 않지만, 자꾸 보다 보면 나중에는 중독 수준까지 간다는 점이다. 보지 않으면 마음이 불안해지는 것이다. 더욱 심각한 문제는 초기에는 보는 것으로 만족하다가 시간이 흐르면 여기에 만족하지 않고, 자신이 그 주인공이 되려고 한다는 점이다. 실제로 인터넷 포르노에 중독된 한 중학교 학생이 어느 날 엘리베이터 안에 함께 탄 초등학교 여학생을 상대로 영화에서처럼 성관계를 가지려다 경찰에 잡힌 일이 벌어졌다. 자꾸 보다 보면 이런 행동을 하게 될 수도 있다. 실제로 지금 중학생들 중에서도 성경험이 있는 학생들의 비율이 상당히 높다고 한다. 이 책을 보는 학생들 중에도 아마 있을 것이다. 문제는 성적 쾌락으로 공부에 대한 중압감에서 벗어나고자 해도 해결이 되지 않는다는 데 있다. 성적 쾌락은 만족이 없다. 항상 더 강한 자극과 만족을 원하기 때문에 나중에는 성범죄로 이어질 가능성이 매우 높다.

중2 여름 방학 기간에는 신체 발육도 더욱 왕성해지고 그만큼 성적 호기심도 증가한다. 이럴 때일수록 마음관리에 더욱 힘써 성적 에너지를 좋은 방향으로 사용해야 한다. 이것은 운동을 통해 적절하게 조절할 수 있다. 따라서 아직까지 운동을 하지 않는 학생들은 이번 여름 방학을 통해 운동하는 습관을 기르도록 한다.

인터넷 포르노 영화는 어디까지나 성을 상품으로 만든 것에 불과하다. 왜곡된 성 지식을 마치 참 지식인 것처럼 과대 포장하는 경우가 많다. 이 점을 미리 숙지하여 적절하게 절제할 필요가 있다. 너무 이른 나이에 보는 포르노 영화는 내면세계를 심하게 훼손시킬 가능성이 많다. 따라서 인터넷이나 핸드폰 문자로 들어오는 성적 호기심 유발 내용의 스팸 메일은 열어 보기 전에 바로 삭제하는 것이 좋다. 조금만 더 보고 공부해야지 하다 보면 금세 1시간이 지나간다. 이런 상태로 공부하면 공부 내용이 머릿속에 들어올 리가 없다. 애초에 그럴 기회를 만들지 않는 것이 좋다.

시간과 노력을 꼭 필요한 부분에 집중시켜라

모든 일에는 때가 있다. 때를 잘 분별하여 시간을 지혜롭게 활용하기 바란다. 방학을 이용해 그동안 영어·수학에서 부족했던 부분을 학원이나 과외로 보완하고자 하는 학생들은 꼭 필요한 부분을 집중적으로 배울 수 있는 곳을 택하는 것이 좋다. 이미 다 아는 부분을 다시 들어 봤자 시간만 아깝다. 다시 말하지만, 인터넷 과외는 취약한 부분을 선택해 반복해 들을 수 있기에 매우 효과적이다. 오고 가는 시간도 줄이고 좋은 선생님의 명강의를 저렴한 가격에 들을 수 있기에 매우 좋은 방법이다. 만약 인터넷 과외를 하지 않고 직접 학원에 가서 수업을 듣는 학생들은 오고 가는 시간을 최대한 줄이고 취약한 부분을 최대한 보완할 수 있는 수업을 선택해서 듣도록 한다. 여름에는 무덥기 때문에 오고 가고 수업 듣다 보면 집에 돌아와서 너무 지쳐 제대로 공부를 못할 때가 많다. 이 점에 유의하면서 지혜롭게 방학을 보내야 할 것이다.

쥐잡기

<다니엘 마음관리 365일> 중에서

　한 용감한 조종사가 뼈대는 나무고, 그 뼈대를 감싸는 몸체는 천이었던 참으로 부서지기 쉬운 조잡한 비행기를 타고 세상의 여러 곳을 비행하고 있었습니다. 이륙 뒤, 약 두 시간 정도 비행하고 있는데 이상한 소리가 비행기 안에서 났지요.

　이상한 소리가 나는 곳을 찾아서 주위를 둘러보던 조종사는 그만 화들짝 놀라고 말았습니다. 그것은 다름 아닌 쥐가 비행기 안의 무엇인가를 갉아먹는 소리였기 때문이었지요. 비행기가 땅에 착륙해 있는 동안 쥐가 비행기 안으로 들어왔을 것이라 생각되었습니다. 비행기 안의 쥐는 중요한 케이블이나, 조종선, 심지어는 중요한 목재 버팀목 따위를 쉽사리 갉아먹을 수 있기 때문에 아주 위험했습니다.

　어떻게 해야 하나? 다음 착륙지까지는 두 시간이나 더 남았는데, 무척 걱정스러운 일이 아닐 수 없었습니다. 계속 비행을 하면서 해결책을 고민하던 조종사에게 한 가지 묘책이 떠올랐습니다. 그것은 바로 쥐가 설치류라는 점이었죠. 설치류는 보통 지상이나 땅속에서 살기 때문에 높은 고도에서는 살 수가 없습니다.

　그래서 조종사는 비행기를 고도 2만 피트 이상으로 끌어올렸습니다. 그러자 곧 그 소리가 사라졌지요. 바로 그 고도의 대기에서는 쥐가 살아남을 수 없었던 것입니다! 두 시간 뒤, 조종사는 안전하게 다음 착륙지에 도달해서 죽은 쥐를 찾아냈습니다.

쥐와 같이 우리의 영혼을 갉아먹는 파괴자들이 있습니다. 걱정 · 두려움 · 부정직 뒤에서 들려오는 온갖 험담 · 분노 · 거짓말 등 이외에도 아주 많은 파괴자들이 있습니다.

어떻게 하면 우리 안에 있는 이런 쥐 같은 존재를 없애 버릴 수 있을까요? 바로 마음관리 시간을 갖는 것입니다. 마음관리 시간이 바로 고도를 높이 올리는 시간입니다. 지금 현재 여러분의 마음속에는 어떤 쥐들이 영혼을 괴롭히고 있나요? 학교 성적, 이성 문제, 집안 형편 등 마음관리 시간을 통해 극복하십시오. 분명 이 시간을 통해 새로운 평안과 기쁨을 얻게 될 것입니다.

8월 넷째 주~10월 둘째 주

2학년 2학기 시작

8⁴-10²

이제 2학기가 시작되었다. 여름 방학을 자신이 세운 계획대로 성실하게 보낸 학생들은 자신감을 가지고 2학기를 시작하게 될 것이다. 특히 영어·수학 수업 시간이 되면 수업 내용이 쏙쏙 머리에 들어오는 것을 경험하게 될 것이다. 1학기 때까지 공부를 하지 않고 대충대충 시간을 보냈던 학생들 중에서도 여름 방학을 성실하게 보낸 학생들은 스스로 놀랄 정도로 수업 내용이 잘 이해되는 경험을 하게 될 것이다.

열심히 노력한 대가는 정직하게 찾아오게 마련이다. 이런 성취감을 맛본 학생들은 이제 서서히 공부에 재미가 생기기 시작할 때다. 그런 학생들은 지체하지 말고 학기 중에도 마음관리를 철저히 하여 현재 하는 공부에 더욱 집중할 수 있도록 힘써야 한다.

하지만 아직까지도 공부에 흥미를 못 느끼고 여름 방학도 대충대충 시간을 보낸 학생들이 있을 것이다. 그런 학생들은 우선 8월 넷째 주 한 주간 지나간 시간에 대한 자기 반성과 자신이 왜 공부해야 하는지 구체적인 이유를 다시 묻고 처음부터 다시 시작한다는 마음으로 뜻을 정하고 목표를 설정하는 작업을 하도록 한다.

왜 공부해야 하는지 해답을 찾았는가?

아직도 늦지 않았다. 중학교를 마칠 때까지 자신이 왜 공부해야 하는지 끊임없이 묻고 또 물어야 한다. 물론 이 물음은 고등학교에 가서도 계속된다. 스스로를 납득시킬 만한 구체적이면서도 실존적인 이유가 있어야 한다.

대학 입시를 위해 중학 시절 꼭 해야 할 일은 공부를 위한 좋은 습관을 몸에 익히는 것이다. 예를 들면 다니엘 새벽형 공부 습관을 몸에 익히는 일이 그것이다. 혹은 새벽에 마음관리 훈련을 하는 것을 들 수도 있다. 2학년 2학기 때부터라도 뜻을 정해 시작하겠다고 결심하면 충분하다. 아직 늦지 않았다. 비록 먼저 뜻을 정해 앞서 나가는 학생들이 있지만 아직도 따라잡을 수 있는 역전의 기회는 얼마든지 있다. 그러니 자포자기하지 말기를 간곡히 부탁한다. 아직 포기하기에는 너무나 이르다. 얼마든지 지금 시작해도 늦지 않았으니 부디 뜻을 새롭게 정하기를 바란다. 마음을 새롭게 결단하기를 바란다. 10월 셋째 주에 있을 중간고사에 대비해 지금부터 다니엘 내신 7주 계획을 실천하기 바란다.

많은 학생들이 시험 준비 기간이 너무 긴 것 아니냐고 생각할 수도 있다. 보름 정도만 해도 되지 않겠냐고 물을 수 있다. 물론 보름 정도만 공부하고 시험을 볼 수도 있다. 그러나 새롭게 바뀐 입시 제도에서는 중학 내신이 매우 중요하게 작용하고 있다. 자립형 사립고 입학 전형에서 중학교 내신 성적이 매우 중요한 기준으로 자리 잡았기 때문이다. 따라서 7주라는 시간을 시험 준비 기간으로 삼은 이유는 철저한 내신 준비와 더불어 이 기간을 통해 공부하는 습관을 새롭게 몸에 익히기 위해서다. 시험 준비는 장기 레이스임을 미리미리 중학 시절부터 몸에 익히는 것이 좋다.

7주 정도 인내하며 시험을 준비하다 보면 공부에 별로 관심이 없는 학생들도 체질 개선을 할 수 있는 기회를 갖게 된다. 자포자기한 학생들도 이 기간을 통해 새롭게 뜻을 정해 시작할 수 있는 기회를 갖게 된다. 따라서 시험 준비 기간은 힘든 시간이지만 새롭게 시작하는 기회의 시간이기도 하다. 7주 정도 미리 공부하다 보면 학기 중에 공부를 미리미리 하는 것이 얼마나 중요한 것인지를 알게 된다. 평소에 영어·수학을 복습하고 예습하는 것이 매우 중요한 것임을 이 기간 공부 경험을 통해 배우게 된다.

이런 경험을 하게 되면 공부가 익숙하지 않은 학생들도 평소에 꾸준히 공부하는 것의 중요성을 차츰 알게 돼 공부를 시작하게 된다. 나는 학생들이 이런 기회의 시기를 주기적으로 삼았으면 한다. 중간·기말고사 준비 기간이 그 기회가 될 수 있다. 또한 시험이 끝난 다음 주가 새롭게 뜻을 정하는 기회가 될 수 있다. 일요일 오전 집중적인 마음관리 시간을 통해 새롭게 뜻을 정할 수도 있고, 또한 여름·겨울 방학 시작하기 한 주 전에 새롭게 공부에 뜻을 정할 수도 있다. 방학 기간 초반부에 새롭게 결단하고 공부하는 기회를 가질 수도 있다.

나는 이 책을 통해 학생들이 스스로 자신을 반성하고 목표와 비전을 새롭게 결단하는 기회의 시간을 많이 만들었으면 한다. 스스로 공부해야 한다는 자각 없이는 억지로 공부가 되지 않는다. 어느 일정 수준까지는 부모님의 강요로 공부할 수 있지만 진정한 실력자가 되기 위해서는 스스로 열정을 가지고 공부하지 않으면 안 된다. 중·고등학교 시절 스스로 하는 공부의 중요성과 구체적 동기를 얼마나 일찍 깨닫느냐에 따라 좀 더 쉽게 자신이 원하는 대학과 학과에 진학할 수도 있고 아닐 수도 있다. 나는 그것을 이 책을 통해 학생들이 좀 더 일찍 알게 되기를 바란다. 그리고 실제로 공부하게 되기를 소원한다.

공부하면서 특히 약한 암기과목이 있을 것이다. 그런 과목들에 대해서는 이번 중간고사 준비 기간을 통해 특별 보완 공부를 하도록 한다. 가령 약한 과목 수업 시간에 그 과목을 더 집중하여 듣고 복습을 통해 자기 것으로 만드는 시간을 갖는다. 복습 시간 확보는 쉬는 시간 혹은 자유 시간을 통해 하면 좋다. 자신감이 부족한 암기과목은 시간을 많이 들여 반복해서 공부하면 할수록 점수가 오르게 된다. 그 점을 잘 기억하면서 좀 더 많은 시간을 들여 철저하게 준비하도록 한다.

초고속 성적 향상을 위한 고강도 학습법

이 기간 공부 방법은 중학교 1학년 학기 중 공부 방법을 참고하면 무난하다. 학기 중 공부 방법에 대해서는 이미 앞에서 언급했다. 여기서는 더 열심히 하려는 학생들을 위한 학기 중 공부 계획을 소개하고자 한다. 만약 2학년 2학기부터 정말 제대로 공부하기로 마음먹은 학생들이 있다면 이 방법에 도전하는 것도 좋다. 하지만 처음부터 너무 욕심을 내면 오히려 공부 의욕이 꺾이는 수가 생기므로 우선 이전에 언급한 방법들 중에서 자신이 할 수 있는 공부 방법을 택하기를 바란다. 그러나 만약 아주 독하게 마음먹고 이제부터 제대로 빠른 시일 내에 실력을 급성장시키고 싶은 학생이라면 도전하기를 바란다.

우선 수면 시간은 6시간이다. 10시에 자고 4시에 일어난다. 20분 정도 마음관리 시간을 갖고 4시 20분부터 7시 20분까지 공부한다. 약 3시간 집중적으로 새벽 공부를 하는 것이다. 이 정도 시간이면 저녁 공부 시간으로 환산했을 때 6시간에서 7시간 정도 공부하는 것과 같다. 엄청난 양이다. 4시 20분부터 5시 50분까지는 수학을 공부하고 10분 휴식한다. 6시부터 7시 20분까지는 영어를 공부한다. 만약 영어에 자신이 있는데 수학이 부족한 경우라면 6시 이후에도 수학을 공부한다. 영어 공부는 가급적 공부가 잘되지 않는 시간에 소리 내어 반복 학습하는 것이 매우 효과적이다. 이제 학교 내신에서도 영어 말하기 평가가 이루어진다. 영어 말하기를 잘하는 가장 좋은 방법은 영어 지문을 큰 소리로 반복해 읽고 또 읽는 것이다. 내가 아는 미국인 영어 선생님이 나에게 적극적으로 추천해 준 방법이다.

학교에서는 점심식사 후 30분 정도 시간이 남는데 그 시간을 활용해 잠을 자 두도록 한다. 대신 수업 시간에는 절대로 졸지 않도록 특별히 유념하기 바란다. 수업 시간에 조는 것은 공부를 못하는 지름길이다. 수업 시간 진도를 독학으로 따라가려면 많은 시간이 걸린다. 선생님께서 미리 공부하고 정리해 가르치는 내용이기에 잘 듣고 활용하면 실력 향상에 빠른 진보를 가져올 수 있다. 따

날고 싶다면
도전해!

라서 수업 시간에는 졸면 안 된다. 너무 졸릴 때는 귓불을 두세 번 꽉 잡아 누르거나, 쉬는 시간에 세수를 하는 것이 좋다. 또 허벅지를 꼬집는 것도 좋다.● 그래도 너무 졸리면 쉬는 시간을 이용해 잠깐 잠깐 토끼잠을 자는 것도 좋은 방법이다. 새벽 공부에 집중하는 만큼 체력 소모가 굉장히 크기 때문이다. 아침은 반드시 먹고 오자. 그래야 오전 수업 시간에 덜 피곤할 것이다.

3시에 수업이 끝나 집에 오면 1시간 정도 잠을 잔다. 4시부터 5시까지는 공부를 한다. 5시부터 6시까지 운동을 하고 6시부터 30

● 졸릴 때 좋은 운동 방법은 『다니엘 건강관리법』에 자세히 소개되어 있다.

분간 식사를 한다. 6시 30분부터 7시 30분까지 독서를 한다. 7시 30분부터 10분 정도 마음관리를 한 다음 7시 40분부터 8시 50분까지 공부한다. 10분 쉬고 9시부터 10시까지 공부한다. 4시부터 5시까지는 그날 배운 영어를 복습한다. 7시 40분부터 8시 50분까지는 그날 배운 수학을 복습한다. 9시부터 10시까지는 내일 공부할 영어를 예습한다.

이제 토요일과 일요일의 공부 계획을 세워 보자. 토요일 새벽 공부는 앞서 말한 것처럼 한다. 학교에서 집에 오면 점심을 먹는다. 그리고 4시까지는 자유 시간 및 숙면 시간을 갖도록 한다. 4시부터는 위와 같은 계획으로 공부하면 된다.

일요일은 새벽 공부를 좀 더 확장하도록 한다. 그러려면 토요일 저녁 10시에 꼭 잠을 자야 한다. 그리고 오후 2시까지 자유 시간을 가져 공부하면서 지친 몸과 마음을 편안하게 해 주도록 한다. 일요일은 새벽 4시 30분부터 8시까지 공부하도록 한다. 8시부터 아침을 먹고 휴식 시간을 갖는다.

나의 경우는 9시 30분에 교회를 가야 했기에 아침을 먹고 교회 갈 준비를 했다. 9시 30분부터 11시까지 교회에 가서 예배를 드린 다음 11시 30분쯤 집에 돌아왔다. 나는 예배를 통해서 공부에 지친 몸과 마음이 많이 회복되는 것을 경험했다. 참 놀라운 기적 같았다. 왠지 교회에 가면 마음이 편해졌다. 예배를 통해서 일주일간 괴롭고 힘든 기억들을 잊고 새롭게 태어나는 경험을 했다. 몸과 마음이 맑은 물에 씻겨서 나온 것처럼 상쾌해졌다.

나는 예배를 통해 무너진 마음의 질서를 다시금 회복하고 바로

잡을 수 있었다. 예배는 하나님을 찬양하고 하나님의 말씀을 듣고 그분과 교제하는 것을 의미한다. 나는 하나님을 통해 내면의 깊은 상처가 회복되는 것을 청소년 시절 경험했다. 예를 들어 아버지에게 심하게 혼이 나거나 누군가에게 인격적인 모욕을 받았을 때 나는 마음이 여린 탓에 나쁜 기억이 매우 오래 남았다. 주중에 하는 마음관리 시간만으로는 역부족이었다. 그러나 일요일 예배를 통해 도저히 감당할 수 없던 마음의 짐과 괴로움을 하나님께 다 내려놓고 집으로 왔다. 그래서 나는 일요일이 매우 기다려졌다.

이 책을 보는 학생들 중에서 만약 종교가 없는 학생이라면 친구들을 따라 가까운 교회에 가서 하나님께 나처럼 예배를 드려 보기를 권한다. 내가 예배를 통해 깊은 마음의 안식을 찾은 것처럼 여러분도 충분히 그럴 수 있을 것이다. 교회에 그냥 놀러가지 말고 마음관리를 한다는 마음으로 가서 회복의 시간을 갖기 바란다. 처음에는 어색할 수도 있으나 왠지 모르는 깊은 평안함을 느끼게 될 것이다. 나 역시 처음 교회에 갔을 때는 매우 낯설었지만, 한 주 한 주 지나면서 나도 모르는 깊은 마음의 평안과 기쁨을 얻게 되는 경험을 하게 되었다.

만약 이 시간에 어떤 학생들은 종교가 불교이기에 절에 갈 수도 있다. 또 어떤 학생은 성당에 갈 수도 있다. 어떤 학생은 운동장에서 실컷 축구나 농구를 할 수도 있다. 중요한 것은 일요일 오전에는 일주일 동안 다 해소하지 못한 마음의 짐을 모두 내려놓는 시간을 가지고, 점심을 먹고 오후부터는 본격적인 공부를 해야 한다는 것이다.

우선 2시부터 5시까지는 일주일간 배운 국어 복습과 예습을 하도록 한다. 5시부터 6시까지는 독서를 하고 6시부터 7시까지는 식사 및 휴식 시간을 갖는다. 7시부터 10분간 마음관리 시간을 가지고 9시까지 공부한다. 이 시간에도 국어 공부를 집중적으로 한다. 국어 공부는 주말에 집중적으로 공부하는 것이 효과적이다. 9시부터 9시 30분까지 『다니엘 학습 플래너』를 사용하여 다니엘 주간 반성 시간을 갖는다. 9시 30분에는 취침한다. 월요일을 활기차게 시작하기 위해 평소보다 30분 일찍 자 두는 것이 필요하다.

이 계획은 공부 시간이 다른 학기 중 계획에 비해 훨씬 많다. 더 높은 실력을 얻기 위한 방법인지라 공부 시간이 많아질 수밖에 없다. 더 높은 성취를 원한다면 그만한 대가를 치러야 한다. 눈물로 씨를 뿌리는 사람만이 기쁨으로 수확할 수 있다. 공부한다는 것은 쉬운 일이 아니다. 힘들고 지치게 하는 어려운 일이다. 끊임없이 자신과 싸워야 한다. 한 달 바짝 정신 차려 공부한다고 끝날 문제가 아니다. 중·고등학교 도합 6년의 시간이다. 결코 짧은 시간이 아니다. 따라서 공부를 잘하고자 하는 학생들은 먼저 인내를 배워야 한다. 남보다 더 앞서 나가기 원하는 학생일수록 마음의 정원 안에 인내의 열매를 잘 맺어야 할 것이다.

9월 셋째 주~10월 둘째 주

2학기 중간고사
4주 전

9³-10²

8월 넷째 주부터 중간고사 준비를 시작한 학생들은 7주 계획대로 공부하면 된다. 하지만 아직도 중간고사 준비를 본격적으로 시작하지 않은 친구들은 이제 본격적인 중간고사 준비를 해야 할 때다. 여름에서 가을로 계절이 바뀌는 시기이므로 아침저녁으로 서늘함을 느끼게 된다. 계절의 변화는 참으로 놀랍다. 너무나 주기적으로 시간은 우리에게 새로움을 준다. 빠른 시간의 흐름을 느끼면서 조금씩 성장하는 자신을 보게 될 것이다.

고득점의 비결은 토요일 공부

중간고사 준비 기간을 효과적으로 잘 보내기 위해서는 토요일 공부를 잘 마무리해야 한다. 아무래도 토요일은 놀고 싶고 풀어지기 쉬운 시간이다. 일요일 오전에 푹 쉬고 새롭게 마음관리를 할 수 있는 시간이 있는 만큼 토요일은 조금만 더 참고 공부해야 한다. 토요일 방과 후 자유 시간을 통해 놀고 싶은 마음을 잘 다독여 저녁 공부를 잘 마칠 수 있어야 중간고사에서 좋은 성적을 얻을 수 있다. 따라서 이제부터라도 주말 공부에 더 관심을 가지고 마음관리를 하는 습관을 들이도록 한다.

좋은 습관을 하나둘씩 자신의 몸에 익힐 때마다 성적이 올라가고 매사에 자신감이 생기는 것을 알게 될 것이다. 그런 습관을 쌓아 미래를 잘 준비하는 사람이 21세기 자기 분야에서 전문가가 될 수 있다. 이제 직업에 귀천이 없는 시대다. 어떤 직업을 가지든 자기 분야에서 탁월한 전문가가 되면 인정받는 시대다. 따라서 자신의 적성과 관심 분야를 세심하게 관찰하면서 공부하는 습관을 들여야 할 것이다.

아침잠이 많은 학생을 위한 저녁형 학습법

아직도 새벽 공부가 너무 힘들어 저녁에 주로 공부하고 아침에는 마음관리만 하고 학교를 가는 학생이 있을 것이다. 그런 학생들을 위해 저녁 시간을 좀 더 잘 활용하여 공부하는 계획을 세워보고자 한다.

우선 학교 갔다 오면 30분 정도 잠시 잔다. 4시부터 5시까지 갖는 공부 시간에는 그날 배운 영어를 복습한다. 우선 교과서 지문을 큰 소리로 여러 번 읽고 선생님이 중요하다고 한 내용을 확인한다. 그리고 그날 배운 범위 중에서 아직 다 외우지 못한 단어·숙어를 마저 외운다. 5시부터 1시간 동안 체육관에서 운동을 한 후 6시에 식사를 한다. 30분 정도 식사 후 6시 30분부터 7시 30분까지 독서를 한다.

7시 30분부터 10분 정도 마음관리 시간을 가진 뒤 7시 40분부터 8시 50분까지 그날 배운 수학을 복습한다. 복습 방법은 우선 교과서 선행학습에서 잘 이해되지 않다가 수업을 통해 이해한 내용 위주로 다시 살펴본다. 그리고 교과서 난이도보다 약간 어려운 문제집을 풀고, 이해가 잘되지 않는 문제는 체크한 다음 힌트를 보고 다시 푼다. 약 5분 정도 시간을 두고 다시 풀어도 잘 풀리지 않는 문제는 답안지를 보도록 한다. 답안지를 보고 이해가 된 문제는 세모 표시를 하고, 만약 답안지를 보고도 이해가 가지 않는 문제가 있다면 별표를 해 다음날 수학 선생님에게나 혹은 반에서 수학을 제일 잘하는 친구에게 물어 보도록 한다. 별표로 체크한 문제는 최대한 빨리 질문을 통해 내 것으로 만드는 작업을 해야 한다.

10분 정도 쉬고 9시부터 12시 50분까지 공부한다. 이때는 50분 공부하고 10분 쉬는 방식을 취한다. 9시부터 10시까지는 영어 예습을 한다. 영어 예습은 우선 내일 배울 부분 영어 자습서를 펴서 내용을 읽고 모르는 단어의 의미를 교과서에 적어 둔다. 내일 배울 부분의 내용을 해석한 뒤에 중요 문법을 체크한다. 그러고 나서 큰 소리로 시간이 되는 대로 영어 지문을 읽는다.

10시부터 12시까지는 수학을 공부한다. 먼저 10시부터 11시까지는 내일 배울 수학을 예습한다. 이미 여름 방학 때 예습을 한 사람은 교과서 내용의 핵심을 파악한 후에 별표로 체크했던 문제들을 다시 확인하고 푼다. 그래도 이해가 잘 가지 않으면 형광펜으로 별표를 한다. 그리고 다음날 수업 시간에 선생님의 설명을 듣고 이해하도록 한다. 만약 수업 시간에 선생님의 설명을 듣고도 이해가 가지 않으면 수업이 끝난 다음 선생님께 질문하도록 한다. 선생님께 물어보는 것이 너무 쑥스럽다면 반에서 수학을 제일 잘하는 친구에게 물어 문제를 확실히 이해하도록 한다.

11시부터 12시까지는 7시 40분에 수학을 복습할 때 사용했던 문제집보다 약간 더 어려운 문제집을 골라서 풀도록 한다. 대학입시에서 실질적으로 본고사가 부활했기에 본고사 형식의 까다로운 주관식 문제들이 출제되고 있다. 이를 위해 좀 더 난이도가 있는 수학 문제집과 씨름할 필요가 있다. 수학적 사고는 하루아침에 길러지는 것이 아니다. 매일 인내심을 가지고 꾸준히 손으로 직접 문제를 풀고 또 풀어야 한다. 난이도가 있는 문제집의 경우 응용문제가 많은 만큼 시간이 많이 걸릴 것이다. 따라서 1시간 동안 공부를 다 못할 수가 있기에 홀수 혹은 짝수 문제만 풀도록 한다. 또는 어렵다 싶은 문제를 따로 뽑아 풀어도 좋다. 자신의 실력을 높은 수준으로 한 단계 올리는 시간인 만큼 많이 졸리고 피곤하더라도 이를 악물고 참아야 한다.

12시부터 12시 50분까지는 『맨투맨』 시리즈 중에서 여름 방학 때 미리 풀었던 문제집을 제외한 다른 문제집을 공부하도록 한다. 만약 문제집을 다 풀었을 경우는 능률영어사에서 나오는 『능률 중학 영어』 시리즈 중에서 한 권을 정해 풀면 무난하다. 이 시간 영어 공부는 자신의 영어 실력을 심화시키는 작업이기에 힘들더라도 실력 향상을 위해 참기를 바란다. 잠은 12시 50분에 자서 아침 6시 50분에 일어난다. 그리고 20분간 마음관리 시간을 가짐으로써 오늘 하루 새롭게 뜻을 정해 시작하도록 내면의 질서를 바로잡는다. 학교에서는 점심 먹고 30분 정도 잠을 자도록 한다.

이렇게 하면 하루 총 자는 시간이 7시간이 된다. 저녁 수면 시간 6시간, 학교에서 30분, 집에 오자마자 30분, 도합 7시간이다. 이 정도의 수면 시간이면 견딜 만할 것이다.

위의 계획을 보면 알겠지만 체육관에서 운동하는 것과 독서 시간을 제외하고는 이렇다 할 자유 시간이 없다. 왜냐하면 공부에 더 많이 집중하려는 학생들을 위한 계획이기 때문이다. 만약 이러한 공부 방식이 너무 힘들고 버겁다고 생각한다면 이미 언급한 새벽형 공부 계획을 참고해 자신에게 맞게 시간을 조절하면 된다.

저녁형 공부를 하는 학생들은 학교에서 많은 에너지를 소진한 다음 집에서 공부하는 것이기에 새벽 공부에 비해 능률이 떨어지는 것은 인정해야 한다. 이러한 부족함을 메우기 위해서는 수업 시간에 집중해 공부하고 쉬는 시간을 이용해 그 시간에 배운 내용 중에서 암기가 필요한 부분을 집중적으로 암기하는 것이 좋다. 또는 주말 공부 시간에 좀 더 철저하게 집중해서 새벽형 공부 계획보다 떨어지는 공부 효율성을 최대한 보완해야 할 것이다.

가급적 지금부터라도 새벽형 공부 습관을 조금씩 들이는 것이 좋다는 말을 다시 해 주고 싶다. 새벽에 일찍 일어나서 가장 머리가 맑을 때 공부하는 것이 얼마나 학업 실력을 향상시켜 주는지는 직접 경험하지 않고서는 모른다. 한국 청소년들이 디니엘 새벽형 학습 습관을 통해 탁월한 자기 분야 실력과 따뜻한 마음을 가진 글로벌 리더가 되기를 간절히 소원하며 기도한다. 여러분들을 통해 대한민국이 새로워질 것을 확신한다. 따라서 그동안 공부를 많이 하지 않고 시간을 짜임새 있게 활용하지 못한 저녁형 학생들은 새벽형 생활 습관으로 바꾸어 볼 것을 강력히 추천한다.

10월 셋째 주

2학기 중간고사 기간

10^3

이제 2학년 2학기 중간고사 기간이다. 많은 학생들이 이때쯤 되면 굉장히 지쳐 있고 공부를 지겹게 생각하게 된다. 특히 지금까지 꾸준히 공부한 학생들이 그럴 가능성이 높다. 끊임없이 자신과의 싸움을 하는 것에 지쳤기 때문이다. 공부하기 위해 참고 절제하는 것보다 자유롭게 놀고 하고픈 일을 하고 싶어질 것이다. 이런 마음 상태에서 시험을 보게 되면 시험에 대한 집중도가 떨어져 실수가 많아진다.

따라서 이 기간 동안 시험을 잘 치르기 위해서는 먼저 슬럼프를 효과적으로 극복해야 한다. 그러기 위해서는 시험 보기 한 주 정도 전부터 미리미리 공부 스트레스가 쌓이지 않도록 자기 관리에 힘써야 한다. 만약 잠이 부족하다면 하루 1시간 정도 자유 시간을 이용해 잠을 더 잘 수도 있다. 중요한 것은 공부와 시험 준비에 질리지 않도록 마음관리를 해야 한다는 점이다.

시험 기간 동안에는 내가 공부한 것을 점검한다는 생각으로 가볍게 시험에 임하도록 한다. 너무 비장한 각오로 시험을 치르는 것은 공부에 지친 상태에서는 오히려 역효과를 낼 수 있다. 때로는 마음을 가볍게 하면서 워밍업 하듯이 시험을 보는 것도 필요하다. '연습은 실전처럼 실전은 연습처럼'이라는 말이 있듯이 시험을 볼 때는 최대한 마음의 부담을 줄이고 마치 문제집을 풀듯 마음 편하게 풀도록 한다.

자유 시간 활용으로 몸과 마음에 영양 주기

중학교 2학년 2학기 중간고사 시험은 대개 3~4일이면 끝난다. 시험이 끝난 다음 2~3일 정도 긴 자유 시간을 가지자. 그동안 열심히 공부한 만큼 이 정도의 여유를 가지는 것은 결코 사치스러운 일이 아니다. 이 기간에는 그동안 보지 못한 영화나 만화책도 실컷 보고 오락도 많이 하자. 단, 새벽 공부 시간은 꼭 지키면서 나머지 시간은 최대한 자유롭게 하고픈 일을 하도록 한다. 물론 자는 시간과 일어나는 시간은 잘 지켜 생활 리듬이 끊어지지 않도록 유의해야 한다.

이렇게 한번 푹 쉬는 것도 대학 입시라는 장기 레이스에서는 필요하다. 그런데 놀면서도 꼭 해야 할 것이 있다. 바로 마음관리 시간을 통해 자신을 돌아보는 일이다. 과연 내가 지금 잘 지내고 있는지, 나의 내면 상태는 현재 어느 정도인지 살펴보아야 한다. 항상 앞을 보고 쉼 없이 달려간다는 것은 힘든 일이다. 때로는 휴식을 취하면서 방향 관리를 새롭게 할 필요가 있다.

아무리 잠을 줄이고 밥 먹는 시간마저 줄이며 달려도 방향 관리가 잘못되면 오히려 큰 손해가 나게 된다. 많은 학생들이 "무조건 열심히 하면 되겠지."라고 방향성에 대해서는 신경 쓰지 않은 채 앞으로만 달리곤 한다. 이것은 결코 바람직한 방법이 아니다. 공부는 거북이처럼 성실하게 하면서도 뱀처럼 지혜롭게 그 방향을 관리해야 한다. 자신의 학습 패턴에 맞는 계획이 필요하다. 자신에게 맞는 정교한 생활 계획과 공부 계획이 필요하다. 남들이 한다고 무비판적으로 받아들여서는 안 된다. 자신에게 맞는 자신만의 공부 계획이 필요한 것이다.

따라서 이 시간을 통해 자신에게 맞는 최적의 생활 계획표를 작성하자. 목표로 하는 대학이 아직도 없다면 구체적으로 목표를 정하는 것도 좋다. 이 기간을 이용하여 가고자 하는 대학에 하루 정도 날을 잡아 놀러 가는 것도 좋다. 나는 강의하는 학생들을 데리고 종종 그들이 원하는 대학에 간다. 대학 식당에서 밥도 먹고 학용품도 구입해 아이들에게 기념 선물로 준다. 대수롭잖게 보일 수 있으나, 아이들에게는 구체적인 동기 부여를 스스로 할 수 있게 하는 좋은 기회가 된다.

만약 그동안 공부에 소홀했던 학생이라면 이 기간부터 학기 중 공부 계획을 참고해 바로 공부를 시작하는 것이 좋다. 그동안 놀만큼 놀았고 이제 해야 할 것은 공부라는 것을 알 것이다. 매일 노는 것보다 공부하면서 짬을 내 노는 것이 훨씬 재미있다는 것을 알게 될 것이다. 이 기간을 통해 몸과 마음이 지친 학생들이 좋은 방향으로 회복되기를 소원한다.

sun mon tue wed thu fri sat scheduler

10월 넷째 주~12월 첫째 주

2학기 기말고사 7주 전 : 공부에 대한 강박관념 극복하는 법

10⁴-12¹

이제 본격적인 기말고사 준비 기간이다. 기말고사 준비는 이전 공부 계획을 참고로 하면 충분하다. 이 시기에 좀 더 유의해야 할 것은 다음과 같다. 이상하게 들릴지 모르겠지만 많은 학생들이 공부를 해야 하는 시기에 오히려 공부를 더 하지 못하는 경우가 많다. 공부에 대한 강박관념이 너무 심해 공부가 잘되지 않는 것을 경험하는 것이다. 공부는 하고 싶은데 마음먹은 대로 잘되지 않을 때는 굉장한 정신적 스트레스를 받는다. 특별히 그동안 공부를 하지 않다가 뜻을 정해 공부를 하려고 막상 시작했는데 생각만큼 잘되지 않으면 마음이 굉장히 초조해진다. 너무 늦었다는 생각에 사로잡혀 허둥대기 십상이다.

책상에 앉았는데 어떤 공부를 어떻게 해야 할지 생각나지 않고 머릿속이 막막하고, 가슴이 답답해지기 시작한다. 수학 문제를 풀려고 해도 잘 풀리지 않는다. 결국 짜증이 나면서 누군가에게 화를 내기 시작한다. 부모님에게 화를 낼 수도 있고 형제들에게 화를 낼 수도 있다. 마음이 요동쳐 '난 역시 안 되나 봐.' 하면서 그냥 다시 예전으로 돌아가고 싶어진다. 기말고사는 점점 다가오는데, 공부는 해야 하는데, 공부는 제자리걸음만 치고 있으니 정말 울고 싶어진다. 모든 것이 하기 싫고, 멀리 도망가고만 싶다. 시험이고 뭐고 그냥 다 싫어진다.

그렇게 악순환이 반복되기 시작한다. 이런 상태에서는 놀아도 재미가 없지만 할 것이 없으니까 그냥 논다. 오락을 하거나 인터넷 포르노를 본다고 답답하고 초조한 마음은 사라지지 않는다. 잠시 잊을 수는 있어도 오락이나 포르노를 본 다음이면 마음이 더 심하게 요동치기 시작한다.

마음이 괴로운 것이 심해지면 자기 자신을 학대하기 시작한다. 자기 학대가 심해지면 자기 몸을 함부로 대하는 경우도 생긴다. 정신적 괴로움이 정도를 넘어서면 몸도 아프기 시작한다. 머리가 아프거나 허리가 아프고, 속이 울렁거리고 소화가 잘되지 않는다. 병원에 가면 그때뿐 잘 낫지 않고 공부만 하려면 다시 몸이 아프기 시작한다. 이런 상태가 심해지면 나중에는 책상에 앉는 것조차 힘들어지게 된다. 공부에 대한 공포가 생기는 것이다. 결국 상처받기 싫어 공부를 포기하게 된다.

이런 상황들이 시험을 준비하는 기간에는 더 심해질 가능성이 높다. 특히 기말고사 기간이 코앞으로 다가왔는데 공부한 것은 별로 없을 때 느끼는 당혹감과 걱정은 너무나 심각하다. 그래서 학생들은 심지어 술이나 담배로 고통을 잊으려 하기도 하고 인터넷 포르노 속으로 잠시 도피하기도 한다. 그러나 그 모든 것은 문제를 더 악화시킬 뿐 실질적인 해결에는 아무런 도움이 되지 못한다. 그런데 이런 사실을 알면서도 할 수 없으니까 자꾸 술과 담배와 인터넷 게임과 오락에 탐닉하게 된다.

강박관념을 넘어서는 자가 진정한 실력자가 된다

여러분은 지금 어떤 상태에 있는가? 본인 스스로 잘 알고 있을 것이다. 이런 상태를 극복하기 위해서는 다른 방법이 없다. 기본에 충실해야 한다.

공부는 쉬운 일이 아니다. 만날 놀던 학생이 어느 날 갑자기 공부하기로 마음먹는다고 공부가 술술 잘될 리가 없다. 오히려 처음 한 달간은 굉장한 정신적 스트레스를 받게 된다. 왜냐하면 공부를 막상 시작하면 그동안 얼마나 대책 없이 놀고 지냈는지 뼈저리도록 알게 되기 때문이다. 온갖 후회와 자책이 마음의 밭 위로 우르르 쏟아져 너무 괴로울 것이다. 마치 마약을 하던 사람이 중독에서 벗어나고자 마약을 끊었을 때 생기는 금단 현상과 유사한 현상이, 늘 놀던 학생이 공부하고자 마음먹고 공부하려고 할 때 생기게 된다. 하지만 참아야 한다. 견뎌야 한다. 독히게 미음먹고 이겨내야 한다. 도중에 포기하면 더 심한 절망의 늪에 빠질 뿐이다. 도중에 멈추게 되면 몸과 마음이 심각하게 병들고 망가지게 된다. 힘을 내야 한다. 금단 현상에 괴로울 때 이를 악물고 나는 할 수 있다는 마음을 굳게 먹고 참아야 한다. 너무 힘들면 소리를 지르며 하나님께 기도하라.

"하나님, 너무 두렵습니다. 괴롭습니다. 공부하는 것이 힘듭니다. 전 어떡하면 좋아요. 정말 죽고 싶습니다. 저 좀 도와주세요. 난 할 수 없어요. 난 자신 없어요. 제발 저 좀 도와주세요."

나는 인간의 한계 상황이 하나님을 만나는 순간, 또 다른 전환점이 될 수 있다고 믿는다. 도저히 내 힘으로 할 수 없다고 생각되는 막다른 골목이라야 비로소 신을 만날 수 있는 귀한 통로가 보인다고 나는 고백한다. 왜냐하면 내가 그렇게 신을 만났기 때문이다. 사방이 막혀 있고 누구 하나 나를 도울 수 없는 절박한 상황에서 나는 신음하고 괴로워했다. 그런데 놀라운 것은 사방은 막혀 있었지만 하늘은 열려 있었다. 바로 나의 고통스런 비명을 들으신 하나님이 나를 위로하고 나를 도와주셨다. 나는 신과의 만남을 통해 나를 자살로 몰고 가던 좌절과 절망에서 벗어나 다시 시작할 수 있었다.

이 책을 보는 많은 청소년들도 너나없이 다들 크고 작은 문제로 힘들어 한다. 공부로 인해 생긴 문제일수도 있고, 이성 친구나 왕따로 인해 생긴 문제일수도 있다. 몸이 아프거나 경제적인 문제 혹은 집안 문제일수도 있다. 참으로 다양하지만 공통점은 있다. 너무 힘들다는 점이다. 혼자 힘으로는 도저히 참아낼 수 없는 인생의 무거운 짐들이 예고 없이 우리의 어깨를 사정없이 무섭게 싯누를 때가 많다. 너무 무거워서 어깨가 부러지는 것 같은 통증을 느낄 때도 있다. 누구에게 도움을 청할 수도 없고 나 혼자 끙끙거리며 아파해야 하는 문제들. 그럴 때 우리는 절망할 수밖에 없다. 절망이 심해지면 삶의 의욕이 식어 버린다. 삶의 의욕이 사라지는 순간이 바로 자살을 꿈꾸기 시작하는 순간이다.

이럴 때는 명상으로도 문제 해결이 안 되고 마음관리로도 마음이 안정되지 않는다. 어쩌면 기도조차 되지 않을 수 있다. 한계 상황이다. 정말 갈 데까지 간 것이다. 더 이상 내려갈 바닥이 없다. 만약 지금 이런 상황에 있는 학생들이 있다면 하나님을 향해 비명을 질러 보기 바란다. 내가 과거에 그랬던 것처럼 "나 좀 살려주세요! 이렇게 죽기 싫어요! 나 좀 도와주세요!" 하고 간절한 마음으로 부르짖기 바란다. 그러면 지금까지 알지 못했던 놀라운 평안과 위로가 마음속에 생기는 것을 느끼게 될 것이다. 나는 그것을 감히 하나님의 사랑이라고 말하고 싶다. 너무 삶이 힘든 친구들은 내가 과거에 했던 방법대로 꼭 한 번 해 보기를 권하고 싶다.

11월 첫째 주
꾸준히 노력하여
실력 쌓기

11 ①

기말고사 6주 전이다. 이미 한 주 전부터 7주 공부 계획에 들어간 친구들은 계획대로 실천해 나가기 바란다. 그러나 아직 기말고사 준비를 시작하지 않은 친구들은 이 시기부터는 꼭 시작하기 바란다.

이 시기에는 신문에 대학 입시에 관한 기사들이 많이 나온다. 대학 입시˚가 얼마 남지 않았기 때문이다. 어떻게 대학 입시 준비를 마무리하고, 어떻게 시간과 건강을 관리하면 좋은지에 관한 기사들을 꼼꼼히 챙겨 잘 스크랩해 두는 것이 좋다. 내게 도움이 될 만한 내용들을 주려 현재 공부하는 것에 섭목시켜 보는 것도 좋은 방법이다.

그리고 그동안 체육관에서 호신술을 꾸준히 배운 학생이라면 이

● 보통 수능은 11월 둘째 주 혹은 셋째 주에 본다.

제 1단 정도는 충분히 땄을 것이다. 더불어 자신의 몸을 보호할 수 있다는 자신감도 생겼을 것이다. 그동안 많이 피곤하고 힘들었지만 체육관에서 묵묵히 땀을 흘린 것이 결코 헛되지 않았음을 알게 되었을 것이다. 공부도 마찬가지다. 열심히 한 만큼 정직하게 결과가 나오는 운동처럼 공부 역시 그렇다. 하루 동안 열심히 한다고 금세 성적이 오르는 것이 아니다. 하지만 하루 이틀 쌓이다 보면 자신도 모르는 사이에 실력이 계속 향상된다.

실력과 인격을 갖춘 멋진 엘리트가 되는 법

만약 학교에서 싸움을 못해 괴롭힘을 당하는데도 아직도 체육관에서 운동하지 않는 학생들이 있다면 더는 시간을 끌지 말고 오늘 당장이라도 체육관에 가서 호신술을 배우기 바란다. 지금보다 중3이 되면 아이들은 더 잔혹하고 황폐해진다. 고등학교에 가면 더 말할 필요가 없다. 미리미리 운동해 힘을 길러야 자신을 괴롭히는 학생을 만나도 비굴해지지 않는다. 지금까지 성실하게 운동한 학생들은 오히려 이제는 반에서 아이들을 괴롭히는 학생들을 손볼 수 있는 힘까지 생겼을 것이다. 부디 반에서 약한 학생들을 괴롭히는 일이 더 이상 생기지 않도록 여러분이 나서서 남을 괴롭히는 학생들에게 단단히 주의를 주도록 하라.

약한 친구들을 괴롭히는 학생들 대부분은 자신보다 강한 학생에게는 꼼짝도 못하면서 자신보다 약한 학생들은 잡아먹을 듯이 괴롭히고 못살게 군다. 참 안타까운 모습이다. 학교에서 괴롭힘을 당해 자살하는 학생들의 숫자는 매년 계속 늘고 있다. 너무 부끄

럽고 수치스러워 그 누구에게도 차마 말하지 못하고 끙끙 앓다 결국 스스로 목숨을 끊는 학생들이 너무나 많다.

더 이상 이런 일이 반복되지 않기 위해서는 이 책을 보는 학생들 중에서 꾸준히 운동한 친구들이 단호하게 나서서 하지 못하도록 막아야 한다. 생명을 구하는 일이다. '그냥 내 일 아닌데 괜한 참견하지 말자.' 하면서 모른 체하지 말라. 단순히 성적 올리는 문제가 아니라 사람의 생명이 달린 문제다. 도울 힘이 있는데도 모른 척 넘어가지 말자. '내 공부할 시간도 없는데 왜 남의 일에 신경 써. 쟤는 나와 별로 친한 사이도 아닌데. 괜히 내 시간만 뺏기는 일 할 필요 없잖아.'라고 변명하며 무관심해지지 않기를 간곡히 부탁한다. 여러분의 작은 도움이 자살을 결심한 학생에게는 생명수와 같은 역할을 할 수 있음을 꼭 기억하기 바란다.

기말고사 4주 전

$11^②-12^①$

　아직까지 기말고사 준비를 시작하지 않은 학생들은 4주 전부터는 꼭 시작하기 바란다. 2학년 2학기 기말고사는 2학년의 마지막 시험이다. 기말고사 성적 여부에 따라 겨울 방학 공부 분위기가 많은 영향을 받게 된다. 4주간 열심히 공부해 기말고사를 잘 보면 기분 좋게 겨울 방학을 맞을 수 있다. 그러나 2학기 기말고사를 망치게 되면 내년 5월 3학년 1학기 중간고사를 볼 때까지 거의 5달의 시간을 기다려야 한다. 방학 내내 부모님은 부모님대로 속상하고 학생들 역시 풀이 죽는다. 그만큼 한 해를 마무리하는 마지막 시험이니 그동안 공부에 소홀했던 친구들도 이제부터는 다니엘 4주 공부 계획에 따라 기말고사를 준비하기를 간곡히 부탁한다.

12월 둘째 주
2학기 기말고사 기간

12²

2학년 마지막 시험이다. 시험 준비는 지금까지 성실하게 한 대로 준비하면 충분하다. 하루하루 침착하게 시험에 임하도록 한다. 시험을 치르다 보면 공부를 많이 했어도 때로는 원하는 만큼 잘 보지 못하는 때도 있다. 특정 과목을 망치는 경우도 있다. 그럴 때는 어떻게 마음관리를 하느냐가 중요하다. 자칫 망친 시험 생각에 너무 몰입하다가 나머지 시험조차 실수할 때가 많기 때문이다.

시험이 다 끝날 때까지는 망친 시험에 대해서는 판단을 유보하도록 한다. 시험 끝날 때까지는 망친 시험 생각에 잠시 괄호를 쳐 누는 것이다. 사실 망친 시험도 끝나고 나면 내가 인제 그랬냐는 식으로 금세 잊어버리게 된다. 문제는 시험을 치는 기간 중에는 망친 시험 생각이 계속 머릿속에 남아 공부하는 것을 방해할 수 있다. 막상 시험공부에 집중하지 못하고 생각이 분산되어 버리는 것이다. 그 결과는 기말고사라는 핵심을 장악하는 데 실패로 나타나게 된다.

이 점을 특별히 유념해 마음관리에 힘쓰도록 한다. 마음관리 시간이 늘어나면 공부 시간이 줄어들 수는 있지만, 마음이 잘 관리될수록 오히려 공부 효율성은 극대화된다. 책상에 오래 앉아 있어도 마음이 복잡한 상태에서는 그다지 효과적인 공부가 되지 않는다. 충분한 마음관리로 맑은 정신 상태를 만들어 공부에 집중하는 것이 훨씬 효과적이다. 시험 기간 동안 마음관리에 특히 유념하기를 부탁한다.

이제 기말고사도 다 끝났다. 홀가분할 것이다. 시험을 치른다는 것은 쉬운 일이 아니지만, 시험을 통해 조금씩 나 자신이 훈련되는 것을 느낄 것이다. 이 훈련은 앞으로 내가 공부하고자 하는 분야에서 전문가가 되기 위한 좋은 밑거름이 된다. 힘들어도 성실하게 훈련에 임하는 것이 얼마나 귀한 재산이 되는지는 시간이 지나면 알게 될 것이다. 이제 이번 한 주간 지친 몸과 마음을 쉬면서 겨울 방학 계획을 세워 보도록 하자.

아직까지 『다니엘 아침형 학습법』과 『다니엘 학습법 개정판』을 읽어 보지 않은 친구들은 이 기간을 이용해 책을 읽고 겨울 방학 공부 계획을 새롭게 세워 보기를 간곡히 바란다. 수많은 학생들이 이 책들을 통해 성적 때문에 포기한 꿈을 다시 찾게 되었다. 아직 늦지 않았다. 지금부터라도 얼마든지 역전할 수 있다. 이 책들을 통해 새롭게 뜻을 정해 역전 드라마의 주인공이 되길 바란다. 반드시 여러분에게 큰 도움을 줄 것이다.

12월 넷째 주~2월 넷째 주

중2
겨울 방학 기간

12°⁴-2°⁴

중학교에 들어와 두 번째 맞는 겨울 방학이다. 이 책을 보고 성실하게 중1 겨울 방학을 보낸 학생들은 겨울 방학 동안 제대로 공부하는 것이 얼마나 큰 효과가 있는지 절감했을 것이다. 겨울 방학 때 미리 성실하게 공부하면 1년 내내 여유를 가지고 자기가 하고픈 일을 하면서도 공부를 잘할 수 있다는 것을 배웠을 것이다. 반면 겨울 방학을 제대로 잘 보내지 못하게 되면 1년 내내 공부에 계속 끌려 다니며 성적도 생각만큼 잘 나오지 않고 힘든 시간을 보내게 된다는 것도 깨달았을 것이다. 겨울 방학은 너무나 중요한 시기다. 중요한 시간이기에 정교한 계획이 더더욱 필요하다.

우선 먼저 늘 그래왔듯이 자는 시간과 일어나는 시간을 정해야 한다. 새벽형 생활 계획을 선택할 것인지, 아니면 저녁형 생활 계획을 선택할 것인지 정해야 한다. 아직까지 새벽형 생활에 적응하지 못한 학생들이 있다면 이번 겨울 방학을 이용해 한 번 더 생활을 개조해 보기를 바란다. 누누이 강조했지만 공부하는 학생들에게는 새벽형 생활 패턴이 더 효율적이다. 적응만 되면 아주 막강한 생활 습관이다. 중2 겨울 방학을 이용해 이 습관을 몸에 익히기만 해도 겨울 방학을 잘 보냈다고 말할 수 있다. 힘들어도 꼭 한번 다시 시작할 것을 권한다. 몇 번 실패를 했더라도 좌절하지 말고 도전하기를 바란다. 불굴의 도전의식을 가지고 도전하고 또 도전하면 반드시 디니엘 새벽형 인간으로 자신이 변화되는 것을 체험하게 될 것이다.

도저히 못하겠다는 학생들은 저녁형 생활 습관을 따르되 앞에서 말한 저녁형 계획을 참고로 지혜롭게 시간을 사용하기 바란다. 그리고 점차 자는 시간을 앞당기고 일어나는 시간을 빠르게 해서 생활 습관을 바꾸도록 노력하기를 바란다. 방학 계획에 대한 세부적인 내용은 이전 방학 계획들을 참고해 계획하고 실천하기 바란다.* 늘 말하지만 자신의 상황은 자신이 제일 잘 안다. 따라서 아무리 좋은 계획일지라도 무비판적으로 받아들이지 말고 자신의 것으로 응용하여 적용하기를 부탁한다. 자신에게 맞는 최적의 방학 계획을 세워 힘차게 실천하자.

이번 겨울 방학에 특별히 공들여 해야 할 일은 중3 수학을 예습하는 것이다. 중3 수학의 체계는 고1 수학의 체계와 아주 흡사하다. 따라서 중3 수학을 잘 준비하는 것은 고등학교에서 공부할 수학의 기초를 잘 다지는 일이라고 말할 수 있다. 기초를 튼튼히 준비하는 것은 더없이 중요하다. 그러므로 중2 겨울 방학을 통해 중3 수학의 기본을 잘 다지는 것은 대학 입시에서 미리 앞서 나가는 것과 같다.

따라서 겨울 방학을 이용해 중3 수학 교과서와 교과서 난이도의 문제집 한 권 정도를 선택해 차근차근 예습하도록 한다. 그리고 중1~2 수학은 그동안 푼 문제집의 틀린 문제들 중에서 별표로 체크한 문제를 중심으로 다시 정리하면 된다. 그동안 방학을 이용해 여러 번 내용을 반복하고 문제를 보았기 때문에 그리 많은 시간이 들지는 않을 것이다. 답안지를 보아도 잘 풀리지 않던 문제들이 학년이 올라가면서 저절로 쉽게 풀리는 것을 경험할 것이다.

사실 중1 문제가 아무리 어려워도 웬만한 고1 학생들은 다 푼다. 왜냐하면 수학적 사고의 깊이와 폭이 깊어지고 넓어졌기 때문이다. 공부한 시간과 절대량이 쌓이면서 수학에 대한 조직적 사고능력이 나도 모르는 사이에 향상된 것이다. 그 결과 중1 때는 도저히 어려워 답안지를 보아도 이해하기 힘들던 문제들이 이제는 풀만하게 된 것이다. 이 점을 수학 공부할 때 유의하면서 겨울 방학 동안 중3 수학 예습과 중1~2 수학 복습을 하도록 한다.

● 1학년 겨울 방학 공부 계획을 참조할 것.

# 시간의 소중함

〈다니엘 마음관리 365일〉중에서

일 년의 소중함을 알고 싶으면

입학시험에 떨어진 학생들에게 물어보라.

한 달의 소중함을 알고 싶으면

미숙아를 낳은 산모에게 물어보라.

한 주의 소중함을 알고 싶으면

주간지 편집장에게 물어보라.

하루의 소중함을 알고 싶으면

아이가 여섯 명이나 딸린 일일 노동자에게 물어보라.

한 시간의 소중함을 알고 싶으면

약속 장소에서 애인을 기다리고 있는 이에게 물어보라.

일 분의 소중함을 알고 싶으면

기차를 놓친 사람에게 물어보라.

일 초의 소중함을 알고 싶으면

간신히 교통사고를 모면한 사람에게 물어보라.

천 분의 일 초의 소중함을 알고 싶으면

올림픽에서 은메달을 딴 사람에게 물어보라.

3학년

중3을 또 다른 말로 '예비 고등학생'이라고 부른다.
중3 때의 공부는 고등학교 공부와 직결되는 부분이
많기에 다른 학년보다도 이 시기에 더 많이
신경 써서 공부해야 한다.

예비 고등학생의
새로운 1학기 시작

3^1-4^4

　드디어 중3이 되었다. 중3을 또 다른 말로 '예비 고등학생'이라고 부른다. 예전에는 고등학교에 들어가기 위해 고교 입학시험을 보았다. 그때는 중3을 고교 입시 수험생이라고도 불렀다. 지금은 고등학교 입시가 없는 대신 특수 목적고 입시와 자립형 사립 고등학교 입시가 있다. 이곳에 진학을 꿈꾸는 학생들은 고3 수험생처럼 열심히 이 시기를 보내야 한다. 특목고 입시를 준비하지 않는 학생의 경우라도 중3 공부는 고등학교 공부와 직결되는 부분이 많기에 다른 학년보다도 더 많이 신경 써서 공부해야 한다.

　방학을 성실하게 보낸 학생들은 이미 중3 수학 1학기 내용을 한 번 공부했을 것이다. 상위권 학생들의 경우 보통 10-가·나와 수1·2를 이미 끝낸 친구들도 있다. 물론 그 이상의 진도를 나간 학생들도 많다. 영어도 문법과 독해 실력이 많이 향상되었을 것이다. 보통 상위권 대학을 준비하는 학생들은 중3 공부를 하면서 동시에 고1 영어·수학을 함께 병행한다. 그렇지만 아직까지 공부에 별 관심 없이 중3을 맞이한 학생들이 더 많을 것이다.

중학 시절은 가능성의 시기다. 3학년의 시작인 지금부터라도 뜻을 정해 공부를 시작하면 늦지 않았다. 검정고시 학원에 가면 중학 과정을 6개월 정도면 정리해 준다. 중 1·2 과정은 빠르면 3달, 늦어도 4달이면 정리가 된다. 2년 정도 공부를 게을리했다고 공부를 포기하기에는 너무 이르다는 뜻이다. 지금부터라도 마음을 새롭게 하고 시작하면 결코 늦지 않다. 영어·수학 기초가 너무 없어서 학교 수업 내용을 이해하기가 어려운 학생들이라도 실망할 필요 없다. 일단 1학기 동안은 중1·2 영어와 수학을 차근차근 공부한다는 생각으로 시작하면 된다. 중간·기말고사 준비 기간을 제외한 나머지 시간을 이용하여 중1·2 영어와 수학을 다시 공부하도록 한다.

만약 중간고사를 준비할 때 중3 수학이 이해하기 어렵고 힘들다면 그동안 공부하지 않은 것을 솔직히 인정하고 하는 데까지 준비하고 시험을 보라. 영어의 경우는 기초가 없더라도 중3 교과서 본문을 집중적으로 읽고 외우면 어느 정도 성적이 나온다. 물론 선행학습을 탄탄히 한 학생들보다 실력 면에서 뒤처지는 것은 사실이다. 하지만 수능시험을 준비하기에는 중3인 지금부터 시작해도 얼마든지 늦지 않기 때문이다. 상대적으로 뒤떨어신 것만 보고 성급히 판단하지 말기를 간곡히 부탁한다. 지금 시작해도 절대로 늦지 않다. 선배의 말을 믿고 새롭게 뜻을 정해 도전하기를 바란다.

중3 때 시작해도 충분하다

예전에 가르친 학생들 중에서 중3 여름 방학 때 처음으로 정신을 차려 공부를 시작한 학생이 있었다. 그 학생은 원래 공업 고등학교나 상업 고등학교에 진학할 생각이었다. 초등학교 때에는 공부를 잘했지만 중학교에 와서 친구들과 어울려 놀다 보니 점차 공부에 흥미를 잃고 나중에는 자포자기하기에 이르렀다. 그런데 어느 날 여자 친구를 사귀게 됐는데 굉장히 공부를 잘하던 여자 친구가 폭탄선언을 했다고 한다.

"나는 상업 고등학교에 갈 학생과는 사귀고 싶지 않아."

사실 이성 관계에서는 공부보다 더 중요한 것이 많은데도 여학생의 경우는 남자 친구의 성적에 관심이 많았던 모양이다. 결국 고민하던 학생은 소문을 듣고 나를 찾아와 제발 인문계 고등학교에 갈 수 있도록 도와달라고 하소연했다.

안타까운 사정에 실력 테스트를 했는데 중3임에도 중1 영어 교과서도 제대로 읽지 못하는 것이 아닌가. 마치 중1을 보는 것 같았다. 그런 그가 중3 여름 방학 내내 내가 시키는 대로 중3 영어 본문을 읽고 또 읽고 외우기 시작했다. 발음도 몰라서 한글로 발음을 써 놓고 외었다. 그런데 그 학생이 3학년 2학기 첫 중간고사에서 받은 영어 점수는 놀랍게도 94점이었다. 본인 스스로 놀란 것은 둘째 치고 여자 친구가 감동을 받았다고 했다. 결국 그 친구는 인문계 고등학교에 진학할 수 있었다.

이 이야기를 하는 까닭은 아직도 늦지 않았다는 것을 말하고 싶어서다. 벌써 공부를 포기하기에는 너무나 이르다. 지금부터 해도 늦지 않았다. 뜻을 다시 정해 시작하는 것이 중요하다. 다시 시작하기 바란다. 그리고 구체적인 동기 부여를 하기 바란다. 다시 시작할 동기가 필요하다. 힘들어도 중간에 포기하지 않고 최선을 다할 수 있는 동기가 필요하다.

중간고사 8주 전이다. 지금부터 시작하면 겨울 방학 때 설렁설렁 보낸 시간을 충분히 만회할 수 있다. 차근차근 중간고사를 준비하며 3학년을 시작하길 바란다.

1학기 중간고사 준비를 위한 수면 시간 조정

중3 첫 중간고사인 만큼 잘 준비하도록 한다. 준비 방법은 평소처럼 하되, 특별히 중3부터 수면 시간을 조절하거나 자유 시간을 줄여 공부 시간을 늘리는 방법도 있다.

대부분의 학생들이 6시간 정도 수면을 취하고 있을 것이다. 그러나 아직까지 6시간보다 더 많이 자는 학생들도 많을 것이다. 만약 중3 때 좀 더 열심히 공부하려는 학생들이 있다면 수면 시간을 줄여 공부 시간을 늘릴 수 있다. 어떤 학생들은 수면 시간은 도저히 못 줄이니까 자유 시간을 줄이겠다고 말한다. 다 좋다. 핵심은 깨어 있는 동안 집중해 공부하는 데 있다.

만약 하루 6시간 정도 잠을 자고 공부하겠다는 학생이 있다면, 이미 하루 6시간 자고 공부하는 계획에 대하여 언급했으니, 그것을 참고로 시작하기를 바란다. 만약 자유 시간에서 1시간 정도를 줄여 공부하겠다는 학생이라면 시간 계획표에서 가능한 시간을 골라 수정하도록 한다. 욕심이 너무 앞서면 오히려 전체적인 생활 리듬이 깨질 수 있다는 점에 유념하여 실행하기 바란다. 한 달 정도 중간고사를 대비해 공부하는 만큼 계획을 잘 실천한다면 그동안 공부에 소홀했던 친구들도 얼마든지 좋은 성적을 거둘 수 있다.

평소 6시간 자던 학생들은 굳이 잠을 더 줄일 필요는 없다. 대신 깨어 있는 시간에 더욱 집중도를 높여 공부하는 것이 좋다. 필요하다면 자유 시간을 조금씩 줄이는 것도 괜찮다.

4월 첫째 주

이성 교제라는
복병에 대비하라

$4^①$

중3 때는 몇 번의 슬럼프가 찾아온다. 공부 부담감이 커진 만큼 슬럼프의 강도 역시 매우 높다. 열심히 공부해야 한다는 생각이 가중될수록 벗어나고자 하는 마음도 커진다. 작용이 크면 클수록 그만큼 반작용도 커지게 된다. 이 책에 나온 대로 미리미리 마음 관리 시간을 통해 마음이 잘 관리된 학생들은 압박감이 커져도 어느 정도 유연하게 조절할 수 있다. 그러나 대부분의 학생들은 몸과 마음이 황폐해져도 수수방관할 수밖에 없다. 결국 압박감에서 벗어나고자 여러 방법을 택하는데 그중 한 가지가 이성 교제다.

중3쯤 되면 학생들의 신체 발육은 엄청나다. 언뜻 보기에 대학생 같은 친구들도 많다. 이때는 인터넷을 통해 포르노나 성인 영화 등을 이미 경험하고, 신체 발육에 따른 호르몬 분비도 왕성해 이성에 대한 호기심이 극도로 높아져 있는 상태다. 이런 상태에서 공부에 대해 과다한 스트레스를 받으면 성적 호기심과 에너지를 이성에게 사용하도록 강한 유혹을 받을 가능성이 높다. 이성에 대한 호감과 성적 호기심, 그리고 공부 스트레스로부터의 도피 욕구가 복합돼 본격적으로 이성 친구 사귀기에 돌입하는 학생들이 많다. 시험을 한 달 정도 앞둔 이 시기에, 특히 남녀 합반인 경우 반 친구들 중에서 마음에 들고 느낌이 통하는 학생에게 작업(?)을 시도하는 경우가 빈번하다. 함께 영화도 보고 밥도 먹으면서 자연스레 가까운 사이로 발전하게 된다.

중학생의 성 경험 수치가 이미 20퍼센트를 넘었다고 한다. 좋아하는 이성과 함께 있다 보면 공부에 대한 중압감을 잊고 이성에만 몰두하게 된다. 상위 그룹, 희망 그룹 어디에 속하느냐에 관계없이 이성 교제라는 폭풍은 예고 없이 어느 한순간 찾아올 수 있기에 누구도 방심할 수 없다. 겉으로 드러나지는 않지만 상위권으로 갈수록 엄청난 자기 절제와 인내로 중압감을 견디고 있기에 순간적인 스트레스 배출구를 찾게 되면 그것에 몰입할 가능성이 매우 높다. 또 하위권으로 갈수록 공부를 포기하려는 마음에 그 빈 공간을 이성 교제로 채우려고 애쓸 가능성이 높다.

이성 교제를 적당히 유지한다는 것은 중학생 나이에는 쉬운 일이 아니다. 감정은 한곳으로 쏠리게 마련이다. 성인이 되어도 쉬운 일이 아니다. 공부와 이성 교제를 병행한다는 것이 불가능하지만은 않지만 어쨌든 이성 교제는 공부 리듬을 철저하게 깨뜨려 버리는 파괴력을 가지고 있기에 조심해야 한다. 더욱이 이성과 헤어져 마음에 상처라도 받게 되면 정상적으로 공부하는 것은 한동안 불가능하다. 최상위권은 상위권으로, 상위권은 중위권으로 한 단계씩 떨어지기 쉽다. 더 심하면 두 단계씩 떨어질 수도 있다. 공든 탑이 한순간에 무너지는 경우다.

일순간의 강한 정신적 쇼크로 마음관리가 멈추게 되고 내면세계는 걷잡을 수 없는 혼돈으로 뒤덮인다. 왜 공부를 해야 하는지 근본적인 생각마저 뿌리째 흔들린다. 술과 담배에 몰두하거나, 인터넷을 통해 무분별한 성적 쾌락에 탐닉할 수도 있고 심지어 돈으로 성을 살 수도 있다. 특별히 공부 위주로 단순하게 살아온 최상위권과 상위권은 일순간에 무너질 수 있다.

이 세상에서 가장 중요하게 지켜야 할 것이 바로 인간의 마음이다. 왜냐하면 인간의 마음에서 생명의 근원이 나오기 때문이다. 한번 마음이 상하기 시작하면 그 상처는 쉽게 치유되지 않는다. 마음이 병들면 육체마저 극도로 약해져 병에 걸리기 쉽다. 걱정과 근심이 마음을 지배하게 되면 인간의 뼈는 썩기 시작한다. 생명력이 사라진다. 하지만 마음이 기쁘고 즐겁고 유쾌하면 암세포까지 녹여 버린다고 한다. 마음은 그만큼 중요한 것이다.

이성 교제는 마음을 송두리째 뒤흔들 수 있는 파괴력을 가지고 있다. 겨울에서 봄으로 계절이 변하며 중3이 되는 이 시기에 학생들의 마음 역시 봄눈 녹듯 풀리며 한껏 부풀어 오른다. 이성 교제에 대한 준비가 없다면 이 책을 보는 여러분도 언제든지 이로 인하여 가슴앓이를 해야 할 것이다. 따라서 이 시기 이성에 대한 강렬한 호기심과 호감을 매일 새벽 마음관리 시간을 통하여 좋은 방향으로 전환하도록 힘써야 한다. 도저히 참을 수 없을 때에는 건전한 이성 교제를 하도록 한다. 단 혼자서는 힘들기에 부모님께 조언을 얻는 것이 큰 도움이 된다. 아주 특별한 경우를 제외하고는 가급적 깊은 이성 교제는 대학생 이상부터 하는 것이 좋다고 생각한다.

3학년 1학기 중간고사 기간

시험을 잘 치르는 최선의 방법은 지금까지 공부한 것을 토대로 최대한 마음 편히 집중하는 것이다. 지나친 욕심을 내지 말고 공부한 만큼 성적을 받으면 좋다는 마음으로 겸손하게 매 시험에 임하기 바란다. 특히 이 기간은 환절기라 감기에 걸리지 않도록 건강 관리에 힘쓰며 시험 기간일지라도 적절한 운동을 꾸준히 할 수 있도록 계획을 세우는 것이 좋다.

만약 공부를 전혀 하지 않고 놀기만 한 학생들도 당일치기를 통해 최선을 다한다면, 이 또한 좋은 경험이 될 것이다. 왜냐하면 공부는 역시 꾸준히 해야 한다는 것을 깨달을 수 있는 좋은 계기가 될 것이기 때문이다.

시험은 역시 힘들다. 하지만 꼭 거쳐야 할 과정이기에 피하지 않고 즐기는 법을 배우기 바란다. 모두 힘을 내서 마지막 날까지 최선과 정직으로 시험을 치르기를 부탁한다.

5월 첫째 주(중간고사가 끝난 다음부터)~둘째 주

마음관리와 함께
휴식과 여유를

5¹-5²

중간고사가 끝나면 많은 학생들이 5월달 내내 그냥 실컷 놀려고 한다. 시험도 끝났으니 여유를 가지고 즐기고 싶은 것이다. 게다가 고등학교에 입학하기 전, 중학교에서의 마지막 5월인지라 한번 멋지게 놀고 싶은 마음이 간절하다.

5월 한 달은 행사도 많고 휴일도 많아 정상적인 수업 리듬을 유지하기 어려운 것 또한 사실이다. 특별히 5월은 계절의 여왕이라 불릴 만큼 날씨까지 좋아 마음이 한껏 부풀고 공부에 억눌린 여러 감정들을 일시에 발산하고 싶어진다. 중간고사를 준비하는 기간 동안 가중된 스트레스를 이성 친구를 사귀면서 해수하고자 했던 학생들은 5월 한 달 동안 깊은 관계로 발전할 가능성이 높다. 휴일도 많고 날씨도 좋고 이성 친구와 야외에서 놀기도 좋은 때다.

마음의 경계를 확 풀게 만드는 묘한 마력이 깃든 5월. 시험이 끝난 주에는 충분한 휴식을 취하면서 깊은 마음관리를 가져야 5월을 지혜롭게 보낼 수 있다. 우선 하루 30분 정도 특별 마음관리 시간을 가지도록 한다.

나 같은 경우는 『성경』*을 15분 정도 읽고 15분 정도 깊은 명상과 기도를 했다. 물론 새벽 마음관리 시간과는 별도로 학교에서 집에 돌아오자마자 바로 했다. 나는 『성경』을 읽으면서 마음속에 있는 여러 잡념들이 사라지는 것을 경험했다. 내면의 세계가 조용하면서도 정결하게 질서가 다시 잡히면서 새로워지는 것을 느꼈다. 시험 결과에 대한 중압감으로 깨어지고 상처 났던 마음이 회복되는 것을 느꼈다. 중간고사 기간에 몇 과목 망친 탓에 생긴 좌절들이 하나둘 치료되는 것을 경험했다.

『명심보감』 혹은 『반야심경』 같은 책들이 해당 종교의 신도가 아니더라도 꼭 한 번쯤 읽으면 좋은 책이듯 인간이라면 누구나 『성경』을 통해 자신을 되돌아보는 계기를 가질 수 있다. 나는 『성경』을 읽은 다음, 깊이 호흡을 조절하고 명상을 하면서 동시에 기도를 했다. 내가 가진 열등감, 괴로움, 고통, 슬픔, 분노 등을 스스로 조절하는 데는 한계가 많다. 그래서 나는 이 시간을 통해 중간고사를 준비하면서 겪은 많은 좌절과 괴로움을 신에게 기도하며 털어놓았다.

하나님께 내가 하고 싶은 말들을 실컷 하고 나면 마음이 한결 가벼워진다. 나를 억누르고 힘들게 하는 모든 문제들을 하나님께 말하고 다 그분에게 던지고 나면 무척 편안해진다. 이것은 어떠한 성적 쾌락이나 오락보다 즐겁고 깊은 위로를 준다. 명상과 기도를

◉ 『성경』 중에서 솔로몬 왕이 쓴 「잠언」을 꼭 추천하고 싶다.

통한 마음관리가 주는 놀라운 힘이다. 나는 청소년들이 몸이 필요로 하는 양식만 먹지 말고 영혼에 좋은 양식들을 많이 먹기를 바란다. 좋은 책들을 독서 시간을 통해 읽으면서 내면세계를 풍요롭게 가꾸기를 원한다.

이렇게 깊은 마음관리를 하는 한편, 이 기간을 통해 그동안 보고 싶었는데 보지 못한 영화, 비디오 등을 실컷 본다. 그리고 다른 하고픈 일들도 하도록 한다. 나는 자전거 타는 것을 무척 좋아해 1~2시간 정도 배낭에 간식거리를 챙겨서 자전거를 탔다. 강변을 따라 음악을 들으며 자전거를 타면 정말 마음이 상쾌해진다. 또 이 기간에는 만나고 싶은 친구들도 많이 만나고 생활의 여유를 가지도록 한다. 시험이 끝난 다음 이렇게 푹 쉬고 나면 다시 공부할 마음이 생기게 된다.

너무 공부만 하면 내면의 폭이 좁아질 수도 있다. 나는 이 책을 보는 학생들이 실력과 인격이 고르게 갖추어진 사람이 되기를 바란다. 마음이 따뜻하고 여유 있으면서 실력이 출중한 사람이 되기를 바란다. 그래서 나 자신만을 위해 살지 않고 나보다 어려운 이웃들을 배려하고 사랑하며 사는 그런 사람들이 되기를 소원한다.

너무나 많은 사람들이 이웃을 생각하지 않고, 나만 성공하기 위해 수난 방법을 가리지 않고 주변 사람들을 밟고 넘어뜨린다. 남을 철저하게 짓밟아야 내가 성공할 수 있다는 약육강식의 논리에 지나치게 사로잡혀 있다. 부디 이런 마음에서 벗어나기 바란다.

이 세상에 독불장군은 없다. 우리 모두는 그냥 하늘에서 뚝 떨어진 존재가 아니다. 우리가 지금 이 상태에 이르기까지는 부모님의 말할 수 없는 사랑과 헌신이 있었다. 여러 사람들의 사랑에 힘입어 성장해 왔다. 나 혼자 잘나서 오늘의 내가 있는 것이 아니다. 그런데 소위 사회에서 성공했다고 어깨에 힘주고 다니는 사람들을 보면 마치 자신이 특별하고 잘나서 성공했다고 착각하는 것 같다. 나의 성공 뒤에는 무수한 사람들의 헌신과 희생과 수고가 있었다는 것은 까맣게 잊어버린 채 말이다.

진정한 엘리트들은 겸손하다. 독불장군은 아직 진정한 실력자가 아니라는 뜻이다. 인생의 가치는 나 혼자 잘 먹고 잘사는 데 있지 않다. 내 이웃을 사랑하고 나를 사랑하는 사람이야말로 진정한 실력자다. 더불어 사는 것을 잊지 말고 좀 더 고급스런 목표와 꿈을 위해 노력하는 사람들이 되었으면 좋겠다.

5월 셋째 주~7월 첫째 주

선생님을 감동시키는 학생 되기 & 기말고사 7주 전 : 다니엘 7주 기말고사 준비 시작하기

5³-7¹

지금까지 이 책에 나온 대로 공부한 학생들에게 손을 높이 들어 박수를 쳐 주고 싶다. 틀림없이 각자의 학교에서 공부와 운동 면에서 탁월한 실력자가 되어 있을 것이다. 2년 정도 꾸준히 호신술을 몸에 익힌 학생들은 체육 시간에 다른 학생보다 뛰어날 수밖에 없다. 요즘 청소년들 사이에서는 오락과 운동을 잘하면 인기 짱이다. 반면 오락과 운동을 못하면 왕따 당하기 쉽다. 나는 이 책을 보는 학생들이 공부는 물론이고 운동도 잘하는 학생들이 되기를 원한다. 정신적·육체적으로 건강한 학생들로 자라기를 바란다. 만약 아직도 운동을 시작하지 않은 학생들이 있다면 이 시기를 이용하여 꼭 운동을 시작하기 바란다.

학교 교육을 무시하지 말고 최대한 활용하자

중3 학생들 가운데 학교 수업은 등한시하고 과외나 학원 수업 위주로 공부하는 학생들이 많다. 이 책을 보는 학생들은 학교 선생님들과 인격적으로 좋은 관계를 맺기를 당부한다. 대부분의 시간을 학교에서 보내는데 학교를 잠자는 여관쯤으로 생각하지 말고 선생님께 열심히 배우면서 인격적으로 교제하기를 바란다.

요즘 학생들에게서 선생님에 대한 존경심을 찾아보기는 사실 쉽지 않다. 심지어 학교 수업마저 우습게 여긴다. 질문은커녕 수업조차 잘 들으려 하지 않는다. 이런 상황에서 어떤 학생이 수업도 잘 듣고 질문도 잘하고 깍듯이 예의를 지킨다고 상상해 보라. 그런 학생을 선생님께서는 얼마나 아끼고 좋아하실까?

학창 시절에는 모르는 부분을 공짜로 선생님께 여쭤 보면서 공부할 수 있다. 겨울 방학 동안 혼자 예습하다가 이해가 안됐던 부분을 여쭤 본다면 선생님은 학생을 무척 사랑하게 될 것이다. 위에서 말한 것처럼 너무나 많은 학생들이 학원 위주로 수업 패턴을 바꿔 아예 학교에서는 집중하지 않고 학원 혹은 과외 숙제를 하거나, 부족한 잠을 자는 경우가 많기 때문이다. 학교 수업 시간에 다른 공부를 하는 것은 좋은 방법이 아니다. 집중력도 떨어지고 왠지 마음이 편치 않기 때문에 공부에 별로 도움이 되지도 않는디.

아무리 학교 선생님의 수업이 학원 수업보다 좋지 않다 하더라도 선생님은 나보다는 많이 알고 일정 수준 이상의 실력을 가지고 있다. 수업 전달이 다른 선생님에 비해 명확하지 못한 분들조차도 개인적으로 찾아가 질문하면 너무나 친절하고 자세하게 설명을 해 주시는 경우가 많다는 이야기는 이미 앞에서 한 적이 있다. 교무실 혹은 복도에서 개인적인 질문과 대답 시간을 가져 본다면 아마도 학교 선생님을 다시 바라보고 존경하게 될 것이다.

학기 중에는 각 과목별 선생님께 모르는 내용을 질문하는 것을 잊지 말라. 가끔 음료수나 쪽지로 고마움을 표시하면 작은 성의 표시지만 선생님은 큰 감동을 받는다. 중학교에 가면 사제지간의 정이 사라진다고 말하지만 그렇지 않다. 수업을 집중해서 듣고 열심히 질문하면서 공부하는 학생들과 선생님과의 관계는 아직도 매우 긴밀하다. 얼마든지 사제의 정을 유지할 수 있다. 부모의 치맛바람으로 선생님께 잘 보이기보다는 이러한 정공법으로 깊고 인격적인 사제지간을 만들기 바란다.

학업 수행 능력 평가에서 이런 학생들에게 후한 점수를 주지 않을 수 없다. 학기 중에는 늘 이 부분을 유념하여 선생님께 진심으로 행동하기 바란다. 스스로 공부하는 학생이나 학원과 과외를 하는 학생 그 누구든 수업 시간에 선생님 강의를 경청하는 것이 공부를 잘하는 지름길이다. 최상위권 학생들치고 수업 시간에 대충대충 공부하는 학생들은 거의 없다. 학교에서 대부분의 시간을 보내면서도 수업 시간에 대충 공부하고 학원과 과외 수업으로 보충하는 것은 시간을 이중으로 낭비하는 것일 뿐이다. 주된 수업은 학교에서 해야 한다. 정말 보충이 필요한 과목에 한해 학교 밖에서 선별적으로 하는 것이다. 이 부분을 꼭 기억하기 바란다.

이 기간 학교 수업을 잘 듣고 선생님과 멋진 사제지간이 되도록 힘써 보라. 여러분이 생각하는 것보다 선생님은 훨씬 더 멋지고 귀한 분들이다. 겉으로 보이는 것이 전부가 아님을 꼭 기억하기 바란다. 학교 선생님을 존경과 사랑으로 대하면 여러분이 이전에는 경험하지 못한 스승의 사랑과 따스한 마음을 깊이 경험하게 될 것이다. 중학 시절을 통해 인격적인 스승을 만나 한평생 귀한 사제지간으로 지낸다는 것은 너무나 복된 일이다. 선생님을 선생님답게 만드는 것은 학생의 몫이다. 학생이 먼저 존경과 사랑으로 수업에 임하면 선생님들은 감동하게 된다. 선생님들을 감동시키는 학생이 되기를 바란다. 이 책을 보는 학생들이 부모님에게도, 친구들, 선생님들 사이에서도, 신에게도 많은 사랑을 받고 사랑을 주는 사람이 되기를 바라며 나는 이 책을 쓰고 있다.

6월 둘째 주~7월 첫째 주

중3 때 찾아오는
또 한 번의 위기

6²-7¹

이제 날씨가 제법 더워지기 시작한다. 5월도 지나가고 기말고사 4주 전이 되었다. 5월 한 달 동안 어떻게 지냈는가? 계획을 잘 지키고 성취감을 맛보았는가? 아니면 그냥 시간을 대충대충 흘려보냈는가? 아마도 시간을 대충 보낸 학생들은 마음이 굉장히 무거울 것이다. 자신을 용서할 수 없을지도 모른다. '역시 난 안 돼.' 하면서 자책하는 학생들도 있을 것이다. 여러분은 어떤가? 그럭저럭 잘 보냈는가?

나는 공부하면서 이 시기가 가장 어려웠다. 그냥 왠지 마음이 우울하고 공부가 잘되지 않을 때가 많았다. 이 책을 보는 학생들 중에도 그런 경우가 있을 것이다. 왠지 너무 공부가 안 되고 짜증만 나고 자기 자신에게 화가 나는, 특별히 실수한 것도 없고 그럭저럭 시간을 관리해 왔는데 왠지 마음이 허전하고 공부도 잘 안 되는 경험들 말이다.

나는 이 시기를 중3 때 찾아오는 또 한 번의 위기라고 말하고 싶다. 위기들의 공통점은 공부를 본격적으로 해야 하는 시기에 찾아오는 데 있다. 그냥 놀 때는 찾아오지 않는데 공부를 하려고 마음먹으면 이상하게 공부를 방해하는 일들이 벌어지거나 마음이 도통 잡히지 않게 된다.

이런 상태를 그냥 방치한 채 공부하다 보면 나도 모르는 사이에 공부에 대한 집중력과 효율성이 떨어지게 된다. 공부에 대한 열정도 식어 점차 무력감에 사로잡힌다. 뭘 해도 별로 재미가 없고 그냥 다 귀찮아진다. 공부에 대한 무력감이 심해지면 공부를 해도 머릿속에 남는 게 거의 없다. 그냥 책상에 앉아만 있을 뿐 실질적인 공부는 되지 않는다.

나름대로 공부하려고 노력하는데 왜 이런 일이 생길까? 무의식적으로 미래에 대해 결론을 내려 버리기 때문이다. 좀 더 쉽게 말하면 내가 가고자 하는 대학과 학과가 현재 내 실력으로는 힘들다고 이미 결론짓는 것이다. 중2 때까지는 나름대로 역전의 기회가 있다는 생각에 의욕을 갖고 공부했지만, 지금은 마음먹은 대로 공부도 안 되고 3학년의 절반이 지나가고 있다고 느끼기 때문이다. 이렇게 되면 공부하는 것이 재미가 없어진다.

목표 상실병의 기습

나름대로 공부를 하고는 있지만, 내가 원하는 대학과 학과에는 역부족이라는 사실을 무의식적으로 인정하는 순간부터 내면세계는 힘을 잃기 시작한다. 좌절된 꿈으로 인한 패배감을 벌써부터 맛보는 것이다. 나는 역시 안 된다는 부정적인 생각의 먹구름이면의 정원을 뒤덮어 버린다. 목표 상실, 방향 상실이다. 목표 상실에서 오는 허탈감이 나의 내면을 강타한다. 커다란 소용돌이가 내면세계를 무너뜨린다. 일명 '목표 상실병'이 찾아온 것이다.

이 목표 상실병은 모든 학년에서 언제든지 찾아올 수 있는데, 중학 시절에는 특히 중3 때 자주 찾아온다. 가장 많이 찾아오는 시기는 고3 때다. 목표 상실병이 고3이라는 상황과 맞물려 일명 '고3병'으로 특수성을 띠기도 한다.

목표 상실병의 초기 증상들

공부하고는 있지만, 원하는 실력에 도달할 수 없을 거라는 부정적 생각이 몸과 마음을 지배하는 목표 상실병은 특히 시험을 본격적으로 준비하는 기간에 자주 찾아온다. 목표 상실병에 걸리면 겉으로는 괜찮아 보여도 부정적 생각으로 신경성 두통을 호소하는 경우가 많아진다. 소화가 잘되지 않다가 어느 순간부터 속도 쓰리고 소화제를 습관적으로 복용하기 시작한다. 속이 너무 쓰려 어떤 때는 집중하기도 힘들어진다. 신경성 위염이다. 허리가 조금씩 아프기 시작하고, 다리도 땅기기 시작한다. 허리 디스크 초기 현상이다. 대부분의 시간을 의자에 앉아서 보내는 경우, 적절한 스트레칭과 운동이 수반되지 않으면 디스크에 걸릴 위험이 무척 커진다. 요즘 청소년들은 신체 사이즈는 매우 커진 데 반하여 실제 건강 수치는 매우 낮다. 더구나 의자에 앉아 멍하니 있는 것이 아니라 공부하기 위해 정신적 에너지를 사용하기에 바른 자세가 아닌 구부정한 자세로 공부하면 디스크에 걸리기 십상이다.

이밖에 공부를 해도 별로 실력이 향상되는 것 같지도 않아 왠지 마음이 무겁다. 시험 결과에 대한 두려움이 자꾸 생겨나 점점 우울해진다. 학교에서 친구들과 웃고 떠들어도 별로 재미가 없다. 그냥 쓴웃음만 지을 뿐이다. 괜찮은 척하는 흉내가 점점 그럴듯해진다. 신경성 우울증이다.

신경성 두통, 위염, 디스크, 우울증, 이 모든 것이 대표적인 목표 상실병의 증상들이다. 학생들은 이들 중에서 적어도 하나쯤은 가지고 산다. 정도의 차이가 있을 뿐이다. 이미 말했듯이 정신적·육체적 건강 관리에 문제가 생기면 공부에 엄청난 영향을 미친다. 만약 목표 상실병을 효과적으로 극복하거나 치료하지 못하면 중3 시절은 물론 고등학생 기간 내내 괴롭힘을 당할 것이다. 몸과 마음을 잔혹하게 상처 낼 것이고, 아물 틈조차 주지 않고 계속해서 다양한 형태로 괴롭힐 것이다. 그 상처와 고통은 몸과 마음을 심하게 상하게 하지만 회복은 무척 더디다. 특별히 몸보다 마음의 상처는 더 오래간다. 평생을 따라다닐 가능성도 높다.

마음이 우울하고 머리가 아픈 상태지만 꼭 공부를 해야겠다는 의지로 겨우겨우 공부한다고 생각해 보자. 공부해야겠다는 마음으로 책상에 앉지만 금세 두통과 우울증이 몸과 마음을 지배하기 시작한다.

"난 늦었어. 난 결코 공부를 잘할 수 없을 거야."

이러한 패배의식이 내면을 서서히 갉아먹기 시작하면, 의지로 억눌러 왔던 두려운 생각들이 하나둘씩 꼬리에 꼬리를 물고 찾아온다. 이런 생각들을 하다가 문득 정신이 들어 시계를 보면 공부는 10분도 못했는데 시간은 30분이나 흘려보낸 뒤다. 이런 자기

자신에 화가 나고 짜증이 나기 시작한다. 열심히 공부하고 싶은데 마음먹은 대로 되지 않고 오히려 헛된 생각에 사로잡혀 그냥 시간을 흘려보냈다는 생각에, 영혼의 숨통을 더욱더 힘껏 조르게 된다.

이런 현상은 공부하는 학생들이라면 다 경험하게 된다. 이런 목표 상실병 증세들은 나타나기 시작할 때 빨리 치료해야 한다. 공부하는 데 바빠 시간 없다는 핑계로 치료 시기를 차일피일 미루다 보면 나중에는 엄청난 치료 시간이 걸린다. 치료를 해도 완치가 안 될 수도 있다. 목표 상실병을 방치하면 고교 시절 공부를 자포자기하게 만들어 대학 입시에서 실패를 맛보게 할 것이고, 또 재수·삼수·사수 등 다시 공부하는 기간 내내 여러분을 더욱더 악랄하고 잔인하게 따라다니며 병들게 만들 것이다. 따라서 이 시기에 다시금 마음관리와 육체적 건강 관리를 총체적으로 해 두어야 한다. 시간이 걸리고 공부 계획을 수정하는 한이 있더라도 목표 상실병은 반드시 초기에 치료해야 한다.

허리 디스크의 경우는 바른 자세로 앉지 않아 생기는 경우가 많다. 운동하다가 다치는 경우도 있으나 학생들은 대개 좋지 않은 자세로 장시간 공부해서 생긴다. 제일 좋은 방법은 허리가 아프고 통증이 느껴지면 바로 병원에 가는 것이다. 그냥 며칠 쉬면 괜찮아지겠거니 하면서 안이하게 대처하면 안 된다. 바로 병원에 가서 필요한 검사를 받도록 한다.

허리 디스크는 검사 비용이 다른 검사에 비해 많이 들 수 있다. 엑스레이로 다 볼 수 없는 경우가 많아 CT 촬영 혹은 MRI 촬영을 하기 때문이다. 돈이 많은 사람들은 괜찮겠지만 그렇지 않은 대부분의 사람들에게는 비용이 부담스럽다. 하지만 제대로 정밀 검사를 받고 정확하게 상태를 파악하는 것이 반드시 필요하다. 정밀 검사 후에는 의사 선생님의 지시에 따라 물리치료 혹은 운동치료 등을 받게 될 것이다. 허리에 좋은 스트레칭도 알려 줄 것이다. 병원의 지시에 따라 꼬박꼬박 치료에 임하고 스트레칭으로 허리 근육을 풀어 주면서 강화해야 한다. 아직 나이도 어리니 파스 좀 붙이면 낫겠지 하면서 안이하게 대처하면 정말 위험해진다.

신경성 위염, 두통, 우울증은 일단 병원에 가서 진단을 받도록 한다. '신경성'이라고 붙은 병들은 말 그대로 정신적인 부분과 밀접한 관계가 있다. 병원에서 처방해 준 약을 먹는다 해도 마음의 병이 치료되지 않으면 언제든지 재발한다. 따라서 마음관리가 치료에 꼭 필요하다. 이 책에서 그동안 누누이 강조한 마음관리는 바로 이러한 마음의 병들로부터 여러분을 보호하고 힘든 공부를 끝까지 할 수 있도록 강한 '속사람'을 만들어 줄 것이다. 허리 디스크 역시 나쁜 자세에서만 발병하는 것이 아니라 마음의 병으로 인하여 과도하게 신경 쓰거나 걱정할 때에 생길 수도 있는 것이니 마음관리에 더욱 힘쓰도록 한다.

● 현재 CT 촬영은 의료보험이 적용된다. 그러나 MRI 촬영은 보험 적용이 안 된다. 반가운 소식은 2010년부터 MRI 촬영도 보험 적용이 된다.

목표 상실병에 걸리는 원인

이런 병들을 효과적으로 치료하기 위해서는 병의 가장 근원적인 이유를 알아야 한다. 무엇 때문에 이런 병들이 생겨났을까? 여러 이유들이 있지만 그중 대표적인 것이 욕심과 부정직이다. 공부하기 싫지만 꾹 참고 공부를 끝까지 열심히 한 학생들이 좋은 성적을 받는 것은 당연하다. 공부하기 싫어 그냥 시간을 흘려보내다가 시험만 잘 볼 것을 기대하는 것은 욕심이다.

문제는 욕심이라는 것을 알면서도 우리 모두는 이 욕심에 사로잡힌 노예라는 것이다. 정직하게 나의 실력을 받아들이고 현재의 연약한 내 모습을 있는 그대로 받아들여야 하는데 그것을 인정하지 못한다. 원하는 대학에 들어가기에 현재 나의 실력이 너무나 부족하고 모자란 것을 알면서도 무조건 가고 싶다는 강한 집착이 더욱더 강한 욕심을 부추긴다. 그래서 현재의 나를 정직하게 인정하고 받아들이지 않는다. 현재의 실력을 부인한 채 욕심이 만든 가상의 나를 현실의 나로 생각하려고 몸부림친다.

모든 학생들에게 찾아오는 시험 결과에 대한 걱정스럽고 불안한 마음은 쉽게 떨치지 못한다. 시험 결과에 대한 걱정스런 마음의 씨앗이 욕심이 지배하는 내면의 정원에 떨어지게 되면 무섭게 자라기 시작한다. 처음에는 금세 제거할 수 있던 씨앗이 제때 마음관리를 하지 않으면 점차 욕심의 토양 속에서 가시가 돋고 무성한 덤불을 이루게 된다. 이제는 쉽게 제거할 수도 없다.

욕심이 내면 정원의 토양을 지배하기 시작하면 시험 결과에 대한 두려움, 성적을 비관하는 마음, 나는 역시 안 된다는 막연한 불안감 같은 생각들이 깊숙이 뿌리를 내리고 무서우리만치 빠른 속도록 자라기 시작한다. 그리고 내면의 정원을 가득 메우게 된다. 이렇게 되면 각자의 성향에 따라 다종다양한 신경성 병에 시달리게 된다.

목표 상실병의 예방과 치료

앞에서 아주 간단하게 목표 상실병에 걸리는 과정을 설명해 보았다. 그렇다면 치료책은 무엇일까? 감사하게도 치료책은 예방책도 되기에 아직 목표 상실병 증세가 나타나지 않은 학생들 모두 미리미리 따라 하기를 간곡히 부탁한다.

치료책은 마음의 치료책과 육체적 치료책 두 가지다. 우선 영혼의 정원에서 자라나고 있는 무서운 마음들을 뽑아내야 한다. 그리고 욕심으로 얼룩진 내면의 토양을 새롭게 바꾸어야 한다. 체질개선 작업이 필요한 것이다.

그러기 위해서는 먼저 현재의 내 공부 실력, 마음 상태, 육체적 상태 모두를 정확하게 파악해야 한다. 냉정하리만큼 엄격하게 현재 상태를 내면과의 대화 시간(자기 성찰의 시간, 명상의 시간, 기도 시간)을 통해 정확히 파악해야 한다. 정해진 마음관리 시간으로 모자라다면 공부 시간을 줄여서라도 우선적으로 파악해야 한다.

파악했으면 그것을 솔직하게 노트에 써 보라. 자가 진단의 결과를 상세하면서도 단호하게 적어 보라. 그런 뒤 현재 자신의 상태가 어떤지 유심히 살펴라. 아마도 인정하기 싫은 모습일 것이다. 두 번 다시 쳐다보기 싫은 모습일 것이다. 그 모습과 상태를 현재

의 나로 인정하라. 나의 욕심이 만든 허상을 철저하게 깨부수고 너무나 연약하고 상처 받고 냄새나고 누추한 나의 현 상태를 얼싸 안아라. 그 모습이 바로 나 자신이다. 그런 내 모습을 정직하게 받아들여라.

이 과정이 많이 힘들 것이다. 뼈를 깎는 아픔도 수반될 것이다. 현재의 연약한 나를 받아들이는 순산 힘든 공부 속에서 그나마 나를 지탱해 주던 욕심의 허상과 작별을 고할 수밖에 없기 때문이다. 나의 목표 대학과 학과가 실제 내 실력과 너무나 거리가 먼 것을 인정하기는 너무나 힘든 일이다. 하지만 인정하라. 왜냐하면 아직 얼마든지 역전의 기회가 있기 때문이다. 현재의 실력 없음을 인정하고 지금부터 중1 공부를 다시 한다는 마음을 먹고 시작하면 얼마든지 가능하다.

그런데 너무나 많은 학생들이 실력이 없다는 것을 인정하지 않고, 인정한다고 해도 그냥 포기해 버리는 경우가 많다. 인정한 다음 다시 시작하면 되는데 중3이라는 시기를 다시 시작하기에는 너무 늦은 것으로 성급하게 판단해 버린다. 바로 그 성급한 판단에서 벗어나야 한다. 물론 그동안 많이 지치고 힘들어 공부가 지긋지긋해졌을지도 모른다. 자신은 공부해도 원하는 만큼 성적이 안 나오는데 다른 학생들은 별로 공부하지 않는 것 같은데도 성적이 잘 나오면 심한 좌절을 겪을 수도 있다.

그러나 그 때문에 공부를 포기하기에는 너무 이르다. 중3은 결코 늦은 시간이 아니다. 지금부터 다시 시작해도 얼마든지 가능한데 너무 지쳐 그냥 포기한다. 누군가가 붙잡고 격려해 주며 아직 늦지 않았으니 다시 한 번 노력해 보라는 말을 해 주었으면 좋겠는데 주변에는 아무도 없다. 그래서 답답하고 괴로운 나머지 더 이상 상처 받기 싫어 공부를 포기한다. 제발 그러지 않기를 바란다. 나는 그런 학생들에게 꼭 말해 주고 싶다.

"아직 늦지 않았어. 다시 힘을 내. 넌 할 수 있어. 지금부터 이 책에 나온 대로 중1부터 다시 시작한다는 마음으로 노력해 보렴. 아직 포기할 때가 아니야. 괜찮아. 힘들지만 조금만 더 힘내서 해 보자. 다시 해 보자."

위에서 말한 신경성 병들은 상호 작용을 일으킨다. 한 병이 다른 병들을 더 악화시키고 또 다른 병이 생기게 한다. 철저한 악순환의 반복과 심화다. 내면을 잔인하면서도 철저하게 파괴시키기 시작한다. 파괴는 멈출 줄 모른다. 그들이 원하고 추구하는 궁극적인 목표는 자살이다. 2003년 7월 25일 한 일간지에 자살에 관한 기사가 실렸다. 전해 자살한 사람이 13,055명으로 하루 평균 36명 꼴이었다. 한 시간에 1.5명이다. 그중에서 성적 비관으로 죽은 학생만 276명으로 거의 하루 1명꼴로 목숨을 버렸다. 지금은 2003년보다 경쟁도 더 치열하고 삶도 더 각박하다. 더 많은 학생들이 자살을 시도하고 있다.

학생들이라면 누구나 한번쯤은 자살의 충동을 느낀다. 그냥 다 끝내고 싶다. 지긋지긋하다. 책은 두 번 다시 보기 싫다. '나는 왜 이럴까? 정말 살기 싫다. 너무 힘들다. 이렇게 힘들게 사는 것보다 차라리 일찍 죽는 것이 낫겠다.'고 생각한다.

성적을 비관하여 실제로 자살한 숫자보다 열 배 정도의 학생들이 자살 시도를 한다고 이미 앞에서 말했다. 자살 충동을 느끼는 학생 수는 그보다 훨씬 더 많다. 이 책을 쓰는 매우 중요한 동기 중 하나가 바로 더 이상 성적으로 인하여 자살하는 후배들이 나오지 않기를 바라서이다. 공부 스트레스가 너무나 심해 자살하는 후배들이 더 이상 나오지 않기를 바라기 때문이다. 나 역시 예민하고 소심한 성격 탓에 늘 남들보다 고민도 많았고 걱정도 많이 했다. 그리고 고3 때 허리 디스크로 너무나 심한 고생을 했다. 10년이 훌쩍 지난 지금도 병이 깨끗하게 완치되지 않아 애먹고 있다.

● 나는 많은 중3 학생들을 가르치면서 중3 때 공부를 시작해 얼마든지 그들이 역전할 수 있음을 수없이 보았고 현재도 보고 있다.

목표 상실, 자기 비하의 수렁에서 빠져나와라

내게 누군가 미리 학업 계획 관리법, 시간 관리법, 마음관리법, 건강 관리법 등을 체계적으로 중요한 시기마다 말해 주었다면 이렇게 허리 디스크로 고생하지 않았을 것이다. 나는 고3 이맘때쯤 허리 디스크 판정을 받았다. 그런데 시험공부 중이기도 하고 부모님께 걱정을 끼쳐 드려서는 안 된다는 생각에 아무에게도 알리지 않고 진통제를 먹고 파스를 붙이며 공부했다. 그때 얼마나 어리석은 짓을 했는지 나는 시간이 흐를수록 절감하고 있다. 결국 시험 한 달을 앞두고 병원 신세를 지게 되어 매일 치료를 받아야 했다. 그해 나는 원하는 대학과 학과에 떨어졌다. 그리고 다시 시험을 준비하는 기간에도 허리 디스크는 나를 끊임없이 괴롭혔다. 대학에 가서도 나는 거의 하루걸러 한 번씩 물리 치료와 허리 근육 강화 운동을 해야 했다. 제대로 엠티 한번 가 보지 못했다.

시간이 많이 지난 지금도 나는 이 오랜 몹쓸 친구로 힘들어 한다. 물론 오랜 치료와 운동으로 예전보다는 많이 좋아졌지만 보통 사람처럼 건강하지는 않다.

나는 나의 쓰디 쓴 실패와 좌절의 전철을 이 책을 읽는 후배들이 밟지 않기를 바란다. 그런 심정으로 한 자 한 자 이 책을 쓴다. 고3 때 얻은 병으로 나 역시 너무 힘들어 때로는 자살도 생각해 보았다. 남들 보기에는 멀쩡해 보이는데 아픈 내 자신이 너무 싫었다. 처음에는 다른 사람들에게 아프다고 얘기를 했지만 시간이 지나면서 얘기를 하지 않게 되었다. 세상은 아프고 힘든 사람을 겉으로는 위로하는 척하지만 뒤에서는 욕한다는 것을 시간이 지나면서 알게 되었다. 인간은 자신이 경험하지 않은 일에 대해서는 무지할 수밖에 없는 존재다. 정말 아파 보지 않으면 고통을 상상할 수는 있어도 가슴 깊이 이해할 수는 없다. 피상적인 위로와 동정은 오히려 고통 받는 사람에게 지울 수 없는 상처를 주기도 한다.

 이 책을 보는 후배들은 자신에게 언제든지 찾아올 수 있는 목표 상실, 자포자기라는 몹쓸 병을 치료하기 위해 항상 마음관리에 힘써야 한다. 매일 가지는 '명상과 기도 시간'을 비옥하게 가꾸기를 부탁한다. 자신의 연약함을 철저하게 인정하고 받아들여라. 그러고 나서 다시금 시작하면 된다. 아직 포기하기에는 이르다. 아직 늦지 않았다. 역전의 기회는 긴 인생 속에서 늘 찾아온다. 뜻을 새롭게 정해 다시 시작하는 사람들에게 기회는 오게 마련이다. 남들보다 늦었다는 상대적 박탈감과 자기 비하의 수렁에 빠지지 말라. 그것은 죽음에 이르는 무서운 생각이다. 더 이상 부정적인 생각의 노예가 되지 않기를 간절히 부탁한다. 아직 늦지 않았으니 지금 이 순간 다시 뜻을 정해 시작하기를 바란다.

도도새

〈다니엘 마음관리 365일〉 중에서

　인도양의 외딴 섬에 도도라고 불리는 새들이 살고 있었습니다. 도도새는 모양새가 우스꽝스러웠습니다. 게다가 도도새의 고기는 끓이면 끓일수록 질겨지고 맛이 없었습니다. 그래서 사람들은 도도새를 아무짝에도 쓸모없는 것으로 여겼습니다. 그러나 도도새가 멸종되고 나자 그 섬에서 자라고 있던 갈바리야라는 나무가 더 이상 번식하지 않는다는 것을 알게 되었습니다. 갈바리야나무의 씨앗은 껍질이 너무 두껍기 때문에 도도새가 먹어 배설물로 나와야만 싹이 틀 수 있었던 것입니다.

　모든 것에는 그 나름대로의 존재 가치가 있습니다. 사람은 더욱더 그렇습니다. 쓸모없는 사람은 이 세상에 단 한 사람도 없습니다. 한 사람 한 사람이 모두 귀한 존재인 것입니다.
　여러분 각자에게 주어진 귀한 재능이 있습니다. 자신의 재능을 우습게 여기고 방치하지 마십시오. 그것만큼 어리석은 행동은 없습니다.
　세상의 기준으로 보았을 때 현재 나의 모습이 도도새처럼 아주 못생기고 우스꽝스럽고 쓸모없는 것처럼 보여도 여러분의 진정한 가치는 그 누구도 대신할 수 없습니다. 매일 마음관리 시간을 통해 자신의 진정한 재능과 가치를 새롭게 발견하십시오. 새롭게 발견한 자신의 가치와 재능 그리고 가능성을 생명처럼 소중히 여기십시오. 그리고 그것을 계발하고 훈련하는 데 게으르지 마십시오. 여러분에게 누가 야유하고 욕하고 비웃어도 굴하지 마십시오. 큰 그릇은 더디게 만들어지는 법입니다.

7월 둘째 주

2학기 기말고사 기간 : 양심을 지키는 사람이 진정한 실력자

7②

시험 시간은 늘 그래 왔듯이 마음관리에 더 많은 신경을 쓰면서 성실하고 정직하게 최선을 다해 보내기를 바란다. 상세한 세부 계획은 이미 언급한 내용을 참고해 자신에게 맞도록 세워 실천하기 바란다. 여기서는 한 가지 덧붙여 이야기하고자 한다.

어떤 학생들은 시험을 잘 보기 위해서 커닝을 한다. 때로는 선생님이 학생이 커닝하는 것을 보지 못할 수 있다. 우연히 친구가 커닝하는 것을 알게 되었다면 여러 생각이 일순간 뇌리를 스쳐갈 것이다.

'나도 커닝하고 싶다. 다음부터는 나도 커닝 페이퍼를 만들까? 아! 지금 이 문제 안 풀리는데 책만 보면 금방 풀릴 텐데. 한번 나도 해 볼까? 옆 친구에게 물어 볼까?'

커닝의 유혹은 매우 달콤하다. 때로는 노력 없이 성적을 올릴 수 있는 비장의 카드인 것처럼 보인다. 이런 유혹이 찾아올 때 단호하게 거부하고 배격하라. 커닝을 하려고 하면 마음이 흔들리고 불안해져서 오히려 아는 문제도 틀리게 된다.

공부를 정말 잘하는 학생들 중에는 커닝하는 학생들이 없다. 커닝하다가 괜히 들키기라도 하는 날에는 영점 처리를 받게 된다. 종합적으로 볼 때 커닝하지 않는 것이 시험을 잘 보는 데에 훨씬 유리하다. 무엇보다 커닝을 해서는 안 되는 궁극적인 이유는 점수 몇 점 올리려고 양심을 팔아서는 안 되기 때문이다. 그동안 마음 관리를 한 것이 무너질 수 있다. 시험공부를 하지 못했으면 정직하게 인정하고 하는 데까지 최선을 다해 시험을 보면 된다. 몇 점 더 올리려고 양심까지 파는 어리석은 행동은 절대로 하지 않기를 바란다.

시험은 단지 과정일 뿐이다. 진정한 실력자는 공부만 잘해서 되지 않는다. 건강한 양심과 실력이 고르게 필요하다. 나는 이 책을 보는 후배들이 진정한 실력자가 되기를 바란다. 단지 점수 몇 점 더 받으려고 자신이 소중하게 가꾸어 온 마음에 상처를 내지 않기 바란다.

7월 셋째 주
휴식과 계획 기간 &
계획 실천하기

7③

기말고사 후에 적절하게 휴식을 취하면서 여름 방학 공부 계획을 세우도록 한다.

중학 시절 마지막 여름 방학이다. 만약 이 책을 보는 학생 중에서 중3까지 공부를 제대로 해 본 적이 없는 학생이 있다면 중3 여름 방학은 의미 없이 흘려버린 시간을 되돌릴 수 있는 무한 가능성의 시간임을 기억해야 한다. 따라서 오늘부터 나는 새롭게 변하겠다는 확고한 뜻을 결단하고 구체적인 여름 방학 공부 계획을 이미 언급한 중1 여름 방학 공부 계획을 참고로 세워 보자.

7월 넷째 주~8월 셋째 주

본격적인 고교
선행학습 시기

7⁴-8³

중3 여름 방학은 학생들에 따라 본격적인 고교 선행학습 시기가 될 수 있다. 어떤 학생들은 이 시기부터 고1 영어·수학 선행학습을 시작한다. 물론 빠른 학생들은 중3 1학기 혹은 그 전부터 시작했을 것이다. 여기서는 고1 영어·수학 선행학습 방법을 중3 여름 방학 때부터 시작하는 것, 중3 겨울방학 때부터 시작하는 것, 두 가지로 나누어 설명하고자 한다.

우선 방학 계획을 세워 보도록 하자. 늘 그래 왔듯이 자는 시간과 일어나는 시간을 먼저 계획해야 한다. 적어도 여름 방학 때부터 고교 선행학습을 시작하려는 학생이라면 하루 6시간 정도 자고 공부해야 한다. 물론 낮잠을 통해 모자란 잠은 보충할 수 있다.

일단 새벽형 학생들에게 맞는 시간 계획표를 짜 보자. 10시에 자서 4시에 일어나는 방법과 11시에 자서 5시에 일어나는 방법이 있다. 이중에 자신에게 더 맞는 것을 택하도록 한다. 우선 11시에 자서 5시에 일어나는 방법으로 계획을 세워 보면 다음과 같다.

일단 5시에 일어나서 20분간 마음관리 시간을 갖는다. 5시 20분부터 8시 30분까지 새벽 공부를 한다. 8시 30분부터 9시까지 식사를 하고 30분간 산책을 한다. 9시 30분부터 1시 30분까지는 시간을 나눈다. 9시 30분부터 11시까지는 공부를 하고 11시부터 11시 20분까지 휴식한다. 그리고 11시 20분부터 1시까지 또 공부를 한다. 1시부터 1시 30분까지 식사를 하고 난 후 3시까지 독서를 한다. 3시부터 3시 30분까지 낮잠을 자고, 3시 30분부터 4시 30분까지 공부한다. 4시 30분부터 5시 30분까지 체육관에서 운동을 한 뒤 5시 30분에서 6시까지 휴식을 취한다. 6시부터 7시까지 공부를 한다. 7시부터 7시 30분까지 저녁 식사를 하고 7시 30분부터 8시까지 휴식을 취한다. 8시부터 8시 15분까지 마음관리 시간을 가진다. 8시 15분부터 9시 30분까지 공부하고, 9시 30분부터 15분 휴식한 뒤 9시 45분부터 11시까지 공부한다.

하루 약 10시간을 공부할 수 있다. 낮잠 시간 30분, 휴식 시간 2시간, 식사 시간 1시간 30분, 독서 시간 1시간 30분, 운동 시간 1시간, 잠자는 시간 6시간, 마음관리 시간 45분, 대략 이 정도의 시간 계획표가 만들어진다. 인터넷 과외로 수업을 하루 2시간 정도 듣는다고 하면, 순수하게 공부할 수 있는 시간은 하루 8시간이다. 사실 이런 계획을 제대로 지킬 수만 있다면 지금부터 공부를 시작하는 사람이라도 얼마든지 역전의 기회를 가질 수 있다. 이 정도의 계획을 여름 방학 동안 소화할 수 있다면 그는 고1 선행학습과 3학년 2학기 예습을 동시에 할 수 있다.

이 계획을 자세히 들여다보면 잠은 충분히 잔다고 말할 수 있다. 독서 시간도 1시간 30분˚이 있고 운동 시간도 1시간 있다. 자유 시간을 다 합치면 2시간 이상 된다. 도저히 할 수 없을 정도의 무리한 계획은 아니다. 이 계획을 성실하게 지킬 수만 있다면 그는 엄청난 실력자가 될 수 있다.

중3 영어는 고1 영어와 큰 차이가 없다. 수학의 경우 중학교 3학년 2학기 수학 예습과 고1 수학 10-가 부분을 함께 예습하면 된다. 5시 20분부터 7시 30분까지 고1 10-가 수학을 예습한다.『정석』혹은『해법』시리즈 참고서를 구입하여 내용을 확인한 후 자신이 앞으로 배정될 고등학교의 수학 교과서 문제를 차근차근 풀어 본다. 겨울 방학 때 본격적인 선행학습을 한다고 생각할 때 여름 방학 때 이 정도 수학 선행학습을 할 수 있다면 무난하다. 10분 휴식 후 7시 40분부터 8시 30분까지 다시 수학을 공부한다.

9시 30분부터 11시까지 고1 영어 독해를 공부하도록 한다. 11시 20분부터 1시까지는 3학년 2학기 영어 자습서를 가지고 예습한다. 3시 30분부터 4시 30분까지 3학년 2학기 수학을 예습하도록 한다. 교과서를 푼 다음 교과서 난이도의 문제집을 한 권 정해 푸는 것이 좋다. 특히 3학년 2학기 수학에 나오는 '삼각형과 도형의 성질'은 제대로 공부해야 한다. 왜냐하면 수능시험에도 자주 응용되어 나오기 때문이다.

6시부터 6시 30분까지 영어 단어 · 숙어를 공부한다. 중학교 영어 단어 · 숙어집을 다 본 학생들은 고등학교 영어 단어 · 숙어집을 보도록 한다. 꼭 추천해 주고 싶은 책은『성문 기본영어 단어 ·

● 논술의 중요성이 새로운 대학 입시 체제에서 매우 중요하다. 독서는 논술 실력의 기본이 된다. 따라서 중학교 때 좀 더 시간을 내어 독서하는 것이 꼭 필요하다.

숙어집』이다. 이 책을 사서 매일 하루 한 장씩 큰 소리로 읽으면서 공부하도록 하라. 이 책 한 권이면 대입에 필요한 단어·숙어는 상당 부분 커버가 된다. 중학생들 중에서 영어에 자신 있는 학생들은 매일 30분 정도라도 매일 이 책을 소리 내어 읽고 단어·숙어를 공부하면 매우 요긴한 공부가 될 것이다. 6시 30분부터 7시까지 영어 듣기 공부를 한다.

8시 15분부터 9시 30분까지는 중학교 수학을 복습한다. 중1·2 그리고 중3 1학기 내용을 복습하면 된다. 틀린 문제 위주로 다시 풀면서 핵심 내용을 정리하도록 한다. 9시 45분부터 11시까지는 영문법 공부를 하도록 한다.

이런 방법으로 여름 방학을 보낸다면 그 학생은 공부에 굉장한 자신감을 얻을 수 있다. 그동안 낭비한 시간을 일순간에 만회하게 될 것이다.

공부에 자신이 없는 학생을 위한 대안 학습법

만약 도저히 이렇게 공부할 자신이 없는 학생이라면 고1 수학 혹은 영어 중에서 한 과목이라도 정해 예습하면 좋다. 가급적 수학을 예습하는 것이 더 효과적이다. 영어 공부는 중3 내용과 고1 내용이 그다지 큰 차이를 보이지 않기에 중3 영어를 꾸준히 공부한 학생들은 고1 영어를 따라가기에 별 어려움이 없다. 그러나 고1 수학은 중3 수학에 비해 훨씬 어려워지고 내용이 심화된다. 따라서 미리 3학년 2학기 내용을 예습하면서 고1 수학 내용을 예습하는 것이 고1 영어를 예습하는 것보다 더 큰 도움이 될 수 있다.

중3 여름 방학 독서의 유의할 점

중3 여름 방학 동안 독서는 인물 위주의 책으로 본다. 물론 이전에도 그렇게 했지만 이 기간 동안에는 좀 더 두껍고 자세하게 쓰인 자서전, 평전, 전기를 읽도록 한다. 평소 관심 있고 좋아하던 위인의 일생을 깊이 탐독하도록 한다. 다 읽은 다음 요약한 내용과 느낀 점을 꼭 적도록 한다.

휴식 시간 또는 독서 시간 중에서 20분 정도 시간을 내 매일 신문 사설을 꾸준히 읽는 습관도 들이면 좋다. 이미 앞에서 언급했지만 사설을 읽고 사설의 반 정도로 내용을 요약 정리하면 매우 큰 도움이 된다. 내 강의를 듣는 학생 중 서울대학교를 목표로 하는 학생들은 하루 두 편씩 사설 요약과 느낀 점을 쓰도록 나는 꼭 훈련시킨다.

8월 넷째 주~10월 둘째 주

평소 계획대로 생활 & 2학기 중간고사 7주 전 : 다니엘 7주 공부 계획 시작하기

$8^4 \text{-} 10^2$

이제 드디어 중학교 마지막 학기가 시작되었다. 의욕은 있었지만 실제로 별로 공부를 못한 학생들도 있고 나름대로 계획을 충실히 지킨 학생들도 있을 것이다. 만약 여름 방학 동안 위에서 세운 계획대로 실천한 학생들은 2학기가 시작되는 이때 얼굴 전체에 자신감이 나타날 것이다. 수업 시간에 수업 내용이 머릿속에 쏙쏙 잘 들어오면서 공부 재미가 쏠쏠할 것이다.

혹 공부를 제대로 못하고 노는 것도 그저 그렇게 대충 시간을 흘려보낸 친구들이 있다면, 너무 걱정만 하지는 말기 바란다. 지금부터 시작해도 가능하기 때문이다. 자포자기하고 목표 상실병에 걸리는 것보다 훨씬 낫다. 지금부터라도 공부를 다시 하고자 마음을 먹고 뜻을 정해 시작하기 바란다. 이 책에 나온 방법을 토대로 자신이 할 수 있는 계획을 세워 하나씩 실천하면 된다. 방법을 몰라서 못한다는 변명은 더 이상 하지 말고 이 책에 나온 여러 방법들을 토대로 다시 한 번 힘을 내서 시작하기 바란다. 이 기간은 평소 학기 중 계획표대로 공부하고 생활하고 운동하면 무난하다.

9월 셋째 주~10월 둘째 주

2학기 중간고사 4주 전 &
공부 방해 요소는 절제로 극복 :
컴퓨터와의 한판 승부

9³-10²

중간고사 4주 전이다. 아직까지 중간고사 준비를 제대로 시작하지 않은 학생들은 지금부터는 본격적인 중간고사 준비 체제로 전환할 시간이다. 우리가 이미 앞에서 살펴봤듯이 마음먹고 공부하려고 할 때에는 오히려 생각만큼 공부가 안 되고 여러 방해 요소들이 공부를 못하게 하는 경우가 많이 생긴다. 여기서는 여러 공부 방해 요소들 중에서 컴퓨터 오락에 대하여 생각해 보고자 한다.

많은 학생들이 컴퓨터를 통해 서로 연락하고 정보를 얻기도 하고 오락도 한다. 컴퓨터 오락은 참 재미있다. 나 역시 컴퓨터 오락을 매우 좋아한다. 6학년 때 오락을 너무 많이 해서 컴퓨터가 고장 난 일도 있었다. 특히 스타크래프트를 좋아해서 자칭 테란의 황제를 꿈꾸기도 한다. 오락을 하다 보면 시간도 잘 가고 긴장도 풀린다.

그런데 스타크래프트를 1시간 정도 집중해서 한 다음 바로 공부하려고 책상에 앉으면 30분 정도는 집중이 안 된다. 전략과 전술 그리고 빌드오더 생각이 자꾸 나서 쉽게 공부에 집중할 수가 없다. 게다가 30분 정도 실랑이를 하다가 공부가 좀 되려고 하면 갑자기 피곤해진다. 오락을 너무 재미있게 하다 보니 눈 아픈 줄을 몰랐는데 막상 공부를 하려고 하면 금세 눈이 아파 온다. 그래서 20분 정도 쉬고 나면 1시간이 금방 지나간다. 실제 1시간 동안 공부한 것은 없다.

오락은 참 재미있지만 공부하는 데 방해가 되는 것도 사실이다. 그렇다고 오락을 전혀 하지 말라는 것은 아니다. 적절하게 절제하며 지혜롭게 할 필요가 있다. 오락을 하고 나서는 바로 공부를 하기보다는 30분 정도 눈을 감고 쉬도록 한다. 30분 정도 산책하거나 스트레칭을 하는 것도 좋다. 1시간 오락을 하는 것과 텔레비전 보는 것은 말이 좋아 휴식이지 눈을 사용하므로 공부할 때보다 눈의 피로가 훨씬 심하다. 현란한 그래픽 화면이 눈을 피곤하게 하기 때문이다.

공부하는 시간에는 가급적 오락을 하지 말고 짧은 휴식 시간에는 쉬는 것이 좋다. 오락을 꼭 하고 싶으면 충분한 휴식 시간이 있을 때 하는 것이 바람직하다. 이 점에 유외하면서 오락을 하면 된다. 하루 1시간 이상은 오락을 하지 않도록 자신과 약속을 하도록 한다. 하루가 그리 길지 않으며 공부할 시간도 그리 많지 않음을 이미 알고 있을 것이다. 지혜롭게 시간 계획을 세워 오락을 하도록 한다. 나 개인적으로는 주말을 이용해 하는 것이 좋다고 생각한다. 도저히 지킬 자신이 없는 학생들은 이틀에 한 번, 1시간 정도 오락을 하는 것이 좋다고 생각한다. 물론 오락을 하지 않고 다른 취미 활동을 해도 좋다. 하지만 오락을 안 하고는 도저히 생활이 유지되지 않는 학생들도 많다. 그들에게는 오락 시간이 유일한 휴식 시간이 될 수도 있다. 그러나 중독에 가까운 이런 습관은 이제 고칠 때가 되었다.

슬기롭게 여가를 보내는 방법

새벽 마음관리 시간을 통해 오락에 대한 자신의 입장을 정리하도록 하라. 프로게이머가 되고자 하는 학생들을 제외하고는 오락은 어디까지나 취미 생활로 절제하기를 바란다. 주말의 휴식 시간에 좀 더 많이 할 수 있으니 주중에는 가급적 컴퓨터 오락을 줄이고 여가를 즐기는 다른 방법을 찾도록 한다. 가령 음악 들으며 만화책 보기, 음악 들으면서 산책하기, 음악 들으며 자전거 타기, 음악 들으며 스트레칭하기 등과 같은 취미를 가져 보도록 하라.

나는 공부를 정말 집중해서 해야 할 때는 50분 공부하고 10분 스트레칭을 한다. 그리고 다시 50분 집중해서 공부하고 다시 10분간 스트레칭을 한다. 이런 식으로 적절하게 휴식하면 5시간 정도는 높은 집중력을 가지고 공부할 수 있다. 물론 스트레칭이 재미있는 휴식 시간은 아니다. 그렇지만 최적의 상태에서 지속적으로 장시간(적어도 3시간 이상) 공부를 해야 할 때에는 스트레칭을 하며 휴식하는 것이 매우 효과적이다. 아주 독하게 마음먹고 공부해야 할 때는 종종 이런 식으로 해 보라. 힘은 들지만 공부에 관해서는 상당히 효과적일 것이다.

종종 많은 학생들이 중간고사 공부가 뜻대로 되지 않는다고 막무가내로 컴퓨터에 앉아 밤새도록 오락하는 경우가 있다. 혹은 보고 싶은 프로그램도 없으면서 텔레비전 채널을 돌리며 시간을 보내는 경우도 있다. 이러한 행동은 가급적 삼가야 한다. 정신적·육체적 건강에 좋지 않은데다가 다음날 내내 '내가 왜 그랬을까?' 하는 자책감으로 제대로 공부가 되지 않는다.

공부는 쉽게 친해지기 어려운 친구

공부는 뜻대로 되지 않을 때가 더 많다. 성적이 좋은 학생들과 그렇지 못한 학생들의 차이는 공부가 뜻대로 되지 않을 때 얼마나 잘 참고 공부를 하는가에 달렸다. 공부가 뜻대로 되지 않아도 참고 공부하는 법을 배워라. 공부라는 것이 늘 계획대로 잘되는 것은 아니다. 하기 싫을 때가 더 많고 안 될 때가 더 많다. 그런 현실을 인정하고 잘 안 될 때 참고 묵묵히 노력하는 훈련이 필요하다.

이제 중학 시절도 얼마 남지 않았다. 그동안 얼마나 좋은 습관을 들였는가? 인내·절제·성실의 세 가지 귀한 열매들이 내면의 정원 속에 많이 열렸는가? 아니면 조급함·무절제·불성실의 열매만이 내면의 성원에 가득한가? 공부가 뜻대로 잘되지 않아도 자신의 비전을 생각하며 참고 공부하는 것은 무척 값진 훈련이다. 힘들더라도 반드시 해야 할 훈련이다. 그 훈련이 잘될수록 고등학교에서 다른 친구들보다 훨씬 더 앞서 나가게 될 것이다.

실력은 그냥 얻어지는 것이 아니다. 눈물로 씨를 뿌리고 땀방울로 쟁기질하여 얻어지는 것이 실력이다. 진정한 실력은 한순간에 생기는 것이 아니다. 몇 천만 원짜리 과외를 한다고, 오피스텔 과외방에서 배운다고 금세 생기지 않는다. 힘들어도 참고 또 참는 사람들이 얻게 되는 귀한 선물이다. 이번 중간고사 준비 기간 동안 이 훈련을 게을리한 학생들은 좀 더 마음을 바짝 가다듬고 제대로 훈련하기 바란다. 더 이상 회피하지 말고 당당하게 부딪쳐 보자. 지금까지 성실하게 훈련한 학생들은 더 힘을 내 가속도를 붙여 이 기간 동안 견고한 실력을 기르기를 소원한다.

10월 셋째 주

2학기 중간고사 기간 :
정직을 배우는 훈련 기간

10③

2학기 중간고사 기간이다. 항상 강조하지만 시험은 너무 잘 보려고 하거나, 너무 못 볼까 조바심 낼 필요가 없다. 내가 노력한 만큼 정직하게 나오기를 바라는 마음으로 임하는 것이 좋다.

매 시험을 통해 정직성을 기르는 훈련을 하고 있다고 생각하자. 나 자신의 실력에 정직하면 정직할수록 보다 나은 실력을 진정으로 원하게 되고 마침내 그것에 도달할 수 있게 된다. 나 자신에게 정직하지 못하면 내가 어느 정도 실력에 도달했는지조차 알 수가 없다. 시험을 통해 정직함을 배우는 학생이라면 어떤 일을 하더라도 성공할 수 있는 큰 가능성을 가졌다고 감히 말할 수 있다. 정직한 사람의 진가는 아무리 사회가 변한다 하더라도 그 분야의 전문가가 알아본다. 이번 시험 기간에 후회 없이 최선을 다하기를 바란다. 감기에 걸리지 않게 각별히 건강 관리에 신경 쓰자. 시험이 끝난 다음 충분한 휴식을 취하며 다음 주부터 시작할 기말고사 준비를 위한 공부 계획도 점검하도록 한다.

10월 넷째 주~11월 둘째 주

인격과 실력을 함께 갖춰야
진정한 실력자 & 졸업고사 4주 전 :
다니엘 4주 공부 계획 시작하기
(마지막 시험에서 유종의 미를)

10⁴-11²

오늘도 많은 학생들이 성적이라는 잣대 하나로 자신과 주변 친구들을 평가한다. 성적이 좋은 친구들은 좋은 대학에 가고 좋은 직장에 들어가서 잘살 수 있다고 생각한다. 성적이 좋지 않은 친구들은 이름 없는 대학에 가서 직장도 구하지 못하고 이리저리 고생하다 고만고만하게 살 거라고 생각한다.

수많은 학부모들은 자녀에게 좋은 교육 환경을 제공하기 위해 빚을 내서라도 강남으로 이사를 가려고 한다. 강남 학부모들은 또 그들 나름대로 강남 지역 어느 학원이 잘 가르치는지 알아내기 위해 혈안이 되어 있다. 조금이라도 좋은 교육(?)을 제공해 자녀가 명문대에 가기를 바라기 때문이다. 물론 위에서 언급한 좋은 교육의 기준은 소위 말하는 일류대에 많이 보내는 것이다.

고등학교에 가면 자체 시험을 통해 우열반을 만들거나 성적순으로 반을 편성한다. 그러고는 일류대에 진학 가능한 학생들에게 학교에서 제일 잘 가르치는 선생님들을 배정해 집중 교육을 시킨다. 학교의 명예는 서울대에 얼마나 많은 학생을 보내느냐에 달려 있다. 일류 고등학교의 기준은 바로 학교에서 올해 서울대 몇 명, 연·고대에 몇 명을 보냈느냐다. 이처럼 성적 지상주의 시대 속에 우리는 살고 있다. 중학교 때만 하더라도 그나마 나은 편이지만 이제 곧 고등학교에 진학하면 살벌한 입시 지옥에서 살아남기 위한 치열한 생존 경쟁을 벌여야 한다. 지금부터 마음의 준비를 하지 않으면 고등학교 때의 성적 지상주의의 폭풍 속에서 금세 난파당하고 만다.

모든 사람에게는 각자 주어진 재능이 있다. 어떤 사람은 노래, 어떤 사람은 춤, 어떤 사람은 운동, 어떤 사람은 미술, 어떤 사람은 공부, 어떤 사람은 연기에 재능이 있다. 그러나 본인이 가지고 있는 재능이 정확하게 무엇인지도 모른 채 오직 성적을 잘 받기 위해 기계적으로 공부를 해야 하는 것이 지금의 현실이다. 기계적으로 외우고 기계적으로 문제를 풀어야 한다. 지나치게 암기 위주의 공부에 익숙해져 스스로 생각하려고 하지 않는다 생각해서 문제를 풀다가는 제시간에 문제를 풀지 못한다. 무조건 암기해서 문제 푸는 시간을 줄여야 한다. 수학 응용문제 역시 패턴을 외워 몇 분 안에 기계적으로 풀어야 한다. 고액 수학 과외 선생님을 판단하는 기준은 학생들이 효과적으로 잘 외울 수 있도록 내용을 얼마나 잘 정리하고 응용문제 패턴을 도식화하느냐에 달려 있다. 학생들 스스로는 문제를 풀기 위해 생각할 필요가 없다. 고액 과외 선생님들이 이미 그런 과정을 대신 생각해서 특별 공식이 담긴 프린트를 만들어 주기 때문이다. 비법이 적힌 프린트를 다 외우고 나면 적어도 5분 걸려 풀 문제를 1분이면 풀 수 있다. 그러나 과연 그것이 진정한 실력 향상인지는 미지수다. 이렇게 공부해서는 영원히 노벨상 받기는 불가능할 것이다.

획일화된 기준 탓에 좋은 재능이 발휘되지도 못한 채 땅속 깊이 묻혀 버리는 경우가 허다하다. 모든 학생들이 서울대 경영학과만을 목표로 공부한다면 수많은 학과들은 무슨 존재 이유가 있는가? 서울대 경영학과에 들어가면 일류 인생이고 지방대 경영학과에 들어가면 이류 인생인가? 그렇지 않다. 각자에게 주어진 재능이 다른데도 오직 명문대 인기 학과를 가는 것이 성공의 지름길이라고 생각하는 그런 사고는 변해야 한다.

명문대 인기 학과에 들어가기 위해 공부하는 것이 공부하는 이유의 전부는 아니다. 명문대가 아니더라도 자신의 재능을 잘 발휘할 수 있는 학과에 들어가 그곳에서 정말 열심히 공부하고 노력하면 자기 분야에서 실력을 인정받을 수 있다.

물론 어려움은 분명 있다. 사회에서는 인지도가 떨어지는 대학교 학생보다 서울대를 나온 학생을 더 많이 인정하고 우선권을 주는 게 사실이다. 인지도가 낮은 대학 출신은 실력으로 승부할 수밖에 없기에 누구도 부인할 수 없는 실력을 보여 주어야 한다. 서울대 간판만 믿고 적당히 실력을 기른 사람들보다 월등한 실력으로 자신의 가치를 각인시켜야 살아남을 수 있다. 그러기 위해서는 많은 노력이 필요하다.

서울대학교 인기학과가 목표인 학생들만이 열심히 공부해야 하는 것은 아니다. 목표가 서울대학교 인기학과가 아니더라도 자신이 원하는 대학과 학과에서 신에게 받은 재능을 최대한 계발하고 잘 살리기 위해 공부하는 것이다. 자신이 하고픈 공부를 마음껏 하며 제대로 준비된 실력자가 되기 위해 대학에 가는 것이다. 대학은 간판을 따기 위해 가는 곳이 아니라 자신이 관심 있는 분야를 전문적으로 깊이 공부하기 위해 가는 곳이다. 대학에 들어가기 위해서는 입학시험을 치러야 한다. 그 시험을 통과하기 위해서 중학교, 고등학교 시절에 공부를 성실하게 해야 하는 것이다. 단순히 일류대에 가서 폼 나게 미팅하고 대학 생활을 즐기기 위해 공부하는 것이 아니다. 자신의 적성과는 상관없이 소위 말하는 명문대 인기 학과에 진학해 의사, 변호사 같은 고수익 전문 직업을 가지는 것이 공부하는 목적의 전부가 아니다.

내 주변에는 부모님의 강요로 혹은 주변 사람들의 이목 때문에 적성과 상관없이 일류대 의대 혹은 법대에 갔다가 결국 적응하지 못하고 다른 과로 바꾸는 사람들이 종종 있다. 뒤늦게 후회하기보다는 내가 가지고 있는 재능과 적성을 고려하여 공부해야 한다. 그렇다고 중·고등학교 공부를 대충대충 하라는 의미는 결코 아니다. 비록 자신의 적성이 인기 학과가 아니더라도 중·고등학교 시절 공부는 훈련 과정으로 성실하게 임할 충분한 가치가 있다.

공부하는 과정을 통해 인내, 성실, 절제를 배울 수 있다. 귀한 성품이 공부라는 훈련 과정을 통해 보다 성숙하게 열매 맺을 수 있다. 공부 과정 자체에 성실하게 임하는 동안 얻을 수 있는 귀한 선물들이 참 많다. 그러나 너무 성적 자체에만 집착하면 공부하는

과정에서 얻게 되는 기쁨과 귀한 열매들이 맺히는 즐거움을 느끼지 못한 채 내면세계가 황폐화될 수 있다.

내면이 황폐화된 상태에서 성적 위주로만 자신을 몰아가다 보면 원하는 대학에 갈 수 있을지는 몰라도 자신의 내면은 모르는 사이에 성적 지상주의 가치관에 철저하게 왜곡되고 병들게 된다. 자기 자신을 대할 때의 기준도 성적, 남을 대할 때의 기준도 성적이 된다. 남보다 성적이 우월한 것을 행복으로 착각하는 것은 내면이 병든 증거다. 나 자신만의 성공을 위해 필요하다면 다른 사람의 행복조차도 가차 없이 밟고 우뚝 서겠다는 생각은 버리기 바란다. 그런 삶은 결코 행복하지 못다. 다른 사람을 불행하게 만든다. 자신만의 행복을 위해 사는 사람은 세상의 기준에서 성공한 사람은 될 수 있어도 값진 인생을 살았다고 말할 수 없다.

끊임없는 일류 지향은 자기 자신을 힘들게 만든다. 늘 쫓기며 불안하게 살아야 한다. 언제 나의 실력을 뛰어넘는 사람이 나타날까 불안해하며 자신을 몰아세운다. 내가 이룩한 기득권을 포기하지 않으려고 재능 있는 후배들의 싹을 잘라 버리기도 한다. 이런 사람이 되지 않기를 바란다.

이 책에서 끊임없이 강조하는 마음관리는 단순히 좋은 대학에 효과적으로 가기 위한 과정이 결코 아니다. 보다 중요한 것은 마음관리를 통해 나의 내면세계에 아름다운 질서를 부여하고 내면의 정원을 아름답게 가꾸어 주변 사람들에게 도움이 되기 위해, 마음이 따뜻한 사람이 되기 위해 노력하는 것이다. 인격과 실력을 고르게 갖춘 진정한 실력자를 꿈꾸는 후배들이 되었으면 좋겠다.

학교마다 차이는 있지만 대개 중학교의 마지막 시험인 졸업고사는 중1·2 때의 기말고사보다 한 달 정도 일찍 본다. 따라서 중간고사가 끝난 다음 4주 정도의 시간이 남아 있다. 이제 이 기간을 통해 본격적인 졸업고사를 준비할 때다. 졸업고사 준비는 평소처럼 하되 중학교 마지막 시험답게 유종의 미를 거둘 수 있도록 잘 준비하도록 한다. 만약 아직까지도 공부에 별로 관심이 없는 학생이라면 이번 준비 기간을 통해 새롭게 뜻을 정해 공부할 것을 권한다.

중3 겨울 방학은 방학 중에서도 가장 중요하다. 따라서 그전에 공부에 뜻을 정하고 어느 정도 습관을 들이는 것이 좋다. 시험이라는 통과의례를 준비하면서 새롭게 마음을 정하는 계기를 가질 수 있다. 공부를 자포자기하고 끊임없이 자신을 학대해서는 안 된다. 이제부터라도 공부에 뜻을 정해 시작하면 충분하다. 공부하지 않고 놀기만 한다고 마음이 편해지고 즐거워지지 않는다는 것은 본인이 더 잘 알 것이다. 마지막 시험을 준비하면서 마음을 새롭게 가다듬기 바란다.

3학년 2학기
졸업고사 기간

시험은 마음이 편한 상태로 보는 것이 좋다. 결과에 너무 연연하면 마음이 혼란스러워진다. 특히 어려운 문제가 나오면 당황해 자기 실력을 발휘하지 못할 수도 있다.

문제를 풀 때는 처음부터 끝까지 잘 읽고 문제가 요구하는 것이 무엇인지 먼저 찾도록 한다. 너무 서두르다 보면 문제를 대충 읽어서 실수하는 경우가 많다. 중학교 와서 시험을 여러 번 보았겠지만, 그런 실수를 반복하는 학생들이 의외로 많다. 답이 쉽게 생각나지 않는 문제는 좀 더 집중해서 생각해 보고 그래도 안 되면 별표를 한 후에 다른 문제를 풀도록 한다. 나중에 문제를 다 풀고 나서 더 신중하게 생각해 보고, 그래도 생각나지 않으면 일단 이미 푼 문제들을 실수하지 않았는지 검토한 뒤 다시 문제와 마지막으로 씨름한다. 이런 방식으로 문제를 풀면 실수를 최소화할 수 있다.

sun　mon　tue　wed　thu　fri　sat　scheduler

11월 넷째 주~12월 셋째 주

겨울 방학을 앞둔
인생 최고의 시간

$11^{④}$-$12^{③}$

졸업고사가 끝난 다음 겨울 방학에 들어가기 전까지 대략 4주간의 시간이 남아 있다. 학교에서는 특별히 수업 진도를 나가지 않고 자습을 하며 시간을 느슨하게 보낸다. 어떤 학교에서는 영화를 보여주기도 한다. 자습 시간이지만 많이 소란스럽고 분위기가 어수선하다. 시험도 다 끝나고 이제 졸업이라는 생각에 공부에 집중하기가 매우 어렵다. 하지만 중학교에서 고등학교로 넘어가는 이때가 가장 중요한 시간이라고 해도 과언이 아니다. 성적에 상관없이 상위권은 상위권대로 하위권은 하위권대로 매우 중요한 시간이다. 상위권은 실력을 더 높여 자신이 원하는 대학에 갈 준비를 확실히 하는 때다. 하위권은 그동안 부족한 실력을 메워 중위권과 상위권으로 도약할 수 있는 시간이다.

이 시간부터 겨울 방학이라고 생각하고 공부 계획을 잡는 것이 매우 중요하다. 국·영·수 공부에 집중해야 한다. 학교 자습 시간을 이용해 집중적으로 영·수 공부를 한다. 수업 분위가가 나빠 공부에 집중하기 어려울 때는 이문열의『삼국지』를 보도록 한다.

이 기간의 공부 방법은 겨울 방학 공부 계획과 동일하게 나가되 학교 자습 시간에도 집에서 하듯 공부하면 된다. 집에서 혼자 조용히 공부할 때보다는 분위기가 어수선하다는 것을 유념하여 좀 더 집중하도록 한다. 때로는 친구들 눈치를 볼 수도 있을 것이다.

"야, 너 왜 그래? 놀자. 공부 안 하던 놈이 왜 그래. 짜식…… 놀고 있네. 그런다고 달라지냐. 생긴 대로 살아라. 공부도 못하는 게 꼭 시험 다 끝나고 공부하는 척하네. 아휴, 재수 없어."

혹시 이런 이야기를 듣더라도 조금도 신경 쓰지 않기를 바란다. 그렇게 말하는 친구는 진정한 친구가 아니기 때문이다. 그 누구도 여러분이 꿈을 향해 역전의 드라마를 쓰는 것을 막을 수 없다. 독하게 마음먹고 계획대로 공부하기를 부탁한다.

이 기간에 특목고 입시가 본격적으로 시작된다. 지금까지 준비하던 대로 차분히 마무리하며 시험에 임하기를 부탁한다. 결과보다 더 중요한 것은 최선이다. 내게 주어진 환경에서 내가 할 수 있는 최선을 다하는 것이 중요하다. 남은 기간 정직하게 최선을 다하길 부탁한다. 그런 다음 결과는 온전히 신께 맡기기 바란다. 행여 시험 결과가 기대만큼 나오지 않았다고 좌절하지 말기 바란다. 대학 입시 마라톤 레이스는 이제 본격적으로 시작되었을 뿐이다. 겨울 방학을 이용해 얼마든지 재도약할 수 있다.

- - - - - - - - - - - -

● 이미 다 본 친구들도 2~3번 반복해서 다시 보길 바란다. 내가 강의하는 학생들에게는 적어도 5번 이상 반복해서 보게 한다. 그리고 한 권 읽을 때마다 반드시 독후감을 쓰게 한다. 한 번 보고 독후감을 쓸 때와 두 번 보고 독후감을 쓸 때 글 내용에 많은 차이가 생긴다. 많이 읽고 많이 쓰고 많이 생각하는 것이 자기주도적 다니엘 학습의 공부 저력이다.

중3 겨울 방학 기간 : 중학 시절 최고의 시간

12°-2°

두 달여의 긴 방학이 시작됐다. 너무 중요한 시기라 뭐라 표현하기조차 힘들 정도다. 다만 인생의 방향을 가늠할 중요한 기간이라 말할 수 있을 뿐이다. 지금까지 공부를 포기했던 학생들도 다시 태어날 수 있다. 목표 상실병에 걸려 하루하루를 무의미하게 보내던 학생들도 건강하게 다시 태어날 수 있다. 그만큼 중3 겨울 방학은 특별한 시기다. 다시 만나기 힘든 부활의 시간인 것이다.

우선 자신에게 맞는 계획을 세우는 것이 중요하다. 먼저 그동안 제대로 공부한 적 없는 학생들을 위해 계획을 세워 보도록 하겠다. 잠은 아무리 많아도 7시간 이상 자지 않는 것이 좋다. 가능하면 6시간 정도 자고 낮 시간에 1시간 정도 자는 것이 좋다. 새벽형 공부 패턴이 너무 힘들다면 저녁형 공부 패턴으로 계획을 세우는 한이 있더라도 이번 방학은 잘 보내야 한다. 하루하루 그냥 보내서는 절대 안 된다. 우선 저녁형 공부 패턴으로 계획을 세워 보자.

저녁형 스타일로 공부 계획 세워 보기

밤 1시에 자고 아침 7시에 일어난다. 7시부터 7시 20분까지 마음관리 시간을 가진다. 7시 20분부터 8시 30분까지 고1 수학을 예습한다.* 8시 30분부터 9시까지 식사를 한다. 9시부터 10시까지는 고1 수학을 다시 공부하고, 10시부터 11시까지는 고등학교 학생들이 읽어야 할 소설과 수필 등을 읽도록 한다. 11시부터 1시까지는 고등학교 영어 교과서를 예습한다. 50분 공부하고 10분 쉬는 방식으로 한다.

1시부터 1시 30분까지 식사를 하고, 1시 30분부터 2시까지 산책을 한다.** 그리고 2시부터 2시 30분까지 낮잠을 잔다. 이제 다시 2시 30분부터 5시까지 공부를 하는데, 고1 수학 교과서 수준의 문제집을 푼다. 5시부터 6시까지 운동을 한 다음, 6시부터 6시 30분까지 영어 단어·숙어집을 공부한다. 6시 30분부터 7시까지는 영어 듣기를 공부한다. 7시부터 7시 30분까지 저녁 식사를 하고 7시 30분부터 8시까지 휴식한다. 8시부터 8시 10분까지 저녁 마음관리 시간을 가진 다음, 8시 10분부터 9시 55분까지 영어 문법을 공부한다. 다시 9시 55분부터 11시까지 휴식을 하고 11시부터 1시까지 공부한다. 1시간 동안 고1 수학 예습 후 다시 1시간 동안 수학 문제집을 풀도록 한다.

겨울 방학 때 이 계획에 따라 저녁형 공부 패턴으로 공부해도 중

● 이미 고1 수학을 다 마친 학생들은 그다음 진도를 계속해서 나가도록 한다.
●● 춥다고 집에만 있지 말고 하루 30분 정도는 산책을 통해 신선한 공기를 마시며 분위기 전환을 하라.

분히 실력을 기를 수 있다. 만약 인터넷 과외로 수업을 듣지 않고 직접 학원에 다니거나 과외를 할 학생들은 최대 하루 3시간 정도 수업을 받되 그 이상의 시간은 주말을 이용하여 받도록 한다. 매일 자기 스스로 공부해 자기 것으로 만드는 것이 중요하다.

새벽형 스타일로 공부 계획 세워보기

훨씬 효율적인 새벽형 공부로 실력을 급상승시키기를 원하는 학생들을 위해 새벽형 공부 계획을 세워 보도록 하자. 우선 11시에 자서 5시에 일어난다. 5시부터 5시 20분까지 마음관리 시간을 가진 뒤, 5시 20분부터 8시 30분까지 약 3시간 동안 고1 수학을 예습한다. 50분 공부하고 10분 쉬는 방식으로 한다. 8시 30분부터 9시까지 식사를 하고, 9시부터 10시까지 고등학교 교과서에 나오는 소설과 수필 등을 읽도록 한다. 10시부터 1시까지 1시간은 고1 영어 교과서를 예습하고 나머지 1시간은 고1 수학 교과서 수준의 문제집을 풀도록 한다.

1시부터 1시 30분까지 식사하고, 1시 30분부터 2시까지 산책한 후 2시부터 2시 30분까지 낮잠을 잔다. 이제 다시 2시 30분부터 5시까지 고1 수학 교과서 수준의 문제집을 풀고 5시부터 6시까지 운동 후 6시부터 6시 30분까지 고등학교 단어 · 숙어집을 큰 소리로 읽으며 외우도록 한다. 6시 30분에서 7시까지 영어 듣기를 공부한다. 7시부터 7시 30분까지 저녁 식사를 하고, 7시 30분부터 8시까지 자유 시간을 갖는다. 8시부터 8시 10분까지 마음관리 시간을 가진 다음 9시 30분까지 영어 문법 공부를 한다. 9시 30분부터

10시까지 휴식한 후 11시까지 고1 수학 교과서를 풀도록 한다.

고1 선행학습을 과외나 학원을 통해 하는 학생들은 지나치게 수업을 많이 듣지 말고 하루 3시간 정도만 듣고 나머지 시간은 복습과 예습을 하는 것이 훨씬 효과적이다. 하루에 지나치게 수업을 많이 들으면 복습할 시간이 적어 효과적인 공부를 하기 어렵다. 교육방송과 인터넷 과외를 통해 수업을 들을 경우, 학원에 오고 가는 시간도 줄이고 비용도 절감하며 본인 스스로 공부하는 습관도 들일 수 있을 것이다.

고1 선행학습의 범위는 어느 정도가 적당할까? 여름 방학 때 선행학습을 시작해 지금까지 꾸준히 한 학생들의 경우 최소한 고1 1학기까지의 내용을 예습했을 것이다. 그렇게 되면 고1 2학기 내용을 공부해도 좋다. 그러나 이번 겨울 방학 때 처음으로 선행학습을 하려는 학생들은 고1 1학기 범위까지를 선행학습의 진도로 삼으면 족하다. 너무 욕심 부릴 필요는 없다. 선행학습을 많이 한다고 고등학교 때 반드시 공부를 잘하는 것은 아니다. 중요한 것은 어떤 방식으로 선행학습을 했느냐다. 무조건 진도만 나가고 실제로는 머릿속에 남아 있는 것이 없는 수박 겉핥기식 선행학습은 바람직하지 않다. 차근차근 제대로 공부하는 것이 좋다.

지금까지 제대로 하지 않다가 처음으로 선행학습을 하려는 학생들이 대다수일 것이다. 물론 이 책을 보고 잘 준비해 온 학생들은 이미 굉장한 실력을 가지고 있을 것이다. 여기서는 겨울 방학을 이용하여 선행학습을 처음 시작하려는 학생들에게 좀 더 자세한 선행학습 정보를 주고자 한다.

우선 고1 수학은 중학교 수학에 비해 훨씬 어려워진다. 중2에서 중3으로 올라갈 때 수학이 어려워지는 정도보다 5배 정도 더 어려워진다고 생각해도 무리가 아니다. 겨울 방학을 이용하여 고1 수학 1학기 내용을 미리 공부해 두면 고등학교에 올라가서 별 무리 없이 수업에 적응할 수 있다.

수학적 기초가 없는 학생들은 마음먹은 대로 예습이 되지 않을 것이다. 우선 자신이 갈 고등학교의 수학 교과서와 자습서를 구한다. 『정석』 시리즈 혹은 천재출판사에서 나온 『해법』 시리즈 중에서 자신에게 맞는 참고서를 구입한다. 둘 다 핵심 정리와 기본 예제들이 잘 정리돼 있어 스스로 공부하는 데 좋은 자료가 된다. 참고서의 내용을 먼저 잘 읽은 다음 기본 예제를 풀어 본다. 그리고 수학 교과서 문제를 푼다. 이 과정에서 답을 보아도 잘 이해가 가지 않는 문제는 별표를 한다. 그리고 교과서 난이도의 문제집을 풀어 보면서 내용을 정리하도록 한다. 혼자서 공부하기에는 기초가 없다고 생각하는 학생들은 인터넷 과외나 단과학원을 통해 고1 수학을 배우면서 학원 진도에 따라 공부해도 좋다. 단과학원은 종합학원이나 과외에 비해 수강료가 매우 저렴하고 진도도 정해져 있어 수학을 예습하는 데 도움이 될 것이다.

두 달간 선행학습을 하면서 너무 욕심내지 말자. 그동안 공부를 많이 하지 않은 상태이기에 서서히 공부하는 습관을 몸에 익히고 마음관리를 병행하는 것이 중요하다. 우선 첫 2주간 매우 힘들 게 틀림없다. 놀고만 싶고 공부를 해도 머리에 잘 들어오지 않아 괴로울 것이다. 그렇지만 참아야 한다. 2주 정도 잘 참으면 그다음부터는 한결 공부하기가 편해질 것이다.

수학 선행학습에서 별표를 한 문제들이 많고 이해가 잘되지 않

는 부분이 있더라도 일단 진도를 계속 나가도록 한다. 그러다 보면 이전에 별표를 한 문제들이 하나둘씩 풀리는 경험을 하게 될 것이다. 처음 예습할 때 모든 내용이 잘 이해되고 공부가 잘되리라고 기대하지 말라. 아무리 공부를 잘하는 학생들이라도 이해를 못하는 문제들이 있다. 다 이해되지 않지만 그래도 꾹 참고 끝까지 예습하는 것이다. 이렇게 하면 모르는 부분을 이해하기 위해 수업 시간에 집중하여 듣게 된다. 이렇게 흥미를 가지고 수업 시간에 임하면 그만큼 공부도 잘되게 마련이다.

영어의 경우 우선 자신이 가게 될 고등학교 1학년 영어 자습서를 구해 차근차근 공부한다. 별도로 영어 문법 공부도 한다. 『맨투맨 종합영어』와 『맨투맨 기초영어』가 문법 공부에 도움이 될 것이다. 『맨투맨』 시리즈는 스스로 공부하는 학생들에게 자세한 설명을 해 주기 때문에 매우 큰 도움이 된다.

겨울 방학을 이용해 하루 30분 정도 영어 듣기 훈련을 하는 것도 잊지 않기를 바란다. 영어 단어 · 숙어는 『우선순위 영단어 · 숙어』, 『성문 기본영어 단어 · 숙어집』을 꾸준히 큰 소리로 읽고 외우기 바란다. 중학교 교과서 영어 본문을 부지런히 외운 학생들은 자신도 모르는 사이에 영어 실력이 높아진 것을 알게 될 것이다. 영어는 가급적 큰 소리로 읽고 또 읽는 것이 좋다. 정확한 발음을 듣고 그대로 큰 소리로 흉내 내어 발음하며 외우도록 하자.

국어 공부는 특별히 하지 않아도 독서 시간을 통해 충분한 공부를 하는 셈이다. 이번 겨울 방학 역시 신문 사설 1개를 매일 읽고 내용을 요약하는 훈련을 하기 바란다. 그리고 고등학교 국어 교과서 지문으로 나온 소설과 수필의 전체 내용을 읽어 보도록 한다. 3

년간 꾸준히 독서를 한 학생들은 국어에 관한 한 최고의 준비를 했다고 해도 과언이 아니다.

꾸준한 독서와 작문만큼 국어 실력을 제대로 길러 주는 것은 없다. 3년간 하루 1시간 정도 독서를 해 왔으니 엄청난 양의 독서를 한 셈이다. 이런 정도라면 고등학교 국어 시험에서 타의 추종을 불허할 실력을 보이게 될 것이다. 국어는 문제집을 많이 풀고 교과서를 많이 보았다고 쉽게 100점을 받을 수 있는 과목이 아니다. 어려서부터 꾸준히 독서하며 글을 많이 쓴 학생들이 특별한 공부를 하지 않더라도 국어 과목에 관해서는 고득점을 받는다. 따라서 이 책에 나온 대로 그동안 독서를 꾸준히 하지 못한 학생들은 이제부터라도 독서하는 시간을 잘 지키도록 한다.

이제 책에 나온 대로 꾸준히 공부를 한 상위권 학생들을 위하여 겨울 방학 계획을 세워 보도록 하자. 책에 나온 대로 성실하게 공부한 학생들은 웬만한 학생들이 쉽게 따라오지 못하는 굉장한 실력을 가졌을 것이다. 이 학생들은 목표를 대기권 돌파에 두고 공부를 하도록 한다. 고등학교에 가서 내가 원하는 대학, 원하는 학과 어느 곳에라도 지원하면 갈 수 있는 실력자가 되는 것이다. 그러기 위해서는 이번 겨울 방학을 보다 칠지하게 잘 보내야 한다.

우선 수면 시간의 조정이 필요하다. 아직까지 7시간 정도 잠을 자는 학생들은 고등학생이 되면 6시간 정도 자는 것이 바람직하다. 그러기 위해서는 지금부터 훈련이 필요하다. 공부 패턴도 지금까지 저녁형 공부 패턴을 유지한 학생이라면 이제부터는 새벽형으로 바꿀 필요가 있다. 고등학교는 중학교 때보다 수업 내용도 많아지고 수업 시간도 많아진다. 따라서 공부할 내용이 더 많아진다. 하루는 24시간으로 변함없기에 시간을 더 효율적으로 사용하면서 최대한 아껴야 한다.

우선 11시에 자서 5시에 일어난다. 5시부터 5시 20분까지 마음관리를 하고 5시 20분부터 8시 30분까지 고1 수학 참고서(『정석』혹은 『해법』에서 선택)와 교과서를 예습한다. 이때 50분 공부하고 10분 쉬는 방식으로 공부한다. 8시 30분부터 9시까지 아침식사를 하고 10시까지 독서를 한다. 그리고 10시부터 1시까지 공부를 하는데, 10시부터 12시까지는 고1 영어 교과서 예습 및 독해 중심으로 공부하고, 12시부터 1시까지는 수학을 공부한다.

1시부터 1시 30분까지 식사를 하고 2시까지 산책을 한다. 2시부터 2시 30분까지 낮잠을 잔다. 2시 30분부터 4시 30분까지 난이도가 있는 수학 문제집을 풀도록 한다. 상위권 학생들은 『실력 정석』연습문제 정도는 충분히 풀 수 있는 실력을 기르는 것에 목표를 두도록 한다. 4시 30분부터 5시 30분까지는 운동을 하고 6시까지 휴식을 취한다. 6시부터 6시 30분까지 영어 단어·숙어 공부를 하고, 6시 30분부터 7시까지 영어 듣기를 공부한다. 7시부터 7시 30분까지 식사를 한다. 7시 30분부터 8시까지 휴식을 취하고 20분간 저녁 마음관리 시간을 갖는다. 이제 다시 8시 20분부터 9시 30분까지 수학을 공부한다. 그리고 9시 30분부터 9시 45분까지 휴식을 하고 11시까지 영어 문법을 공부한다.

이 계획을 참고로 자신에 맞는 계획을 세우도록 한다. 학원과 과외 수업을 듣더라도 영어·수학을 스스로 공부하는 시간을 과목당 하루 3시간 30분씩은 꼭 배정한다. 특히 날씨가 춥다고 운동을 게을리하지 않도록 유의한다. 공부 시간 증대로 정신적 스트레스가 가중되기에 육체적인 운동으로 땀을 흘려 정신적 스트레스를 완화하도록 한다. 육체적 건강 관리를 위해 운동 시간과 산책 시간을 잘 지키도록 유념한다.

만약 이 계획보다도 더 많이 공부를 하겠다는 학생이 있다면 10시에 자고 4시에 일어나 새벽 공부 시간을 늘릴 수도 있다. 이는 좋은 방법이지만 새벽형 공부 습관이 익숙하지 않은 학생들이 하기에는 어려움이 많다. 겨울 방학 동안 위의 계획만 충실하게 지켜도 그 학생은 고등학교에서 탁월한 실력자가 될 것이다. 공부뿐만 아니라 운동 등 모든 생활 영역에서 아주 특출한 학생으로 평가 받게 될 것이다. 절제와 인내와 성실로써 방학을 보낸 학생에게 주어지는 대가인 셈이다.

겨울 방학이 끝나면 이제 고등학생이 된다. 중학교보다 훨씬 더 힘든 시간이 될 게 틀림없다. 때로는 너무 힘들고 지쳐 주저앉을 때도 있고 이리저리 방황할 때도 있을 것이다. 그렇지만 그때마다 뜻을 정해 다시 시작하기를 바란다. 너무 늦었다는 말을 하기에는 아직 주어진 기회와 가능성이 너무 크다. 힘을 내서 꼭 다시 시작하기 바란다.

글을 마치며

내가 가르친 학생들 중에 지수라는 학생이 있다. 현재 스물일곱인 이 친구가 공부도 배우고 마음관리하는 법을 배우기 위해 나를 찾아온 게 2003년 초였다. 이 친구는 1999년에 매스컴을 떠들썩하게 했던 인천 호프집 가스 폭발 사건으로 전신 3도 화상을 입은 친구였다. 서울의 화상전문병원에 입원할 때도 생존 가능성이 20퍼센트도 채 안 됐다는, 말로 표현할 수 없는 고통을 겪으며 중환자실에서만 8개월을 보내며 수술이 실패하고 마취에서 깨어나지 않는 등 몇 번이나 생과 사를 다투는 고통의 시간을 버텨낸 친구였다. 이런 고통의 시간을 이겨내고 기적적으로 살아남았지만, 그녀는 전신에 화상 흉터를 가지게 되었다. 왼손가락 2개를 절단했고 나머지 왼손가락과 오른손가락 2개를 제외한 손가락들은 기능을 잃었다. 잠잘 때 눈도 다 감겨지지 않는다.

사진 속 지수의 고등학교 시절 모습은 너무나 아름다웠다. 그런 그녀가 이제는 얼굴을 포함한 온몸이 화상 흉터로 뒤덮였다. 여러 번 자살을 시도하며 삶을 포기한 채 지내던 그녀가 어느 날 나를 찾아온 것이다. 그녀는 내가 2002년에 쓴 『다니엘 학습법』이라는 책을 읽고는 다시 시작할 수 있다는 자신감을 얻었다고 했다. 그리고 다시금 뜻을 정해 공부하기로 마음먹었다고 했다. 화재 사건 이전에 그녀의 꿈은 의사가 되는 것이었지만 지금 상태의 몸으로는 의사가 되는 것이 불가능해 새로운 꿈을 꾸고 있다고 했다. 바로 장애인들을 돕고 그들에게 힘을 줄 수 있는 사람이 되고 싶다는 것이었다. 마지막 그녀의 포부는 바로 여성 대통령이었다.

늘 자살을 생각했던 지수는 이제 새롭게 뜻을 정해 자신처럼 심각한 장애를 가진 사람도 할 수 있다는 것을 보여 줌으로써 고통받는 수많은 사람들에게 희망을 나눠 주기를 원하고 있다. 나와 지수는 뜻이 아주 잘 통한다. 왜냐하면 나 역시 오랜 시간 동안 허리 디스크와 허리 통증으로 많은 고생을 해 왔기 때문이다. 지수는 앞으로 내가 지금까지 해 왔듯이 힘든 투병과 공부를 병행해야 한다. 사람들은 지수가 희망하는 대학에 가는 것도, 꿈을 실현하는 것도 불가능하다고 쉽게 말한다. 하지만 그녀는 묵묵히 인내하며 하루하루 최선을 다하고 있다. 그런 지수를 보면서 나 역시 자신을 더 채찍질하며 하루하루 나의 비전을 이루기 위해 준비하고 있다.

이 책을 보는 많은 학생들에게 나와 지수 얘기를 한 것은 아무리 힘든 상황이라도, 하루에도 수십 번 자살의 유혹을 느끼더라도 삶을 포기하지 말라는 당부를 하기 위해서다. 아무리 힘이 들어도 자신의 꿈과 미래를 그냥 흘려보내지 않기를 바란다.

나 역시 대입 시험을 준비하던 시절 부모님이 교통사고를 당해 중환자실에 입원하는 바람에 너무나 힘든 시간들을 보내야 했다.

내 몸도 너무 아파 수술을 생각하던 차에 부모님마저 교통사고로 중환자실에 계시니 정말 마음이 갈기갈기 찢어지는 것 같았다. 중환자실에 계신 아버지 대신 일을 해야 했고 대입 공부도 해야 했다. 학원비를 낼 때가 됐는데도 학원비 달라는 말을 차마 못하는 학생들의 심정도 나는 잘 이해한다. 나 또한 그런 경험이 있었다. 매일 밤, 소리 죽여 울던 기억이 난다. 정말 너무 힘들어 그냥 모든 것을 포기하고 싶었다. 하지만 온몸에 쇠를 박아 몸을 지탱하는 어머니, 아버지가 중환자실에 계신 모습을 보면서 나는 죽을 수도 없었다. 장남으로서 해 드린 것이라고는 아무것도 없는데 나마저 삶을 스스로 포기하면 그분들에게 너무나 잔인한 일이 될 것이라 생각했기 때문이다.

매일 밤 매일 새벽, 나는 울면서 기도했다. 정말 이렇게 살고 싶지 않은데 너무 힘들다고 기도했다. 시간은 흘러 생존 확률이 20퍼센트밖에 안되던 아버지는 기적적으로 살아나셨고 조금씩 회복하기 시작했다. 그렇게 시간은 지나 나는 내가 원하는 학교와 학과에 들어가서 공부할 수 있게 되었다. 그때 본격적인 허리 치료를 받았으면 지금까지 허리 디스크와 허리 통증으로 고생하는 일은 없었겠지만 그때는 그럴 수 있는 상황이 아니었음을 잘 알기에 나는 현재에 만족하며 감사한다.

돌이켜보면 그때는 너무나 힘들고 슬픈 시간이었다. 하지만 그 시간들을 통해 나는 절제와 인내를 배울 수 있었다. 만약 내가 그렇게 힘든 과정과 병을 겪지 않았다면 아마도 청소년들을 위한 책을 쓰고 강의를 할 생각은 못했을 것이다. 하지만 내가 큰 어려움을 겪게 되니 비로소 내 주변에 있는 어려운 사람들의 사정이 남의 일 같지 않게 되었다. 그래서 내가 할 수 있는 일을 찾다가 성적으로 비관하는 학생들을 하나둘씩 만나게 되면서 그들에게 선배로서 조금이나마 도움을 줄 수 있었다. 그렇게 해서 〈다니엘 리더스 스쿨〉 강의가 시작되게 된 것이다.

만약 내가 고3 때 아무런 고통 없이 원하는 대학과 학과에 순탄하게 들어가고 부모님의 교통사고도 없었다면 나는 그냥 나 자신만 아는 대학생이 되었을 것이다. 성공과 야망만을 위해서 무섭게 공부하고 철저하게 자기중심적으로 사는 전형적인 물질 만능주의 엘리트로 살았을 것이다. 하지만 고통스러운 시간들을 보내면서 나는 새로운 것을 많이 깨닫게 되었다. 나 혼자만을 위해서 사는 것보다 내 이웃을 함께 생각하며 사는 것이 더 기쁜 일이라는 것을 조금씩 알게 되었다.

그렇다고 해서 내가 아주 이타적인 사람은 아니다. 여전히 이기적인 마음과 자기중심적인 마음은 뿌리 깊게 내 마음의 정원 속에 자리 잡고 있다. 나 역시 한없이 허물 많은 연약한 인간일 뿐이다. 단지 내가 겪은 힘든 일들을 통해 이웃을 생각하는 마음이 조금씩 자라고 있을 뿐이다.

난 이 글을 읽는 학생들에게 꼭 말해 주고 싶다. 나도 한때는 나 혼자만을 위해 사는 인생이 정말 멋있고 제일 좋은 삶이라고 생각했다. 나 혼자만의 성공과 야망 성취가 내게 행복을 가져다줄 수 있을 거라고 믿었다. 하지만 그렇지 않음을 살면서 알게 되었다.

인생의 행복은 꼭 일류대, 명문대 인기학과를 나와야만 얻어지는 것이 아니다. 각자에게 맞는 적성을 청소년 시절부터 찾아내 자신의 재능을 개발할 수 있는 대학교의 학과에 가면 된다. 공부는 내게 맞는 대학과 학과를 가기 위한 과정이다. 공부라는 하나의 인생 훈련 과정을 통해 우리는 자기 절제와 인내를 배울 수 있다. 절제와 인내가 점점 훈련될수록 내면세계의 질서가 잡히고 건강해진다. 성숙한 인격에 이를 수 있다.

그러므로 각자에게 주어진 시간을 그냥 흘려보내지 말고 자신에게 남겨진 시간을 계산할 수 있는 분별력이 우리에겐 필요하다. 부디 이 책을 읽는 학생들 모두가 각자의 상황에서 다시금 뜻을 정해 시작하기 바란다. 더 이상 못 참겠다며 절망 가운데 허덕이는 학생들도 다시금 힘을 내기 바란다. 아직 모든 것을 포기할 때가 아니다. 역전의 기회는 있다. 나보다 더 힘든 사람들도 죽고 싶고 다 포기하고 싶지만 참고 다시금 일어선다. 여러분은 혼자가 아니다. 주변을 둘러보면 나에게 도움을 줄 수 있는 사람이 있게 마련이다. 뜻이 있는 곳에 길이 있다. 하늘은 최선을 다하는 사람을 외면하지 않는다.

물론 인생의 행복이 명문대 입학으로 보장된다면 정말 목숨 걸고 공부하라고 말하고 싶다. 그러나 보장되는 건 없다. 불확실성의 포스트모더니즘 사회 속에서 보장이라는 단어는 그 의미가 너무나 약해졌다. 하지만 아무리 사회가 불확실하고 미래가 불투명하다 하더라도 성실과 인내와 절제로 하루하루를 살아가는 사람에게 행복은 멀리 있지 않다. 그런 삶의 과정 속에서 자족을 배우게 되기 때문이다.

인간의 욕심은 끝이 없다. 서울대 법대를 수석 졸업하고 판검사가 되면 인생이 행복할까? 미국 하버드대 경영학과를 수석 졸업하고 1년에 수백 억원을 버는 사업가가 되면 과연 인생의 행복이 보장될까? 그렇지 않다. 원하는 것을 얻을 때 그 순간은 행복한 것 같지만 결국 우리는 더 큰 욕심의 감옥에 스스로 걸어 들어가게 된다. 더 큰 욕심을 만족시킬 때까지 우리 삶은 행복하지 않게 된다. 새롭게 생긴 더 높은 욕심을 만족시키기 전에는 행복할 수 없다고 스스로 생각한다. 악순환의 반복이다. 결국 현재의 내 모습을 인정하고 만족하는 자족 훈련이 필요하다.

나는 귀한 청소년들이 더 이상 성적 비관과 왕따로 자살하는 일이 생기지 않기를 바란다. 그것을 위해 작은 힘이나마 돕고 싶다. 나는 나의 꿈을 이 책을 읽는 모든 학생들과 나누고 싶다. 이다음에 대학에 들어가면 놀기도 하고 공부도 하고 이성 교제를 하는 등 여러 가지 일들을 하겠지만 지금부터 말하는 한 가지 일은 마음을 먹고 뜻을 정해 노력하기 바란다.

여러분은 고교 시절 힘든 시간들을 각자의 상황에 맞게 보냈을 것이다. 먼저 경험한 선배로서 여러분 주변에 있는 청소년을 따뜻한 마음을 가지고 돕기 바란다. 성적 때문에 내면이 황폐화된 학생들, 왕따를 당해 죽어 버리고 싶은 아이들, 정신적 건강이 무너진 아이들, 경제적으로 어려운 아이들 등 주변에 있는 연약한 청소년들에게 좋은 형과 누나가 되어 주기 바란다. 많은 학생들을 돌보기는 어렵다. 둘도 아닌 단 한 명의 학생을 사신의 친동생처럼 받아들이고 도와주는 운동을 시작하기 바란다. 적어도 그 학생의 내면이 건강하게 회복되고 다시금 뜻을 정할 때까지라도 단 한 명의 연약한 어린 이웃을 돕는 다니엘 생명 살리기 운동에 동참하기를 부탁한다.

이 일은 마음을 먹고 뜻을 정하면 할 수 있다. 많은 돈이 필요하지도 않고 많은 시간이 필요한 것도 아니다. 예전에 힘들 때 누군가 나에게 이렇게 해 주었으면 좋겠다는 생각을 많이 해 보았을 것이다. 바로 여러분이 힘들고 지친 어린 이웃에게 그런 존재가 되어 주는 것이다. 이 일은 놀라운 힘을 가지고 있다. 도움을 받는 학생에게는 무엇과도 바꿀 수 없는 큰 힘이 된다. 죽어 가는 한 영혼을 살릴 수 있는 귀한 일이다. 이 일은 도움을 받는 사람에게 큰 힘이 되는 것은 물론이거니와 내게도 마음의 행복과 평안을 준다. 돈으로 살 수 없는 행복과 평안이다. 누군가에게 내가 도움이 된다는 사실은 내면의 정원 속에 자라고 있는 쓴 뿌리를 뽑아내는 데 탁월한 효능이 있다.

앞으로 사회는 점점 더 혼탁해지고 쾌락 추구는 극에 달할 것이다. 사람들 사이에서 사랑과 희망이라는 단어는 점차 그 의미를 상실해 가고 미움과 질투와 시기, 그리고 거짓과 속임수와 험담이 더 넘쳐나게 될 것이다. 연약한 사람들을 챙겨 주기보다는 그 사람들을 짓밟고 우뚝 선 사람들을 더 영웅시하게 될 것이다. 과정을 보지 않고 결과만 바라보는 사회 풍조는 더 심해질 것이다. 돈으로 모든 것을 해결하려는 물질만능주의는 더욱 기승을 부릴 것이다. 성적으로, 왕따로 자살하는 학생들은 지금처럼 내버려두면 더더욱 늘어날 것이다. 한마디로 사람 살기가 힘들어지고, 사람들 간의 따뜻한 정은 박물관에나 가야 보게 될 것이다.

그런 사회에서 이 시대의 주역으로 자라는 여러분들은 지금부터 내면의 정원을 잘 가꾸면서 이웃을 생각하는 마음의 씨앗을 뿌려야 한다. 그리고 그것을 혹독한 이기주의로부터 힘써 지켜야 한다. 나는 그런 사람들이 많아질 때 세상이 달라질 수 있다고 생각한다.

나는 단순히 이 책이 고득점 전략을 위한 도구로 전락되지 않기를 바란다. 자기만 아는 엘리트는 사회를 병들게 하지만 이웃을 생각하는 평범한 사람은 세상을 치료할 수 있다. 나는 이 책을 통해 후자 같은 친구들이 더 많이 나오기를 바란다.

나는 지금도 몸이 아프다. 어떤 때는 너무 아파서 그냥 일찍 죽어 버리고 싶을 때도 있다. 매일 허리 근육 강화를 위해 많은 운동과 스트레칭을 해야 한다. 하루라도 거르면 몸이 많이 아프다. 힘이 없어도 꾹 참고 해야 한다. 그러지 않으면 몸이 더 아프기 때문이다.

고3부터 지금까지, 꿈같은 20대를 병과 싸우며 하루하루 보냈다. 그리고 공부했다. 앞으로도 더 많은 준비를 위해 더 공부하고 병과도 싸울 것이다. 20대 초반에는 나 자신이 아프다는 사실을 인정하기 싫어 화가 많이 났다. 왜 내가 이렇게 아파야 하는가? 내가 무슨 큰 잘못을 한 것도 아닌데……. 나름대로 선하게 살려고 하는 내가 왜 아파야 하는가? 삶에 대한 냉소로 마음의 정원이 황폐화되기도 했다. 깊은 좌절과 절망의 수렁 속에서 헤어 나오기는 커녕 더 깊이 들어가려 애쓰기도 했다. 깊은 바닥에 처박혀 나오기가 싫을 때도 있었다. 하지만 명상과 기도와 공부를 통해 나는 인내와 절제를 조금씩 익혀 갈 수 있었고 내가 누군가에게 도움이 될 수 있다는 사실에 큰 위로와 행복을 얻을 수 있었다.

나는 몸이 아프고 힘든 사람들도 뜻을 정하고 힘써 노력하면 할 수 있다는 것을 보여 주고 싶다. 현재 가지고 있는 육체적 고통과 오랜 병으로 생긴 마음의 쓴 뿌리들을 앞으로 더 힘써 치료하고 회복하여 건강해질 것이다. 희망은 뜻을 정하고 힘써 노력하는 자를 외면하지 않는다. 분명 미래에 그 꿈은 현실이 되어 나타난다. 때로 너무 힘들어 잠시 좌절할 수는 있지만 희망은 포기하지 않기를 간곡히 부탁한다. 인생의 진정한 승리자는 실패를 한 번도 경험하지 않은 사람이 아니라, 실패할 때마다 다시금 뜻을 정해 힘을 내어 도전하고 또 도전하고 노력하는 사람이다. 힘을 내자. 귀한 후배들이여 한 번 더 힘을 내자. 아직은 포기할 때가 아니다.

나는 꿈꾸고 있다. 성적과 왕따로 비관하는 청소년들이 더 이상 자살하지 않는 꿈을. 힘들고 지친 청소년들에게 보다 많은 관심과 사랑을 실질적이면서도 구체적으로 전할 수 있는 개인이나 공동체나 단체가 많아지기를 꿈꾸어 본다. 나보다 더 역량 있고 성숙한 인격을 지닌 분들이 세상에는 셀 수 없이 많다. 그런 분들이 자신이 속한 지역에서 죽어 가는 청소년들을 살리는 일에 힘쓰기를 바라고 꿈꾼다.

정말 감사한 것은 그동안 가르친 제자들이 대학에 가서 부족한 선생님의 뜻을 이어받아 자신이 속한 곳에서 청소년들에게 힘과 위로를 주고 있다는 사실이다. 재생산이 이루어진다는 사실에 너무 기쁘고 감사하다. 이 책을 통해 실력과 인격을 겸비한 21세기 따뜻한 엘리트들이 많이 나오기를 진심으로 기도한다. 그들이 대학에 가서 오늘도 죽어 가는 많은 청소년들을 살리는 일에 매진하기를 기도하며 꿈꾸어 본다.

사랑하는 이 책을 보는
인생의 후배들에게

　지금 아무리 힘들고 모든 것을 포기하고 죽어 버리는 것이 차라리 더 나을 것 같다고 생각하더라도 아직은 포기할 때가 아닙니다. 다시금 뜻을 정해 시작할 수 있는 기회는 분명 있습니다. 부디 조금만 더 참고 힘을 내어 시작해 보십시오.

　힘내십시오. 다시금 희망을 가지십시오. 희망을 마음속에 품고 키워 가십시오. 묵묵히 여러분의 힘든 상황을 참고 또 참고 견디며 노력한다면 희망은 반드시 현실로 이루어질 것입니다. 절대로 희망을 포기하지 마십시오. 희망이 있는 곳에서 행복은 멀지 않습니다. 모두들 다시 한 번 힘을 낼 것을 간곡히 청합니다.

부록

다니엘 아침형 Study Map

Study Map을 통해 다니엘 아침형 학습법을 실천해 나갈 구체적이고
효과적인 방법을 제시합니다. 차례대로 책을 보시고 아침형 학습법을
몸에 익혀 하나님의 준비된 일꾼으로 거듭나길 바랍니다.

1. 어린이 다니엘 학습법

우선 『어린이 다니엘 학습법』을 통해 하나님의 자녀들이 왜 공부를 해야 하는지 구체적인 동기 부여와 마음의 결단을 할 수 있습니다.

2. 다니엘 아침형 학습법

『어린이 다니엘 학습법』을 통해 선명한 동기 부여를 받고 하나님의 방식으로 공부하기로 뜻을 정한 다음 『다니엘 아침형 학습법』을 통해 실질적으로 어떻게 하나님과 한 팀이 되어 공부할 것인지 구체적으로 실천할 수 있습니다. 총 7단계의 단계별 학습 계획이 상세하게 나와 있어서 하나님과 한 팀이 되어 자기 주도형 다니엘 아침형 학습을 체계적으로 적용할 수 있습니다. 한 가지 유의할 부분은 부모님과 함께 다니엘 마음관리 시간을 갖고 부모와 자녀가 함께 다니엘 아침형 학습을 실천하는 것이 중요하다는 점입니다.

3. 다니엘 마음관리 365일

다니엘 아침형 학습을 본격적으로 시작하면서 함께 보는 책입니다. 매일 아침 다니엘 마음관리 시간을 통해 규칙적인 마음관리를 하여 왜 공부해야 하는지에 대한 선명한 목적을 다시 확인하고 지치거나 낙심될 때 다시금 마음을 북돋아 주어 마음에 더러운 찌꺼기들을 거르게 해 줍니다. 공부에 대하여 의욕이 많이 떨어지거나 뜻대로 공부가 잘되지 않을 때 『성경』 다음으로 학생들에게 꼭 필요한 마음의 보약이 되는 책입니다.

4. 다니엘 학습 플래너

매일 아침 다니엘 마음관리 시간을 이용하여 1시간 단위로 공부 계획을 구체적으로 세울 수 있는 플래너입니다. 하루 생활하는 동안 수시로 플래너를 보면서 시간 관리, 목표 관리, 영성 관리를 하며 자신이 지금 계획한 목표대로 가고 있는지 방향 관리까지 할 수 있는 만능학습 플래너입니다.

5. 다니엘 건강관리법

다니엘 마음관리로 매일 영혼을 관리해 주고 『다니엘 건강관리법』을 통해 매일 규칙적인 신체 건강을 관리할 수 있습니다. 청소년 시절 건강관리를 잘못하면 아무리 공부를 열심히 하고자 해도 그 목표를 이루기가 어렵습니다. 청소년 시절 찾아오는 다양한 질병들을 어떻게 예방하고 효과적으로 치료하며 건강하게 학업에 임할 수 있는지에 대한 구체적인 건강관리 지침서입니다.

>> 책 보는 순서

1. 다니엘 학습법

우선 『다니엘 학습법』을 통해 하나님의 자녀들이 왜 공부를 해야 하는지 구체적인 동기 부여와 다니엘처럼 마음에 결단을 할 수 있습니다.(이미 초등학교 1~4학년에 『어린이 다니엘 학습법』을 본 학생들도 학년이 올라가 5학년 이상이 되면 『다니엘 학습법』을 보게 하는 것이 매우 좋습니다.)

2. 다니엘 아침형 학습법

『다니엘 학습법』을 통해 선명한 동기 부여를 받고 하나님의 방식으로 공부하기로 뜻을 정한 다음 『다니엘 아침형 학습법』을 통해 실질적으로 어떻게 하나님과 한 팀이 되어 공부할 것인지 구체적으로 실천할 수 있습니다. 총 7단계의 단계별 학습 계획이 상세하게 나와 있어서 하나님과 한 팀이 되어 자기 주도형 다니엘 아침형 학습을 체계적으로 적용할 수 있습니다. 한 가지 유의할 부분은 부모님과 함께 다니엘 마음관리 시간을 갖고 부모와 자녀가 함께 다니엘 아침형 학습을 실천하는 것이 중요하다는 점입니다.

3. 다니엘 3년 150주 주단위 내신관리 학습법 : 중학생 편

『다니엘 아침형 학습법』과 병행하여 매주 어떻게 공부를 해야 하는지 중학교 3년, 고등학교 3년 총 6년의 스터디 맵을 담고 있습니다. 주 단위의 정교한 학습 방법으로 실력을 업그레이드할 수 있습니다.

특별히 내신 관리와 대학 입시 준비에 큰 도움을 줄 수 있습니다.

4. 다니엘 마음관리 365일

다니엘 아침형 학습을 본격적으로 시작하면서 함께 보는 책입니다. 매일 아침 다니엘 마음관리 시간을 통해 규칙적인 마음관리를 하여 왜 공부해야 하는지에 대한 선명한 목적을 다시 확인하고 지치거나 낙심될 때 다시금 마음을 북돋아 주어 마음에 더러운 찌꺼기들을 거르게 해 줍니다. 공부에 대하여 의욕이 많이 떨어지거나 뜻대로 공부가 잘되지 않을 때 『성경』 다음으로 학생들에게 꼭 필요한 마음의 보약이 되는 책입니다.

5. 다니엘 건강관리법

다니엘 마음관리로 매일 영혼을 관리해 주고 『다니엘 건강관리법』을 통해 매일 규칙적인 신체 건강을 관리할 수 있습니다. 청소년 시절 건강관리를 잘못하면 아무리 공부를 열심히 하고자 해도 그 목표를 이루기가 어렵습니다. 청소년 시절 찾아오는 다양한 질병들을 어떻게 예방하고 효과적으로 치료하며 건강하게 학업에 임할 수 있는지에 대한 구체적인 건강관리 지침서입니다.

6. 다니엘 학습 플래너

매일 아침 다니엘 마음관리 시간을 이용하여 1시간 단위로 공부 계획을 구체적으로 세울 수 있는 플래너입니다. 하루 생활하는 동안 수시로 플래너를 보면서 시간 관리, 목표 관리, 영성 관리를 하며 자신이 지금 계획한 목표대로 가고 있는지 방향 관리까지 할 수 있는 만능 학습 플래너입니다.

1. 우선 『다니엘 자녀교육법』을 봅니다. 『다니엘 자녀교육법』에는 김동환 목사를 어려서부터 어떻게 하나님의 방식으로 양육했는지에 대한 상세한 방법들이 들어 있습니다. 김동환 목사의 어머니인 박삼순 전도사의 구체적인 신본주의 학습 원리들을 그대로 담고 있습니다. 크리스천 학부모로서 어떻게 자녀를 하나님 방식으로 양육해야 하는지 고민하는 학부모님들이 자녀들을 양육하기 전에 먼저 보아야 할 책입니다.

2. 『다니엘 자녀교육법』을 다 보았다면 자녀의 나이에 맞는 책을 위에 설명한 대로 준비하셔서 자녀와 부모가 함께 그 책을 꼭 읽어야 합니다. 가급적 아이에게 주기 전에 먼저 부모가 읽은 다음 자녀에게 권하는 방법이 매우 효과적입니다.

다니엘 리더스 스쿨에
크리스천 청소년들을 초대합니다.

안녕하세요? 『다니엘 학습법』의 저자 김동환입니다.

5년간 준비해 온 아주 특별하고 기쁜 소식을 전해 드리게 되어 하나님께 감사드립니다.

순교자의 신앙과 자기 분야 최고의 실력, 그리고 따뜻한 인격을 겸비한 21세기 다니엘과 같은 하나님의 준비된 일꾼을 양성하기 위해 '다니엘 리더스 스쿨'이 하나님 은혜로 세워져서 신입생을 모집합니다.

그동안 '다니엘 학습'을 실천하고자 했으나 혼자 하기 버거워 중도에 포기한 학생들이 있었습니다. 이제 다니엘 리더스 스쿨에서는 학생들이 전원 기숙 생활을 하며 매일 새벽 4시 30분 저의 설교로 새벽예배를 시작하여 '다니엘 아침형 학습'을 저에게 직접 배우며 실천합니다. 하루 세 번의 예배를 통해 철저한 기독교 신앙으로 무장하며, 학생 개인의 실력과 진도에 따라서 학습자 중심으로 교육이 이루어지는 곳이 바로 다니엘 리더스 스쿨입니다.

저는 다니엘 리더스 스쿨에서 영어, 국어 교사와 교목으로 일하며 학생들과 매일매일 행복하게 교학상장 합니다. 다니엘 리더스 스쿨은 세계에서 신본주의 학습자 중심의 질적 교육이 가장 잘 이루어지는 것을 목표로, 학생 한 명 한 명에게 딱 맞는 학습 체제를 구축합니다. 이를 위해 저는 서울대 사범대학 교육학과 박사 과정에서 공부하며 학생들을 가르치고 있습니다. 더 준비된 하나님의 일꾼이 되고자, 더 준비된 선생님이 되고자, 세계 최고의 크리스천 인재를 양성하는 학교를 만들고자 부단히 공부한 것을 학생들에게 가르치며 학생들에게 배웁니다.

다니엘 리더스 스쿨은 공부를 왜 해야 하는지를 분명하게 가르치고, 매일매일 하나님 안에서 행복하고 치열하게 공부하는 곳입니다.

다니엘 리더스 스쿨은 나를 위해 몸 바쳐 피 흘려 생명을 주신 주님을 위해 생명 바쳐 공부하는 곳입니다.

다니엘 리더스 스쿨은 평생학습 공동체이자 신앙 공동체이자 가족 공동체입니다.

다니엘 리더스 스쿨은 학생을 살리는 곳입니다.

다니엘 리더스 스쿨은 주님 앞에 한없이 부족한 죄인이지만 나 같은 죄인을 위해 몸 바쳐 피 흘려 생명 주신 주님의 은혜에 감사하여 21세기 다니엘을 양성하기 위해 제가 생명 바쳐 일하는 곳입니다.

다니엘 리더스 스쿨 학생들은 매일 새벽기도를 마친 뒤 힘차게 저와 구호를 외치고 수학 공부를 시작합니다.

"오늘도 생명 바쳐 주님 위해 죽도록 공부하자!
오늘도 하나님께 효도하자! 부모님께 효도하자! 21세기 다니엘이 되자!
오늘도 하나님 안에서 행복하고 즐겁고 치열하게 공부하자!"

귀한 믿음의 후배 여러분, 그리고 학부모님! 아직 늦지 않았습니다. 하나님 자녀에게는 하나님 자녀에 맞는 신본주의 학습 원리가 있습니다. 이것을 지키지 않으면 돈은 돈대로 들고 성적은 성적대로 나오지 않고 아이들의 영혼은 죽습니다. 하나님 안에서 하나님의 방법으로 역전과 승리의 기회를 잡으십시오.

현재 성적이 최상위권이든 최하위권이든, 다니엘처럼 뜻을 정해 철저하게 하나님의 방식을 배우고 몸에 익혀 다니엘급 믿음의 인재가 되고자 하는 학생들을 찾고 있습니다.

늦었다고 포기하려 했던 학생들, 공부는 잘하지만 세상 방식에 젖어 믿음이 없는 학생들, 삭막한 인본주의 성적지상주의 교육체제 속에서 하나님이 주시는 비전을 포기한 채 무기력하게 시간을 흘려보내는 수많은 믿음의 학생들이 하나님 안에서 새롭게 꿈과 신앙과 실력을 회복할 수 있기를 소망합니다.

자녀를 21세기 다니엘로 교육시키고 싶으신 분들의 관심을 부탁드립니다.

이 사역을 위해 머리 숙여 기도 부탁드립니다.

김동환 드림

다니엘 리더스 스쿨

문의전화 02-3394-4033 | 02-3394-4037
홈페이지 www.dls21.net